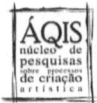 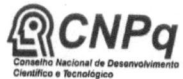 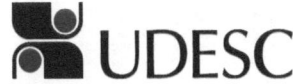

TEATRO E EXPERIÊNCIAS DO REAL

(Quatro Estudos)

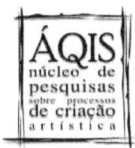

ÁQIS

Núcleo de Pesquisas Sobre Processos de Criação Artística

TEATRO E EXPERIÊNCIAS DO REAL

(Quatro Estudos)

Ana Luiza Fortes Carvalho

André Felipe Costa Silva

Ligia Batista Ferreira

Vinicius Pereira

Organização e apresentação

André Carreira

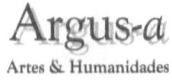

Argus-*a*
Artes y Humanidades / Arts and Humanities
Buenos Aires - Los Ángeles
2016

ÁQIS – Núcleo de Pesquisas sobre Processos de Criação Artística
Departamento de Artes Cênicas - DAC
Centro de Artes - CEART
Universidade do Estado de Santa Catarina – UDESC

Reitor – Profº. Antonio Eronaldo de Souza
Diretor Geral CEART – Profa. Gabriela Mager

ISBN 978-1-944508-00-5

Diseño de tapa – Argus-*a*
Foto de tapa: gentileza de Áqis.

© 2015 Ana Luiza Fortes Carvalho, André Felipe Costa Silva, Ligia Batista Ferreira, Vinicius Pereira, André Carreira

All rights reserved. This book or any portion thereof may not be reproduced or used in any manner whatsoever without the express written permission of the publisher except for the use of brief quotations in a book review or scholarly journal.

Editorial Argus-*a*
16944 Colchester Way,
Hacienda Heights, California 91745
U.S.A.

Calle 77 No. 1976 – Dto. C
1650 San Martín – Buenos Aires
ARGENTINA
argus.a.org@gmail.com

ÁQIS

[Núcleo de Pesquisa sobre Processos de Criação Artística]

O grupo de pesquisa ÁQIS (CEART/UDESC) aborda os processos de organização e criação artística, estudando desde procedimentos técnicos até as estruturas de funcionamento de agrupações de artistas. No contexto de uma abordagem interdisciplinar estudamos diversos fenômenos relacionados com o campo da teatralidade e a construção de discursos míticos dos artistas. No entanto, o estudo do teatro de grupo tem constituído um eixo de trabalho da equipe com projetos de pesquisa relacionados a experiências práticas e estudos teóricos. (http://www-dev.ceart.udesc.br/aqis)

Ana Luiza Fortes Carvalho - Doutoranda em Universidad de Castilla-La Mancha (Espanha). Atriz da *Dearaquecia*.

André Carreira - Doutor em Teatro pela Universidad de Buenos Aires, Professor do Programa de Pós-Graduação em Teatro da UDESC, pesquisador do CNPq, diretor do *Grupo Experiência Subterrânea*.

André Felipe Costa Silva - Ator e dramaturgo, membro da *Dearaquecia*. Mestre pelo Instituto Universitario Nacional del Arte (Argentina).

Ligia Batista Ferreira - Mestre em Teatro pela UDESC. Atriz.

Vinícius Pereira - Licenciado em Artes Cênicas pela UDESC. Ator integrante da *Dearaquecia*.

Sumário

Apresentação
André Carreira — i

O paradoxo do ator: experiência e representação nas montagens de Daniel Veronese
Ana Luiza Fortes Carvalho — 1

A experiência sinistra na dramaturgia de Daniel Veronese
André Felipe Costa Silva — 59

Biografias em cena: sobre o real no espaço da ficção.
Ligia Batista Ferreira — 111

Uma reflexão sobre a experiência da interpretação a partir de estados
Vinicius Pereira — 165

NOTAS — 211

Apresentação

Este livro está conformado por quatro textos que foram originalmente trabalhos de conclusão apresentados no curso de Licenciatura em Teatro do Centro de Artes da Universidade do Estado de Santa Catarina. A particularidade desse material é que os quatro estudantes autores dos ensaios desenvolveram uma trajetória comum como pesquisadores integrantes do Núcleo de Pesquisa Sobre Processos de Criação Artística (ÁQIS), e ao mesmo tempo conformaram o grupo de teatro Dearaqui Cia. Juntos estes jovens pesquisadores realizam entrevistas, debates, organização de seminários, participaram de um laboratório experimental, apresentaram espetáculos, participaram de festivais de teatro enquanto construíam seus trabalhos de conclusão, e posteriormente ingressaram em diferentes cursos de mestrado.

Os estudos aqui publicados refletem os percursos de seus autores, mas também são expressão da experiência coletiva do ÁQIS como espaço de pesquisa e formação. Em algumas oportunidades as abordagens apresentadas nestes estudos foram discutidas no âmbito de nossas reuniões semanais, e também foram apresentadas sob a forma de comunicações em eventos acadêmicos. Temos aqui um acúmulo de discussões, reflexões e trocas de conhecimento que nasceram no projeto integrado sobre teatro de grupo, mas que foram desenvolvidas enquanto os quatro autores participavam de um laboratório sobre atuação que tinha como foco uma atuação por estados.

Por esta relação com a prática de pesquisa em grupo cada um dos estudantes desenvolveu a partir do eixo central, seu próprio projeto mantendo permanentemente o vínculo com as pesquisas dos outros graduandos e mestrandos. A atividade dos autores no grupo teatral Dearaquecia e em outros projetos teatrais, fez ainda mais intenso a interação entre as experiências de pesquisa. O intercâmbio de materiais e críticas permitiu que o processo de orientação não se fechasse de forma absoluta entre orientador e cada um dos estudantes, senão que pode se construir como uma prática coletiva onde os estudantes acompanharam os trabalhos uns dos outros.

O tema de uma cena do Real resulta um elemento unificador os ensaios, porque isso esteve relacionado com as pesquisas do ÁQIS, particularmente no que se refere à experimentação de procedimentos de atuação a partir da ideia de um Teatro de Estados. território. O jogo entre ficção e realidade, material fundamental dos processos do ator, tem sido o objeto central de nossa pesquisa porque consideramos que isso é fundamental para experimentar um teatro que dialogue com a possibilidade de construção de linguagem.

A hipótese de uma cena que propicie a irrupção do Real como acontecimento constitui um componente fundamental da nossa prática de pesquisa. Buscamos uma cena que se articule como experiência fronteiriça que ponha em xeque o teatro como prática mimética, para privilegiar a visita às zonas de confusão entre a representação e a realidade.

Outro aspecto que define este livro é sua relação com a cena contemporânea de Buenos Aires dado que três textos fazem direta referência ao teatro dessa cidade, e o último texto aborda a experimentação com uma atuação por estados que tem uma forte influência da proposta teatral do diretor argentino Ricardo Bartis. Uma relação estreita com a cena portenha, decorrente em primeiro lugar de minha experiência de criação e pesquisa naquela cidade, se desenvolveu com os períodos que Ana Luiza Fortes Carvalho e André Felipe residiram em Buenos Aires, onde estudaram. O ÁQIS tem mantido permanente contato com as pesquisas teatrais que caracterizam o teatro argentino, pois diretores como Francisco Javier e Guillermo Cacace e pesquisadoras como Julia Elena Sagaceta e Liliana Lopez sempre contribuíram com as iniciativas do grupo, isso permitiu inclusive que Sagaceta, importante pesquisadora argentina, estivesse presente na banca de TCC de Ana Luiza e fosse orientadora do mestrado que Andre Felipe realizou na Universidad Nacional del Arte (UNA).

Portanto, editar esse volume representa culminar um processo de amadurecimento dos autores e da equipe de pesquisa, mostrando que o curso de graduação pode e deve estar estreitamente vinculado ao ambiente da pesquisa.

A leitura desse livro permite observar como os temas desenvolvidos por seus autores têm um entrelaçamento a partir das reflexões sobre as conexões, na cena contemporânea, entre as tramas do real e os mecanismos da ficção. Os textos de Ana Fortes e André Felipe Costa Silva representam um corte transversal na obra cênica e dramatúrgica do autor argentino Daniel Veronese, mas o fazem como forma de discutir dimensões mais amplas do fenômeno da cena contemporânea, especialmente relacionadas como a materialização de elementos do real. Lígia Ferreira reflete sobre o vínculo entre biografias e cena, fazendo referência à ideia de Biodrama cunhada pela diretora argentina Vivi Tellas, e dessa forma discute a presença da realidade na ficcionalização da vida real. Vinicius Pereira reflete sobre nossa experiência prática no laboratório sobre processos de interpretação que a equipe do ÁQIS afetivamente chamou de "Grotescão". Nesta experiência prática pesquisamos sobre a construção de uma cena grotesca a partir de uma atuação por "estados psicofísicos", utilizando um procedimento experimental de justaposição de elemento que ganhou o nome de "empilhamento". É oportuno que esse estudo feche o livro, pois assim o leitor poderá contextualizar os materiais anteriores e relacioná-los transversalmente como as reflexões que caracterizaram as atividade do nosso Laboratório nos últimos anos.

Finalmente, cabe dizer que, como orientador, acompanhar as trajetórias desses estudantes observando seus processos de amadurecimento como atores, autores, pesquisadores, representou uma experiência formativa fundamental para minha própria condição de docente pesquisador.

André Carreira

Florianópolis, junho de 2015

O PARADOXO DO ATOR: EXPERIÊNCIA E REPRESENTAÇÃO NAS MONTAGENS DE DANIEL VERONESE

Ana Luiza Fortes Carvalho

Introdução

O objetivo da minha pesquisa é refletir sobre a relação entre representação e experiência nos atores em montagens de Daniel Veronese[1]. Para tal, observei as formas de atuação em montagens do diretor argentino, bem como suas abordagens de encenação, para posteriormente confrontar o resultado dessa observação com formulações históricas sobre o trabalho do ator. Neste sentido, me refiro especialmente, a Denis Diderot (em *O paradoxo sobre o comediante*), Constantin Stanislavski e Lev Vigotski. Esses conteúdos foram relacionados a conceitos filosóficos da noção de experiência a partir de Henri Bergson e Jorge Larrosa, contrapondo essas reflexões com aspectos que caracterizam os processos de atuação nas montagens de Veronese.

O meu interesse na temática do ator provém da minha trajetória como atriz dentro e fora da universidade. Na UDESC tive a oportunidade de participar do grupo de pesquisa prático e teórico ÁQIS que me possibilitou um aprofundamento a respeito dos processos de atuação. A curiosidade em torno da tensão entre sentir e representar no trabalho do ator nasceu a partir do primeiro espetáculo profissional que participei, ainda antes de ingressar na universidade: *Acordes, uma canção*, dirigido por Sabrina Lermen e cresceu em meus trabalhos artísticos recentes: *Das sobras de tudo que chamam lar*, *Circus negro* e *Women's*, dirigidos por André Carreira. É preciso considerar que estes trabalhos trouxeram um novo patamar experimental em relação ao meu processo de atuação, pois, exigiam um nível de organicidade e vitalidade diverso do que eu havia experimentado até então.

O contato com Daniel Veronese surgiu a partir de suas encenações e sua obra dramatúrgica. Em seus trabalhos mais recentes de direção (*Espía a una mujer que se mata, La noche canta sus canciones*, entre outros.) ele retoma uma atuação que tem referência direta nos modelos naturalistas, mas realiza simultaneamente um jogo conceitual em torno do uso do espaço e das emoções que cria distúrbios nessa representação "cotidiana" da realidade, e por esse motivo tornou-se um objeto de pesquisa que interessa a este trabalho. No decorrer de seus espetáculos é possível observar como esses diferentes níveis de elaboração conceitual são relacionados com a representação naturalista. O resultado é que suas obras expressam uma sensação de verdade, sem deixar de levar em conta que a cena é, inevitavelmente, um espaço de fingimento. Utilizarei o termo *verdade* neste trabalho com base principalmente na referência de textos canônicos no teatro moderno, como *A preparação do ator*, de Stanislavski, onde ele afirma que:

> O que chamamos verdade no teatro é a verdade cênica, da qual o ator tem que servir-se em seus momentos de criatividade [...] Instilem vida em todas as circunstâncias dadas e ações imaginadas até conseguirem satisfazer plenamente o seu senso de verdade.[2]

E também em entrevistas de Daniel Veronese. Em uma delas[3] o artista afirma que a verdade é uma porta desconhecida que se abre para um espaço de incerteza, que possibilita a descoberta e a revelação do inesperado. Nesse contexto, a *verdade* não se refere apenas à criação de uma sensação de realidade artificial no teatro, no sentido da verossimilhança, mas à produção de níveis de vitalidade, organicidade e descoberta na cena. Neste processo se produz algo que aproximo do conceito de *experiência*, que será elaborado com mais profundidade na última parte do trabalho. Dito isso, segundo o pesquisador Óscar Cornago[4], as montagens de Veronese possuem uma verdade tão intensa produzida a partir do jogo dos atores, que em certos momentos, chegam a criar dúvidas do que é realidade e ficção no acontecimento da cena. Desse modo, a força de seu teatro não residiria na separação radical entre ficção e realidade, mas na criação de um campo híbrido, que a partir de uma teatralidade particular fomenta discussões a respeito das complexas relações entre arte e vida.

Há um interesse no campo teatral contemporâneo em refletir sobre esse tema, que emergiu, em parte, a partir da crise do teatro, apontada por Denis Guénoun, em *O teatro é necessário?* Crise essa que nasceu e se desenvolveu com o advento do cinema e da televisão e põe em dúvida a real necessidade do teatro na contemporaneidade. A hipótese de Guénoun é que não haveria crise se o teatro fosse para nós simplesmente "coisa do passado", algo que deveria ser conservado como uma relíquia de museu. Para ele, a crise surge, então, como um importante desencadeador de novas formas teatrais, assim como de reflexões em torno das motivações para se fazer e se assistir teatro, quando diversos fatores apontam para o seu fim. Nesse contexto, Guénoun afirma que: "Em caso de necessidade, se o teatro falta, nos falta, e se a carência persiste, algo corre o risco de morrer. (...) Algo em nós corre o risco de morrer. O quê?"[5]. Nesse sentido, o que se buscou no teatro naquele momento e ainda se busca na cena atual não é encontrar formas de preservar o teatro como uma apresentação folclórica, mas sim, de injetar-lhe vida. Uma vida capaz de responder, ainda que não de maneira absoluta, o que corre o risco de morrer em nós caso o teatro nos falte. Desse modo, a percepção de que algo nos falta seria o que nos impulsiona a ver e fazer teatro.

Abordar esse tema me permite pensar essa zona de experimentação baseada no cruzamento de zonas de ficção e vida na construção de práticas e discursos artísticos no teatro de uma forma ampla, e até mesmo buscar relações com os meus próprios trabalhos artísticos. Voltar minha atenção para o trabalho dos atores e minha experiência pessoal me possibilita confrontar o desafio que é estabelecer uma relação satisfatória entre ficção e vida em um trabalho de atuação.

No princípio da pesquisa, ao buscar referências que tratassem sobre o assunto me deparei principalmente com teorias contemporâneas, que na sua maioria dizem respeito a uma noção de ator fortemente vinculada à *performance*. O teatro, a partir da década de sessenta, em parte influenciado pelas vanguardas históricas do inicio do século, começa a buscar novas formas expressivas, sendo o encontro com a *performance* um dos mais influentes. A *performance* é uma manifestação que se origina na ideia de anti-arte e tem como objetivo principal romper as fronteiras entre arte e vida, por meio do hibridismo de linguagens. Expressões como *teatro pós-dramático* ou *teatro performático* nascem a partir do encontro entre as duas manifestações artísticas. Um dos fatores que aponta a influência da *performance* no teatro é justamente o deslocamento da ideia de representação para a de *acontecimento*, supondo nesse processo a diminuição da fronteira entre real e ficcional na cena. No entanto, ao me aproximar das reflexões de, por exemplo, Hans-Thies Lehmann e Renato Cohen, confirmei que não seria esse o campo teórico que orientaria meu trabalho, dado que meu interesse era abordar a relação existente entre o vivenciar e o representar no ator de um ponto de vista especificamente teatral, levando em consideração o processo de representação.

Em busca desse território propriamente teatral dirigi minha leitura a revisitar referências que havia estudado anteriormente, mas sem muito aprofundamento. Neste processo Denis Diderot e Constantin Stanislavski ecoaram como possibilidades para retomar a reflexão sobre o real e a atuação, visto que ambos estavam interessados em refletir sobre uma noção de interpretação naturalista e nos procedimentos do ator para lidar com o real e o ficcional como material criativo, ainda que de formas distintas. Com a especificidade histórica dos pensamentos de Diderot e Stanislavski em mente, com seus vanguardismos e limitações espaço temporais, é possível estabelecer associações pertinentes com o trabalho desenvolvido por Daniel Veronese. Assim podem-se apontar características que contribuam para a discussão conceitual de uma tendência do teatro contemporâneo: a retomada de uma tradição naturalista na atuação ao mesmo tempo em que se enfatiza o jogo teatral, de modo a estabelecer novas relações entre o real e o ficcional.

Denis Diderot afirmou em *O paradoxo sobre o comediante* que o trabalho do ator consistiria em distanciar-se da vida para poder observá-la e imitá-la de forma consistente no palco, indicando desse modo que o ator deve também afastar-se dos sentimentos que representa em cena. Diderot disse a respeito do ator: "Se ele é ele quando representa, como deixará de ser ele? Se ele quer cessar de ser ele como perceberá o ponto justo em que deve colocar-se e deter-se?"[6]. Nesse sentido, o aspecto do texto que me interessa discutir nesse trabalho se refere justamente a essa tensão que se estabelece no ator entre ser e representar.

No que diz respeito a Stanislavski, é desnecessário afirmar sua importância para o teatro a partir do século XX. Foi no Teatro de Arte de Moscou e a partir do contato com textos teatrais contemporâneos, especialmente os de Anton Tchekhov, que o ator, diretor e renovador russo começou a estruturar sua concepção pioneira do trabalho do ator, partindo inicialmente de processos interiores. Para Stanislavski, não poderia haver arte verdadeira sem que o ator vivesse a personagem e isso só ocorreria quando os sentimentos viessem à tona. Viver seria, segundo esse ponto de vista, equivalente a sentir. Desse modo, o ator não deveria representar os sentimentos, nem imitá-los, como propõe Diderot, mas "vivê-los".

Além do contato com esses autores do campo teatral me interessa travar um diálogo com conceitos filosóficos em torno da noção de experiência aproximando-os do trabalho do ator. Para tal, selecionei três autores: o filósofo francês Henri Bergson, Jorge Larrosa, pesquisador contemporâneo da área da educação e Lev Vigotski, pensador russo do início do século. Em Bergson o foco será sobre o conceito de *duração*, com o objetivo de pensar a relação entre experiência e existência na modernidade. Na teoria de Larrosa, por sua vez, a noção de experiência como instância transformadora será associada aos processos dos atores que trabalharam nas montagens de Veronese. O texto de Vigotski *Sobre o problema da psicologia do trabalho criativo do ator* servirá como elo entre o pensamento de Diderot e Stanislavski propondo um novo olhar sobre o paradoxo do ator, a partir da psicologia.

O teatro de Veronese surge nessa discussão como objeto de observação devido à sua trajetória artística e sua relação com a temática. De acordo com Óscar Cornago[7], Daniel Veronese iniciou sua carreira no teatro de animação em 1982. Seguindo essa linguagem teatral fundou com

Ana Alvarado e Emilio García Wehbi o grupo *El Periférico de Objetos*, formado apenas por diretores, no qual atuou também como dramaturgo. No decorrer dos anos noventa começou a escrever textos dramáticos com mais frequência e no final da década passou a dirigir seus próprios textos, iniciando uma nova etapa criativa onde se distanciou dos bonecos e passou a utilizar as emoções humanas como matéria prima para a criação. Sobre a relação de sua obra artística com a verdade, afirma: "Não busco copiar a realidade, busco produzir a verdade em suas inumeráveis formas. Busco encontrar a verdade por que ela é sempre revolucionária"[8]. Ao longo de sua carreira artística, Veronese parece seguir a lógica dessa afirmação, sempre se perguntando em seus trabalhos a respeito da possibilidade de expressar uma verdade humana, a partir de um espaço de fingimento como é a cena.

O desenvolvimento da minha aproximação com os temas aqui explicitados me levou a buscar um contato direto com Daniel Veronese e com seus atores. O trabalho que resultou de meus estudos está organizado da seguinte forma: na primeira parte contextualizo o teatro de Daniel Veronese a partir de textos, entrevistas e da análise dos espetáculos *Espía a una mujer que se mata, La noche canta sus canciones, El desarrollo de la civilización venidera* e *Todos los grandes gobiernos han evitado el teatro íntimo*, utilizando como referência as reflexões de Óscar Cornago sobre o diretor argentino, além de textos do próprio a respeito de sua poética. Na segunda parte estabeleço uma discussão dos conceitos de representação e experiência, a partir de Henri Bergson e Jorge Larrosa, colocando-os em relação com entrevistas de atores que trabalharam com Veronese, realizadas durante uma pesquisa de campo. Dessa forma, minha intenção é aprofundar a discussão da primeira parte em torno do jogo conceitual operado pelo diretor na fronteira entre realidade e ficção. Na última parte do trabalho busco ainda estabelecer um diálogo com *O paradoxo sobre o comediante*, de Diderot, as ideias de Stanislavski e de Vigotski a respeito da relação entre representar e sentir no trabalho criativo do ator. Aponto aproximações e distanciamentos entre esses autores, notando como de alguma forma o trabalho de Veronese expressa elementos referentes à tensão entre realidade e ficção, que se relacionam com as questões discutidas ao longo do trabalho.

Optei por traduzir as citações em espanhol ao longo do texto com o objetivo de privilegiar a fluidez de sua leitura e facilitar a compreensão daqueles que eventualmente não dominem a língua espanhola.

Máquina poética: o pensamento teatral de Daniel Veronese

O teatro contemporâneo elabora questões que tentam contrariar as limitações e convenções que o constituem, tais como os limites entre realidade e ficção na cena; a inexistência de personagens; a noção de acontecimento, onde a relação entre ator e espectador é fortalecida, dentre outras. Muitas dessas questões tomam forma a partir do modernismo, tendência que almeja a aproximação entre arte e vida, surgindo nesse contexto diversas manifestações que buscam responder a esse desafio. No teatro é possível observar modos de criação que embasam principalmente a consolidação da noção de *acontecimento*, onde há uma ênfase no teatro como a arte do momento presente e do encontro entre ator e espectador. Ao aproximar-se da vida a cena deseja criar uma sensação de realidade que a princípio não lhe pertence, pois essa depende paradoxalmente do artifício para concretizar-se na esfera artística. Sendo assim, se o teatro fosse a realidade deixaria de ser arte, o que não impede, no entanto, a existência do uso dessa aproximação entre arte e vida como procedimento criativo.

De acordo com Óscar Cornago[9] o teatro segue existindo como uma forma de comunicação profundamente humana, que depende do contato físico e imediato de um grupo de indivíduos, em uma época dominada pelos meios de comunicação de massa, estabelecendo uma comunicação para além das palavras, presente nos movimentos, nos gestos, nos olhares e nos silêncios e potencializada pela presença compartilhada de atores e espectadores. Mesmo porque algumas tendências do teatro contemporâneo não têm mais como preocupação central contar uma história linear ao público, mas envolvê-lo em um ambiente, fazendo-o se sentir parte da cena. Nesse teatro, o importante não é o que dizem os atores, mas sim o *acontecimento*, o que ocorre no encontro entre atores e espectadores. É possível afirmar que, dessa forma, a platéia adquire uma importância fundamental na constituição do teatro contemporâneo, de modo que cada vez que algum espectador se pergunta frente a uma manifestação teatral: *o que é isso? Será verdade o que estão me contando? Estão atuando ou é sério?* Quer dizer que essa ação conseguiu superar de alguma forma as suas próprias convenções, para

> ir além da sua condição de espetáculo, sem deixar de sê-lo [...] se aproximando cada vez mais do teatral, do físico da atuação, movido pela necessidade de alcançar uma realidade maior. Pertencente aquele real com o qual o teatro sonhou muitas vezes: chegar a ser uma realidade verdadeira, uma ficção real, [...] converter-se em um acontecimento real, vivo. [10]

A pesquisadora Julia Sagaseta acredita que a inclusão da vida no teatro, com a diminuição do conteúdo ficcional na cena, faz com que ele tenda a querer reproduzir a realidade, tentando convencer o público de sua verdade, mesmo que o seu caráter artificial seja evidente, assim como a sua teatralidade. Dessa forma, podemos afirmar que a arte é sempre artificial, mesmo em uma época de hibridismos tão evidentes? Para a autora:

> Resulta difícil tomar uma posição porque o real agora se mescla com o ficcional [...] interferindo nas manifestações artísticas como tal, não se tornando outro artifício, como ocorre no realismo. [11]

Nesse sentido Sagaseta defende a importância de deixar clara a diferença entre os conceitos de real/realidade e realismo, afirmando que

> o realismo é uma construção artística da realidade [...] que produz um mundo parecido com real. [...] E elaborou um método de atuação para que essa semelhança seja maior, para que o espectador creia no que [...] ,na verdade, não é mais que um artifício.[12]

É diferente, segunda ela, de quando não há pretensão na obra de esconder a teatralidade e de repente o real irrompe. Portanto, o que o teatro contemporâneo faz é jogar com a experimentação desses limites, enriquecendo suas possibilidades artísticas.

Em seu trabalho no teatro off de Buenos Aires, Daniel Veronese elabora exatamente esse jogo experimental de limites, utilizando procedimentos referentes tanto a busca da irrupção de uma realidade na cena, quanto a uma construção artística da realidade, notadamente artificial, como é o realismo. Nesse sentido, Veronese não permite que o encaixemos em uma gaveta artística definida, como é possível perceber na seguinte citação:

> Cada vez mais tenho o desejo de ir à verdadeira essência da atuação. [...] Quero que as pessoas vejam e digam: *Isso está acontecendo aqui*. Não é uma representação de algo ensaiado, é um acontecimento que ocorre neste momento, neste tempo e neste espaço. Essa é uma obsessão. A verdadeira ilusão se mostra quando perco a noção da teatralidade ainda que veja o cenário. O interessante é poder fazer com que o público entre nessa ilusão e depois saia dela, quando o espetáculo termina. [...] Como quando éramos crianças e íamos ver teatro de bonecos e no final o bonequeiro nos mostrava os bonecos. O engano bem feito. Então começo a reduzir tudo que me distancie dessa ilusão. E assim, só fica o ator, mas com um grau de verdade tão grande, que me permite entrar na ilusão. [13]

A partir desse pensamento paradoxal é possível perceber que a intenção de Veronese não é criar um espaço ilusionista puramente artificial, mas produzir um efeito de realidade, baseado na diminuição de artifícios como luzes e figurino, que possibilite a manifestação de uma verdade maior na atuação. Veronese afirma que "mostra a ficção com total claridade"[14], elaborando, dessa forma, uma estratégia de encenação que é pensada como produtora e simultaneamente destruidora de uma ilusão da realidade. Trata-se, como Sagaseta afirma acima, de um jogo de limites que provoca uma alteração significativa na maneira como lidamos com a nossa percepção do teatro.

Nas obras de Veronese somos, de fato, tomados pela ambiguidade de observar a realidade, absorvidos pela ilusão, ao mesmo tempo em que nos tornamos conscientes da artificialidade teatral, devido justamente à eliminação dos artifícios. Como se o diretor argentino produzisse um realismo pautado em características opostas ao realismo tradicional. Seu ilusionismo ao invés de enganar nos aproxima da realidade, justamente por não negar seu caráter teatral. Um novo patamar de criação é estabelecido, onde realismo e realidade se mesclam em busca da manifestação de uma verdade da cena. A esse respeito Veronese[15] diz que: um momento de verdade é quando algo ocorre de forma inexorável na cena e que nem sequer ele, como diretor, havia imaginado que aconteceria. Ainda de acordo com Veronese, a verdade é descobrir algo que estava dentro de você e de repente se revela, é abrir uma porta cuja existência era desconhecida. É um instante no teatro em que não te dá vontade de aplaudir, mas te falta o ar.

Nessa direção, a proximidade do público, a inexistência de figurino e iluminação são fatores que colaboram para a criação de uma expressividade mínima, cujo principal componente é o trabalho dos atores. A forma como Veronese trabalha com seus atores é particular e não segue um método pré-estabelecido. Em uma entrevista concedida a Óscar Cornago[16], Veronese diz que seu desejo é criar um campo de experimentação, colocando os atores em um lugar de incômodo, que lhes impulsione a buscar a expressividade por uma via desconhecida. Como diretor lhe interessa que os atores venham trabalhar motivados por meios que não sejam os que eles estão acostumados. Nesse sentido, Veronese afirma que muitos atores têm como princípio coisas que não devem ser feitas e que a sua maneira de fazer teatro é justamente partir do que não se deve fazer, "[...] me dei conta de que este é um lugar mágico, porque representa é a possibilidade de sair do escolástico, do supostamente bem feito"[17]

Teatro e Experiências do Real

Ao longo de sua trajetória artística Daniel Veronese escreveu textos a respeito de sua forma de criação. Nesses materiais, predomina uma linguagem metafórica que apresentam pistas para se pensar o seu trabalho prático. Um desses textos chama-se *Las Máquinas poéticas* e foi escrito para os alunos-atores do espetáculo *Open House*. Nele, Veronese aponta algumas diretrizes de pensamento que dizem respeito à formulação de um tipo de atuação a partir da criação de uma máquina poética capaz de elaborar sentidos e sentimentos. Essa máquina funcionaria como uma concentração de funções (ou disfunções) que produziriam ações teatrais, compreendendo ação como tudo aquilo que permite uma mudança provável e necessária na cena. Segundo Veronese, é possível perceber que uma máquina poética foi criada quando algo começa a ser escondido e revelado do espectador, ativando sua percepção e jogando com a suspensão das tensões da cena. O público não deve desconfiar que o texto dito pelo ator não lhe pertence. E para alcançar esse resultado o ator deve, paradoxalmente, enganá-lo com sinceridade. Trata-se de transformar a existência cotidiana e vulgar do ator em uma verdadeira máquina poética e compartilhá-la. Por fim, Veronese reafirma sua busca pela verdade: "Penso que as máquinas poéticas deveriam estar na categoria celestial de máquinas da verdade"[18]

Outro texto importante são os *Automandamentos*, composto por uma série de pequenos aforismos. Muitos deles podem ser associados as montagens e textos de Veronese. No que diz respeito ao trabalho do ator, vale apontar os seguintes "mandamentos":

- Sabotar as expectativas do espectador.

- [...] Que a imagem seja real e ao mesmo tempo sugestiva.

- Ser ambíguo, sem ser crítico nem obscuro.

- Incomodar.

- Criar setores de emoção indisciplinada que se velem e se desvelem em uma furiosa ondulação.

- [...] Realizar olhares transversais do já conhecido.

- Conferir imprecisão a formas que se apresentem demasiado estáveis.

- Simplificar a expressão.

- Prestar contas do que passa em cena para desmistificar./ Romper com a magia para voltar a criar estados de credibilidade. [19]

Neles podemos perceber procedimentos criativos recorrentes no trabalho de Veronese. Um aspecto que permeia todos esses mandamentos, por exemplo, é o jogo conceitual envolvendo o uso de contradições: esconder e revelar, romper com a magia para voltar a criá-la de alguma maneira, mostrar o conhecido sob um novo enfoque. Tudo isso para manter viva a atenção do espectador, criando um campo repleto de possibilidades que convertem a arte em experiência:

> Tenho vontade de me encontrar com zonas inexploradas, com um olhar desconhecido. O teatro é o lugar onde devem acontecer esses encontros. As pessoas devem sair modificadas. [...] Cada apresentação deveria criar uma porta aberta para uma nova experiência. [20]

As próximas páginas são dedicadas a compreender de que forma o discurso de Veronese se relaciona com sua prática por meio da análise de quatro espetáculos dirigidos por ele recentemente: *Espía a una mujer que se mata*, versão de *Tio Vânia*, de Tchekhov, *La noche canta sus canciones*, texto do dramaturgo norueguês Jon Fosse, *El desarrollo de la civilización venidera*, versão de *Casa de Bonecas*, de H. Ibsen e *Todos los grandes gobiernos han evitado el teatro íntimo*, versão de *Hedda Gabler*, também de H. Ibsen. A intenção com essas análises é estabelecer uma reflexão sobre o procedimento dos atores a partir do projeto de direção elaborado por Veronese.

A descrição dos espetáculos abordados neste trabalho, não pretende ser um retrato complexo e detalhado das apresentações. Parto, principalmente, da minha experiência sensível frente às montagens e nesse sentido, faço referência à noção de *punctum*, conceito elaborado por Roland Barthes, no livro *A câmara clara*, como aquilo que em uma fotografia "pinça o olhar do espectador". O *punctum*, afirma Barthes

> é uma mutação viva do meu interesse, uma fulguração. Através de qualquer coisa que a marca, a foto deixa de ser uma qualquer. Essa qualquer coisa fez tilt, provocou em mim um pequeno estremecimento, um satori, a passagem de um vazio [...] fechar os olhos, deixar que o pormenor suba sozinho à consciência afetiva. [21]

Dessa forma apresentarei a descrição do que nos espetáculos pinçou meu olhar e me provocou afetivamente, com eco no conceito que Barthes desenvolveu para análise de imagens.

Espía a una mujer que se mata

O espetáculo *Espía a una mujer que se mata*, concebido a partir do texto *Tio Vânia*, de Anton Tchekhov, foi o primeiro que assisti dirigido por Daniel Veronese. A montagem fez parte da programação do festival Porto Alegre em Cena em 2007 e se apresentou no Teatro Bruno Kiefer. O teatro em questão é pequeno e possui uma inclinação que possibilita a todos os espectadores uma visão relativamente próxima da cena.

A adaptação da obra de Tchekhov por Daniel Veronese se manteve quase inteiramente fiel ao texto original. É possível observar apenas algumas adaptações de personagem: Teléguine e Marina tornaram-se uma só personagem e Serebriákov ao invés de simplesmente um intelectual tornou-se um renomado teórico teatral, que entende muito pouco da arte que estuda. Há ainda a inserção de trechos dos textos: *As criadas*, de Jean Genet e *A gaivota*, do próprio Tchekhov.

A fábula gira em torno do cotidiano de um grupo de pessoas em uma casa de campo. Serebriákov e sua nova esposa, Helena Andreiévna, acabam de se mudar para a propriedade campestre, que até o momento era administrada pela mãe de sua primeira mulher, Maria, seu cunhado Ivan Petróvich Voinítski (Vânia) e Sônia, sua filha do primeiro matrimônio. A chegada do casal provoca uma revolução no cotidiano tranquilo dos moradores da casa, despertando ódios e amores. De um lado temos Vânia, Sônia e Maria, do outro Serebriákov e Helena. No meio, intermediando os dois grupos, está Marina e o doutor Àstrov. Marina é a governanta da casa e Àstrov o objeto de amor secreto de Sônia. Ele em contrapartida busca o afeto de Helena, que por sua vez também é desejada por Vânia.

Como o esperado em uma narrativa tchekhoviana, não há nenhum grande acontecimento em *Espía a una mujer que se mata*. Apenas pessoas comuns, emoções cotidianas e fragmentos de conversa que constroem, pouco a pouco, um universo decadente. Cenas simples da montagem, como o momento em que todos bebem vodka e passam em um curto espaço de tempo da alegria a mais profunda depressão ou quando, já no fim, da peça Vânia e Sônia, sós, batem com a cabeça na mesa, representam esse universo de tensões acumuladas e explosões contidas. Na adaptação de Veronese há espaço ainda para discussões sobre o teatro, ironicamente protagonizadas Serebriákov, um homem que escreve sobre teatro, sem nada saber a respeito do assunto.

No entanto, por detrás do tédio aparente das personagens se encontram almas atormentadas pela infelicidade e pelo desejo. Todos aparentam ser aquilo que não são, dominados pelo sentimento de impotência de não terem alcançado nada na vida, tendo por fim, que se conformar com uma existência medíocre. Àstrov desejava ser um herói, mas tornou-se um cínico, e está quase sempre embriagado. O grande acadêmico é na verdade um homem mesquinho e egoísta. Vânia é um homem desapontado por ter sido enganado pela falsa intelectualidade de Serebriákov, a quem culpa por não ter vivido a vida que quis. Helena e Sônia não sabem muito bem o que desejam, mas ainda assim estão insatisfeitas, apesar de aparentarem mais otimismo que os homens.

O cenário da peça, semelhante ao utilizado por Daniel Veronese em uma montagem sua anterior (*Mujeres soñaron caballos*), remete a uma casa com porta e uma pequena janela. Trata-se de um espaço extremamente reduzido, sem pretensão mimética visto que a composição de sua estrutura é visível para o público. Os objetos de cena são realistas: uma mesa de madeira no centro, algumas cadeiras, um mapa e um vaso de plantas. Dessa maneira, o espaço se assemelha a um set de cinema, onde objetos realistas mimetizam um espaço da vida real enquanto a construção arquitetônica ao redor apenas indica esse espaço. A iluminação é simples, clara e sem variações perceptíveis ao longo da representação, não há nenhuma trilha sonora. É possível notar a partir dessas observações a intenção do diretor em retirar elementos da cena, abrindo espaço para o trabalho criativo dos atores. Veronese afirma sobre a montagem:

> Não haverá trajes teatrais, nem ritmos bucólicos em salões familiares. Nem tralhas que denotem um tempo campestre. A ação se desenrolará na velha e golpeada cenografia de Mujeres Soñaron Caballos. Retirando elementos até chegar a uma expressão mínima, Espía a una mujer que se mata, versão de Tio Vânia, acaba sedimentando algumas questões de ordem universal: o álcool, o amor pela natureza, os animais toscos e a busca pela verdade através da arte. Deus, Stanislavski e Genet.[22]

Na entrada do público os atores já estavam no espaço, caminhando entre os espectadores. Vestiam roupas cotidianas, despojadas e contemporâneas, parecendo "pessoas comuns". Como a apresentação sobre a qual estou escrevendo aconteceu no Brasil, quando os atores subiram ao palco e começaram a atuar, a língua espanhola parecia ser o único indicativo de que não se tratava de um espectador empolgado que havia decidido subir à cena, tamanha era a espontaneidade e a naturalidade dos gestos e falas utilizados pelo elenco. Na lateral esquerda do cenário a atriz (Maria Figueras) que interpretava Sônia chorava incessantemente.

A existência da quarta parede era evidente, pois, os atores não olhavam para o público em nenhum momento, completamente imersos na situação ficcional. Na cena, tons de voz baixos, falas velozes, gestos banais e atores agindo no espaço como se um filme estivesse sendo rodado e não uma peça encenada. Apesar da discussão a respeito das diferenças entre o cinema e o teatro ser extremamente complexa, é possível afirmar que o cinema mais tradicionalmente realizado e visto trabalha com um princípio de representação considerado norma, que visa basicamente criar um efeito de realismo na ficção e de invisibilidade (ou transparência) do meio em que se realiza essa ficção. Sendo assim, as escolhas no estilo de atuar desse cinema, chamado clássico[23] são significativamente distintas do teatro: o ator de cinema, por exemplo, não tem a necessidade de postar a voz para se fazer audível para o público e seus gestos e ações são mais próximos do cotidiano, constituindo uma atuação minimalista, que ecoa no espetáculo do diretor argentino.

Ao assistir a *Espía a una mujer que se mata* minha sensação foi a de um retorno ao realismo, onde todo o despojamento do cenário, do figurino e da iluminação colaborava para um naturalismo mimético na atuação, uma expressão mínima, de alguma forma herdeira de certo paradigma cinematográfico. Entretanto, o realismo na encenação de Veronese é usado de maneira muito distinta do cinema clássico, visto que não tenta tornar invisível o meio pelo qual se produz a ficção.

Nesse sentido, pode-se dizer que a encenação propunha um deslocamento notável na percepção do público sobre o espetáculo. Quase inevitável perguntar-se a respeito da natureza estética do que estávamos assistindo. Parecia algo situado entre o teatral e o não-teatral. Como se estivéssemos presenciando uma tentativa de fabricação da realidade, bem e mal sucedida simultaneamente, por conta do atrito entre o realismo das atuações e a exposição clara da artificialidade da situação por meio do uso do espaço.

A encenação e o texto de Daniel Veronese tratam das relações entre o teatro e vida, partindo do universo tchekhoviano, evidenciando uma característica da arte moderna que é a utilização da obra de arte para promover uma reflexão sobre o próprio feito artístico, falando de si mesma ao mesmo tempo em que estabelece relações com questões alheias ao universo artístico. Característica que se faz presente nesse e em outros espetáculos dirigidos pelo diretor argentino.

Como dito anteriormente, os atores realizavam uma interpretação tão próxima à realidade, que pareciam jogar com a sua própria condição representacional, produzindo um atrito entre o real e o artifício. De forma geral, independente do estilo, a atuação no teatro é permeada por um estatuto de realidade, já que pressupõe a presença de um ser humano em um tempo e espaço reais. Por outro lado, não é novidade afirmar que essa presença, tempo e espaço reais estabelecem relações intrínsecas com uma presença, tempo e espaço ficcionais, próprios do artifício teatral. Essa relação ambígua entre a criação de um sentimento de verdade e a mentira na arte teatral representa, segundo Óscar Cornago:

> o desafio de toda construção artística, inevitavelmente artificial: chegar a produzir um sentimento de verdade a partir de uma mentira e ainda mais o teatro, arte da representação por excelência.[24]

A partir disso, é possível perceber como essa questão é elaborada pelos atores em *Espía a una mujer que se mata*. É possível apontar, por exemplo, que as atuações possuíam relação direta com a fabricação de um efeito de realidade em diferentes planos. O primeiro plano se refere ao naturalismo nas atuações, algo que foi afastado do teatro a partir do advento do cinema e da televisão, mas que é retomado por Veronese, produzindo a sensação de que os atores não estavam em uma peça de teatro e sim, em um set de cinema. O segundo plano se encontra na intensidade das emoções produzidas pelos atores, que estavam além da verossimilhança, se aproximando de um sentimento de verdade na cena, que se estabelece como experiência psicofísica visível no corpo. É o que ocorre quando a atriz que interpreta Sônia (Maria Figueras) chora incessantemente a ponto de sua face e seu corpo se modificarem. Ou quando o ator que faz o personagem Vânia (Osmar Nuñez) tem um ataque de fúria e bate com a cabeça na parede. Não parece haver na produção desses níveis de intensidade emocionais uma pretensão intencionalmente performática e tampouco relacionada à construção lógica da personagem. O que esses atores parecem buscar é o *acontecimento*, trata-se de uma lógica construída a partir de um jogo físico com a atuação, que permite aos atores explorarem os seus próprios limites. Cornago em uma análise a respeito de outra montagem de Veronese, *Un hombre que se ahoga* (adaptação de *As três irmãs*, de Tchekhov), faz uma afirmação pertinente para pensar essas questões também em *Espía a una mujer que se mata*:

> É a partir desse núcleo que se constrói uma obra que quer ser um exercício de exploração sempre novo, ainda que se repita todas as noites, uma emoção pura em desenvolvimento, ou melhor: uma rede de emoções e afetos se manifestando frente ao público nesse aqui agora imediatos da representação, [...] Ou seguindo a teoria do autor [*Daniel Veronese*], se trataria de acabar com o ilusionismo cênico para voltar a ganhar uma sensação de verdade emocional, voltar a confrontar o seguro e o convencional que sustenta todo o sistema de representação previamente acordado, com esse espaço de insegurança que supõe a presença humana.[25]

A partir dessas questões, é interessante observar que o efeito de realidade produzido no espetáculo *Espía a una mujer que se mata* não provém da negação da representação e do artificial, mas justamente da exposição desses aspectos diante dos olhos do público. Da mesma forma, a sensação de que os atores de Veronese não atuam, não provém de uma tentativa de produzir uma "não-atuação" por parte deles, mas sim, da busca por uma atuação que ultrapasse os limites da própria atuação, que almeja representar com verdade e existir verdadeiramente como representação.

La noche canta sus canciones

Assisti ao espetáculo *La noche canta sus canciones* duas vezes. Uma, no festival Porto Alegre em Cena em 2008 e a outra em Buenos Aires, em outubro de 2009.

Teatro e Experiências do Real

O espetáculo dirigido por Daniel Veronese, a partir do texto do dramaturgo norueguês contemporâneo Jon Fosse, retrata a separação de um casal com um filho recém-nascido. O marido é um escritor fracassado que não gosta de se relacionar com outras pessoas. A esposa, uma mulher de pouco mais de 30 anos quer parecer mais jovem e não suporta ficar presa dentro de casa. Na primeira cena, a esposa, vestida com um casaco de moletom escuro estampado, calças jeans e tênis está deitada sobre a poltrona. Ela e o marido discutem problemas financeiros e o fato dele não querer sair de casa. O marido usa um roupão velho por cima de uma camiseta e segura um livro (*De Niceta Lorca a su hijo Federico*) nas mãos. Ele está gripado e tem o cabelo sujo. A relação entre os dois é tensa.

O desenvolvimento da trama se dá pelo acúmulo de tensões e pela explosão de acontecimentos inesperados, mas banais, como a visita surpresa dos pais do marido. Mas nessa visita as ações realizadas pelo casal de idosos não soam nada banais. Eles falam sem parar. O avô não parece desejar ver o neto e quase vomita quando o faz, a avó, excessivamente maquiada e vestida como uma adolescente traz um embrulho sujo e amassado para presentear o bebê. Desde que chegam, os idosos insistem que já vão partir e permanecem parados na frente da porta. Quando finalmente partem, a trama sofre uma reviravolta. A esposa se arruma e diz que vai sair com uma amiga. Coloca um casaco, se penteia, maquia e parte após ouvir uma buzina. O marido fica só, com o carrinho do bebê. Após voltar da festa, tarde da noite, a esposa se recusa a conversar com o marido. Diz que é muito tarde e que está cansada. O marido enciumado insiste em saber com quem ela estava. Os olhos do marido estão esbugalhados, ele aperta o livro e tenta pentear desajeitadamente o cabelo. Ela responde que estava com uma amiga e mais algumas pessoas. Depois de muita insistência revela que tem um amante e que vai abandoná-lo, rindo diz que era brincadeira e em seguida confirma o abandono novamente. De repente o amante chega à casa para buscá-la. Os dois começam a recolher os poucos objetos da cena, preparando-se para a mudança. O marido se esconde no quarto. O amante é alto e jovial, o exato oposto do marido. Na sala, a mulher e o amante declaram seu amor intensamente. Em meio a isso se interpõe um momento de humor no qual o amante fala com o bebê, fazendo voz fina.

Há ainda um rápido e constrangedor encontro entre ele e o marido. Nesta sequência o amante parece sentir-se mal com a situação e o marido apresenta fortes indícios de autocomiseração e raiva contida, mas ambos agem com pretensa naturalidade, tornando a situação mais absurda e talvez exatamente por isso mais próxima da vida real. Antes de concretizar a decisão de abandonar a casa a esposa ainda vacila: bebe, chora, desiste, como que guiada por uma corrente alheia a ela mesma.

O espaço cênico composto apenas por um velho tapete, uma poltrona e uma mesa de centro, colabora decisivamente para enfatizar a atuação. Todos os atores estão em cena quase o tempo inteiro, alguns atuando "ativamente", outros sentados em cadeiras na lateral esquerda do palco fora desse espaço do tapete como se estivessem "fora da casa". Na lateral direita há uma coxia, que representa o quarto do casal e do bebê. Com isso os atores se vêem obrigados a criar formas de rapidamente entrarem em estado de atuação frente aos olhos do público. Gestos ligeiros como tirar o casaco indicam passagem de tempo. A iluminação é composta por uma luz geral. Pausas silenciosas, seguidas de falas indicativas como "É o bebê que está chorando?" indicam a existência de sons externos: o choro do bebê, o soar da companhia e a buzina de um carro. Embora os artifícios tenham sido minimizados ou mesmo suprimidos para que os atores pudessem jogar, este jogo está condicionado a um modo de representação muito realista, quase cinematográfico. Mas é justo no atrito entre uma interpretação tão próxima da realidade e a supressão da maioria dos artifícios ilusionistas, que a peça expõe propositalmente o seu caráter representacional. E com isso deixa de ser um retrato banal e piegas de um quadro familiar, para revelar, por meio de sua própria condição teatral, as sutilezas e densidades daquelas personagens. Dessa forma, trata de "realizar olhares transversais sobre o já conhecido"[26], como Veronese afirma em um de seus *Automandamientos*, criando um efeito de estranhamento característico.

É possível apontar a partir das descrições acima uma estratégia da encenação proposta por Daniel Veronese, segundo a qual a corrente de emoções construída pelos atores, ao invés de seguir sempre na mesma direção, é represada e em seguida liberada para agir na direção contrária.

Assim se criam setores de emoção indisciplinada que se escondem e se revelam, como afirma outro de seus *Automandamientos*. Nesse sentido, o espetáculo e a narrativa se desenrolam inteiramente dependentes do jogo dos atores.

A cena final do espetáculo *La noche canta sus canciones* pode representar de forma emblemática uma relação possível entre experiência e representação no trabalho do ator. Trata-se de um detalhe, mas que chama atenção pela sua força simbólica. A narrativa termina com o suicídio do marido, realizado no espaço da coxia, fora dos olhos do público. Para além da tragédia narrativa anunciada, o impacto desse acontecimento emergiu da intensidade emocional elaborada pela atriz que interpreta a esposa ao voltar da coxia, por meio de expressões e gestos que remetiam a um estado de choque. As luzes se apagam, fim do espetáculo, aplausos. As luzes voltam a acender para o agradecimento dos atores e Eugenia Gerty (atriz que interpreta a esposa) continua visivelmente alterada, a respiração presa, os olhos cheios de lágrimas e uma expressão facial que ainda parecia pertencer ao mundo da ficção, embora já fosse o momento de voltar à realidade. Suponho que tenha sido um momento dessa verdade tão almejada por Veronese que perdurou como experiência no corpo da atriz, ultrapassando sutilmente os limites entre cena e vida.

El desarrollo de la civilización venidera

Assisti ao espetáculo *El desarrollo de la civilización venidera* em Buenos Aires, às 17h de um domingo ensolarado em 2009. Na fila, uma grande quantidade de pessoas idosas, especialmente senhoras, aguardava ansiosa o início da apresentação. A explicação para esse fato era óbvia para um morador da capital argentina: o espetáculo contava com a presença de um conhecido ator da televisão argentina, chamado Carlos Portaluppi.

Ingressei no espaço e não consegui lugar na primeira fila. Havia um murmúrio intenso de excitação. Em cena estavam duas atrizes, que agiam com naturalidade cumprimentando os conhecidos. Uma luz amarelada e clara já estava acessa, iluminando a cena e parte da platéia tal qual nos demais espetáculos de Veronese. Felicitas Luna, assistente de direção do espetáculo, pediu que todos desligassem os celulares e se retirou. Um indicativo sutil de que a encenação estava para começar. Talvez demasiado sutil para um público que não parecia em nada habituado com o fato de que não houvesse um acender e apagar das luzes ou uma cortina que se abrisse para indicar o início da representação, visto que as senhoras e suas respectivas companheiras continuaram a conversar normalmente até que uma das atrizes não tão sutilmente perguntou em voz alta em direção à cabine de luz: "Então, podemos começar?" Finalmente o espetáculo começou, sem nenhuma característica evidentemente teatral, já que a primeira cena é uma conversa cotidiana sobre cinema entre as duas atrizes que já estavam no palco.

El desarrollo de la civilización venidera é uma versão de Daniel Veronese para o texto *Casa de bonecas*, de Henrik Ibsen, cuja ambiência pode ser resumida em uma fala do personagem Jorge (no original, Torvald). Jorge conta aos demais personagens que assistiu com Nora ao filme *Cenas de um casamento*, do diretor norueguês Ingmar Bergman, que narra a história de um casal semelhante a eles próprios. Ele diz: "Presenciamos a mostra da deterioração de um matrimônio, desde a aparente tranquilidade ou felicidade inicial até a separação. O ciúme, os enganos, o ódio, a reconciliação". "Mas também o amor."[27], completa Nora. As associações com o filme persistem até o final da peça, quando no auge da briga que culmina na tentativa de abandono do lar por parte da protagonista feminina, Nora compara ela e o marido aos personagens do filme: "Olha, parecemos Johan e Marianne"[28] É interessante apontar que durante o filme, o casal Johan e Marianne, na tentativa de entender a desgastada situação de seu casamento, conversa sobre uma sessão teatral de *Casa de bonecas* que havia assistido. O filme aparece como um elemento importante na composição da encenação, apresentando um cruzamento de referências, que tem como característica a intertextualidade com a linguagem cinematográfica, como afirma Maria Figueras, atriz que interpreta Nora, em uma entrevista realizada por e-mail:

> A incorporação da citação do filme de Bergman na cena permitiu que nos divertíssemos com a situação desse casal que de repente fala sobre arte. Permitiu também que nos aproximássemos da violência latente que há em *Casa de Bonecas* para colocá-la em ação na cena de forma contundente. Compreendemos claramente a situação do casal ao ver o filme de Bergman. [29]

A trama se desenvolve a partir da desesperada tentativa de Nora em esconder um importante segredo de seu marido: ela falsificou a assinatura de seu falecido pai para obter um empréstimo e pagar o tratamento do marido doente, já que sendo mulher não poderia tomar dinheiro emprestado sem a assinatura de um homem. O marido, Jorge, acredita que o dinheiro foi emprestado pelo pai antes de sua morte e sequer imagina que Nora está em uma situação financeira complicada. O agiota que fez o empréstimo, Krogstad, aproveita então para chantagear Nora, pois possui um documento que comprova seu crime. Este exige que Nora peça para o marido interceder a seu favor porque acaba de ser demitido do banco onde recentemente Jorge foi nomeado diretor. Nora tenta negociar com o marido, pois sabe que não conseguir o que Krogstad exige, ocasionará um escândalo que arruinaria seu casamento. Contudo, Jorge tem sérias ressalvas em relação à Krogstad, justamente porque ele próprio havia falsificado uma assinatura no trabalho, e não faz o que Nora pede. Sem saber do sofrimento da esposa ele decide contratar Cristina Linde, amiga de Nora, para ocupar o lugar do chantagista. No entanto, Cristina e Krogstad haviam sido amantes e ela, por fim, acaba convencendo-o a devolver o documento com a falsa assinatura para Nora, que sai ilesa da situação. Contudo, a forma como seu marido reagiu à situação deixa Nora perplexa. Jorge, no momento em que descobre a farsa da esposa, antes de Krogstad devolver o documento com a assinatura falsa, é extremamente agressivo e cruel com Nora, acusando-a de ser uma criminosa, incapaz de criar os filhos, chegando a proibi-la de vê-los. Quando o documento é devolvido e o casal está a salvo, Jorge tenta abrandar a situação, mas para Nora a atitude do marido indica o terrível engano que ela estava vivendo. Após uma discussão, ela tenta partir, mas é impedida com violência por Jorge que chega a espancá-la e trancá-la dentro da casa. O final, ao contrário do texto original, é inconcluso: as chaves encontram-se em cima da mesa, Nora faz menção de pegá-las, Jorge repete o gesto e as luzes se apagam.

Vale lembrar que o texto original escrito em 1879 foi considerado o mais revolucionário de Ibsen. A adaptação de Veronese atualiza a questão vivida pelos personagens, centrando-a na humanidade do conflito do casal, mais do que no ato simbólico feminista que o abandono do lar protagonizado por Nora representou a partir das primeiras montagens da obra original. Acerca dessa necessidade de atualizar a questão central da peça o diretor afirmou:

> A pergunta "Nora voltará?" que no final de 1800 provocou as mentes excitando os palcos burgueses, pensamos todos, creio que ninguém vai discordar, deveria ser substituída hoje por outra. Por que certamente todo este teatro, toda esta cultura e sabedoria devem ter servido em algo para que a dignidade das mulheres fosse reconhecida. [...] Mas é o assunto inconcluso sobre a dignidade dos direitos humanos que segue nos fazendo remexer na poltrona. É maravilhoso ler *Casa de bonecas* e pensar: "Mas é uma mãe, uma mulher que está abandonando seus filhos..." Em nossas cabeças, no entanto, seguem outros pensamentos acerca das possibilidades, riscos e sortes fatais que podemos sofrer independente do sexo que temos. [30]

Na adaptação de Veronese os personagens secundários são suprimidos e a ação é centrada nos cinco personagens principais: Nora, Jorge/Helmer, Cristina Linde, Krogstad e a Dra. Berta Rank, no original Dr. Rank. Outras modificações dizem respeito à trama em si. Como aponta com precisão o crítico Ignácio Apolo[31]: a Dra. Berta bebe muito e não apenas visita o casal todos os dias, mas praticamente vive com eles. Cristina Linde é uma amiga de Nora que vem de fora, mas que está desde o princípio da encenação dentro da casa. Nora dança e canta como uma boneca histérica. Jorge e Krogstad são espelhos um do outro, inclusive fisicamente, já que ambos são interpretados por atores obesos. O sorriso amável e rígido de Jorge se contrapõe com a melancolia de Krogstad e esconde uma violência latente. Ainda de acordo com a crítica de Apolo, o argumento da peça de Ibsen é transposto para a época atual, tornando a causa social uma causa individual. No original o risco em questão é o que uma mulher sofre ao enfrentar a ordem social reinante e suas leis masculinas, na adaptação o equívoco é particular e se dá em torno da mulher em relação ao seu marido. O risco é dissolvido: no exterior não há perigo, a lei não vai condenar a mulher que parte. Ao contrário da platéia do século XIX que defendia o ponto de vista de Helmer, a platéia atual concorda que Nora tem o direito e até a obrigação de abandoná-lo. Nesse sentido há uma inversão concreta na adaptação: o marido, irracionalmente, tranca a porta, espanca a mulher contra a parede até que ela sangre e se no original Helmer diz: "Eu teria dado a minha vida por você", agora Jorge afirma: "Eu poderia te matar". Como quem diz: "Se a sociedade não vai te "matar", condenando sua atitude, Nora, eu poderia te matar".

Em relação à encenação, os procedimentos utilizados pelo diretor são semelhantes aos já citados nas análises anteriores. O espaço cênico é simples, remete a uma casa, com uma porta em cada lateral, uma janela no meio e um bar vazio com um balcão. No canto direito há uma mesa de madeira com duas cadeiras, ao centro, embaixo da janela, há um sofá de couro branco, um pouco desgastado. A estrutura do cenário foi tomada emprestada de outro espetáculo, chamado *Budín Inglés*. Os figurinos remetem ao cotidiano, mas é menos acentuada a sensação de que os atores estão vestindo as próprias roupas. Ocorre inclusive uma troca de vestuário, no momento em que os personagens voltam de uma festa. Nora, no primeiro momento, se veste de uma forma um pouco vulgar, usa calça jeans bem justa com uma blusa bege e sapato de salto alto. Dra. Rank, Cristina Linde e Jorge vestem roupas sóbrias e sociais. Krogstad se veste de forma casual como Nora, usa calça jeans e uma blusa justa bege. As roupas de festa são escuras. Não há sonoplastia, nem trilha sonora. Os atores não estão presentes em cena o tempo todo como em *La noche canta sus canciones*, ocorrendo inúmeras entradas e saídas das personagens, conforme o desenrolar da trama.

A interpretação segue a linha naturalista que se intensifica emocionalmente ao longo do espetáculo, já abordada anteriormente pelo diretor. Carlos Portaluppi, que interpreta Jorge, trabalha quase todo o tempo entre dois extremos: simpatia exagerada e violência latente. Maria Figueras, por sua vez, enfatiza a leveza e infantilidade quase louca de Nora, aspectos que são desconstruídos durante a trama culminando na explosão da cena final, a mais marcante no que diz respeito à atuação. Para descrever com mais precisão aspectos da atuação no fim do espetáculo retomo a narrativa. Quando o casal volta de uma festa há um assunto em suspensão: Krogstad entregou ou não a carta denunciando Nora? Estão na cena Cristina Linde e a Dra. Berta. Jorge grita com Nora e as mulheres nada fazem, inteiramente submetidas à situação. Nesse ponto, Carlos Portaluppi produz em sua atuação um alto nível de gravidade da voz, preenchendo o ambiente com a fúria de Jorge. Já não havia leveza alguma na interpretação de Maria Figueras, seu corpo estava inteiramente retesado, resultado de uma tensão produzida ao longo do espetáculo, como se todo o desespero de Nora estivesse condensado só naquele instante. Os primeiros gestos bruscos de Jorge em relação à Nora começam a aparecer, assim como a violência psicológica:

> Você não vai tocar nos meninos nunca mais, me escutou? Para os outros, obviamente, será como se nada disso tivesse acontecido. Você pode continuar vivendo aqui, mas eu te proíbo de se aproximar das crianças... Não quero que você toque neles. Você vai viver presa aqui, Nora, como uma ladra. Não quero que ninguém veja você perto de mim. Vou dizer a todos que você está doente. Infectada. [...] Sai da minha vista. A partir de agora você está doente para todos.[32]

Quando Cristina e a Dra. Rank saem de cena, a situação tensa entre o casal se intensifica, assim como as interpretações de Figueras e Portaluppi. Nora chora e agora é ela quem grita enquanto Jorge assume uma posição passiva. Até que ele toma a decisão de trancá-la na casa e algo nesse gesto abre espaço para que qualquer coisa possa ocorrer entre aquelas duas pessoas. Somos tomados pela situação da ficção assim como aparentemente os atores. Apesar da consciência de que a porta não está trancada de verdade, há uma sensação de confinamento real. Estamos todos presos ali, espectadores e atores, e qualquer coisa pode acontecer. Mas não é uma coisa qualquer o que presenciamos nos minutos finais do espetáculo. Subitamente Portaluppi/Jorge joga Figueras/Nora contra a parede duas vezes e senta calmamente na mesa. Quando Figueras/Nora se aproxima, percebemos que ela está sangrando, de verdade, porque não havia tempo hábil para um truque teatral. Ou havia? Neste parágrafo final confundo propositalmente personagens e atores para tentar explicitar um pouco a sensação de confusão de limites entre realidade e ficção presentes naquele momento. Pouco depois as luzes apagam e voltam a se acender, aplausos, Maria Figueras, sem vestígios de sangue no rosto, e Carlos Portaluppi se abraçam. Fim da representação.

Todos los grandes gobiernos han evitado el teatro íntimo

Assisti ao espetáculo *Todos los grandes gobiernos han evitado el teatro íntimo* duas vezes. Primeiro porque o espetáculo me causou uma impressão emocional muito forte e segundo porque ele me pareceu bastante significativo para pensar questões em torno da obra de Daniel Veronese, já que mescla um plano ficcional bem definido, apoiado em um forte trabalho emocional dos atores e discussões meta teatrais. A montagem é uma adaptação de *Hedda Gabler*, texto de Henrik Ibsen, e fez parte de um projeto elaborado por Daniel Veronese que consistiu na realização e exibição simultânea de duas versões de peças do dramaturgo norueguês: *Casa de bonecas* e *Hedda Gabler*.

O desenvolvimento da trama se baseia nas tensões psicológicas dos personagens, especialmente da protagonista, sendo poucos os momentos de conflito ou ação direta. A maior parte das situações dramáticas é apenas narrada pelos personagens. O próprio Veronese considera a obra "crítica" e sua protagonista "incompreensível"[33]. No centro da narrativa encontra-se Hedda Gabler, uma mulher de personalidade complexa, profundamente insatisfeita com sua existência medíocre, que ela tenta superar exercendo jogos de poder sobre as pessoas que a rodeiam.

Na versão de Daniel Veronese personagens, diálogos e situações foram suprimidos restando apenas o esqueleto estrutural da obra, que enfatiza a reviravolta de sentimentos dos personagens. Hedda é casada com Jorge (o mesmo nome do marido de Nora em *El desarrollo de la civilización venidera*) Tesman, um homem que não ama. Ela tem que suportar a presença constante de seu ex-amante, Ejlert Lovborg, um escritor superficial e bem sucedido, além das investidas amorosas do assessor Brack. A narrativa se desenrola ao redor do suposto sumiço de um valioso manuscrito escrito por Lovborg, durante uma festa na casa de uma travesti, conhecido como senhorita Diana. A verdade é que Tesman havia roubado o manifesto por inveja e o entregou a Hedda, que vê nessa confusão a oportunidade perfeita para exercer seu poder de manipulação sobre Lovborg. Hedda queima o material e induz o escritor a matar-se, dando-lhe uma pistola. Pouco depois ela recebe com satisfação a notícia de sua morte. No entanto, as coisas não aconteceram da forma como ela esperava. Lovborg não havia se matado com um tiro na testa conforme seu pedido, mas sim, sido assassinado pela polícia ao tentar matar a senhorita Diana, um verdadeiro escândalo. Completamente desiludida com o fracasso de seu plano ela acaba com sua vida com um tiro na testa.

O primeiro dado que vale apontar para aproximar as duas versões de Ibsen é o fato de terem o mesmo cenário, embora com finalidades diversas. Enquanto na versão de *Casa de Bonecas* o cenário representa a casa de Nora e Jorge, em *Hedda Gabler* ele é literalmente um cenário teatral de uma versão fictícia de *Casa de Bonecas*, instalada em um velho teatro regional, onde os personagens vivem.

Conforme descrevi na análise do espetáculo *El desarrollo de la civilización venidera* a estrutura cenográfica remete a uma casa, com uma janela central e duas portas. Há um sofá, o mesmo utilizado em *El desarrollo* [...], mas com uma manta verde cobrindo-o, uma mesa repleta de objetos: fotografias e uma caixa com cigarros e há também um pequeno piano que é tocado pelo ator Fernando Llosa. O fato dos personagens terem consciência de que vivem em um cenário possibilitou uma série de jogos meta teatrais, amplamente explorados no uso do espaço. Em diversas cenas as personagens estabelecem momentos reflexivos, muitas vezes dirigidos para a platéia, sobre a arte teatral e brincam com a existência de entradas e saídas "falsas" que não existiriam em uma casa de verdade, aparecendo e desaparecendo subitamente por locais inesperados. No entanto, é importante ressaltar que o cenário é, acima de tudo, o local onde as personagens vivem. Não se trata de uma peça dentro de uma peça, mas sim, de personagens que representam "pessoas reais" submetidas a essa situação entre absurda e patética de ter que viver em um velho teatro. Fato que, aliás, colabora decisivamente para o desenvolvimento da narrativa, enfatizando o estado decadente da vida de Hedda. Mais uma vez no trabalho de Veronese somos tomados pela ambiguidade: não há obviedade nesse jogo, a discussão meta teatral desenvolvida pelos personagens não é consciente, eles sequer são atores, apenas vivem em um cenário e fazem disso um espaço de reflexão para a própria existência. Esse é um dos motivos que me levou a acreditar que *Todos los grandes gobiernos han evitado el teatro íntimo* nos apresenta uma espécie de síntese do pensamento teatral de Daniel Veronese.

Outro fator de aproximação entre as duas versões de Ibsen é a utilização de um figurino mais elaborado, embora ainda próximo do cotidiano, que indica o caráter dos personagens e a passagem do tempo. Hedda usa calça jeans, botas de canos alto pretas, uma bata preta, usa os longos cabelos cacheados soltos e aparenta ser mais jovem do que de fato é. No início da peça, Tesman é a perfeita imagem do patético usando uma blusa branca de mangas longas, com um colete preto, uma velha cueca azul e alpargatas marrons, mas quando se arruma para a festa se transforma em um garotão de calça jeans, blusa preta, jaquéta de couro e o cabelo penteado para trás com gel. O assessor Brack também inicia a peça com uma espécie de pijama e termina vestido com roupa de festa, no caso dele, um smoking. Ejlert Lovborg não troca de roupa para a festa, permanece com o mesmo figurino: marrom da cabeça aos pés. A Senhora Elvsted, amiga de infância de Hedda, antiga amante de Tesman e colaboradora de Lovborg, é a figura bizarra do espetáculo, no primeiro momento está vestida com roupas sóbrias, camiseta branca sob um sobretudo preto e calça social, em um segundo momento surge com um vestido azul brilhante, sempre usando uma peruca castanha com um fio de lã formando uma tiara e carregando uma pasta preta.

A adaptação do texto é repleta de referências teatrais, especialmente no que diz respeito ao trabalho do próprio Daniel Veronese e quase sempre a partir do fato das personagens habitarem um espaço cenográfico. Em certos momentos, por exemplo, eles se dirigem ao público, fazendo comentários sobre a situação da cena ou sobre o teatro de forma geral, ainda que, quando o fazem, pela lógica da narrativa, não estão se dirigindo ao público e sim, a uma platéia vazia. A obra é permeada por uma espécie de manifesto em prol do teatro íntimo, do qual Veronese poderia ser apontado como um importante representante, como é possível observar nesta fala do assessor Brack:

> *(Olhando para a platéia)* Que coisa os teatros vazios, não? Não te dão calafrios? Eu prefiro os teatros mais íntimos e não estes monstrengos de concreto. É onde as pessoas estão mais perto, podemos senti-las. Eu gosto de ver a cara dos atores.[34]

Em uma entrevista Daniel Veronese[35] afirma que o teatro íntimo é aquele que não é grandioso, que valoriza a emoção em um teatro de poucas filas, quando se está perto dos atores. Mas é também o teatro que contradiz o consenso que impera nas encenações oficiais, se permitindo jogar com contra-sensos, por meio de sua linguagem e elaboração conceitual. Embora possua um discurso estético-político definido, evidenciado pelo título da peça, em nenhum momento o espetáculo soa panfletário, pois é construído em uma base emocional e narrativa muito sólida apoiada na adaptação precisa do texto e na maturidade das atuações. Ao contrário de *El desarrollo* [...] todos os atores da versão de *Hedda Gabler* já haviam trabalhado com Veronese e possuem um nível de atuação maduro e semelhante entre si, o que permitiu que o trabalho se desenvolvesse em um plano emocional e discursivo de forma equilibrada.

Um momento emblemático do espetáculo em relação ao teatro que Veronese defende e realiza é o discurso a respeito da tensão entre verdade e mentira no teatro, profetizado pelo personagem Lovborg, pouco antes de morrer:

> Vou escrever teatro. [...] Porque a literatura é uma merda, precisa de signos para expressar a realidade, mas o teatro vive através da própria realidade. [...] A verdade é a realidade. (*A Hedda*) Você percebe onde vive? Você vive no teatro, portanto, vive na realidade. Você vai me dizer que esta realidade é mentira, que esta casa não é de verdade, que não é sua, mas ela se transformou em sua casa desde que você decidiu torná-la sua, mesmo que você não goste, agora esta é a sua verdade. [...] Você não se dá conta de nada. Este piano imundo, esta mesa, este copo não são de verdade, este vinho é de mentira. Todo este espaço que você decidiu habitar com verdade é mentira. [36]

A fala sintetiza de forma contundente a força motriz do espetáculo e, se poderia dizer, da obra de Veronese de forma geral: habitar com verdade um espaço feito de mentira, preenchendo-o com emoções: amor, ódio, tristeza etc. Emerge ainda no discurso da obra as implicações na produção de um teatro íntimo, feito para poucas pessoas e sem pretensões econômicas de sobrevivência para quem o realiza, um teatro feito pelo desejo coletivo de expressar artisticamente um sentimento de verdade, promovendo um espaço de encontro e experiência.

Um olhar transversal

A arte do ator é objeto de inquietações e estudos ao longo da história do teatro. Qual seria a natureza do processo de atuação? O ator sente? Ou apenas imita? O que significa ser verdadeiro em um processo de interpretação? Lee Strasberg[37], principal disseminador do trabalho de Stanislavski nos Estados Unidos, afirma que estas questões são tão antigas quanto a arte de representar e não provém do movimento realista, mas da própria natureza do processo de atuação. Ele aponta que é possível observar exemplos na história do teatro de debates em torno de duas grandes correntes de interpretação teatral: uma, em que o ator deve experimentar a emoção que está representando e outra em que ele deve demonstrá-la, sem senti-la. Como um possível paradoxo do ator contemporâneo se encaixaria nesse contexto? Como formulamos hoje essa questão que suscitou tantos debates entre atores, diretores e pensadores teatrais ao longo da história? Pensando nessas questões voltei meu olhar neste trabalho para os atores dos espetáculos do diretor contemporâneo Daniel Veronese. Contextualizei sua obra e seu pensamento teatral na primeira parte já apontando dados por meio da análise de espetáculos com o intuito de nesse segundo momento criar associações com os pensamentos de Diderot, Stanislavski, Vigotski, Bergson e Larrosa no que diz respeito à formulação do trabalho do ator entre a experiência e a representação. Tendo em mente que não há uma resposta definitiva para a questão, mas sim, olhares que conduzem para diferentes caminhos, a minha proposta é que acompanhemos alguns deles.

Denis Diderot e Constantin Stanislavski

Conforme afirmei na introdução, o meu desejo neste trabalho é tratar a relação entre real e ficcional no trabalho do ator desde um ponto de vista especificamente teatral. Revisitando com mais profundidade as proposições por Denis Diderot no texto *O paradoxo sobre o comediante* e as práticas de Constantin Stanislavski no Teatro de Arte de Moscou, percebi que elas poderiam apontar caminhos para o desenvolvimento desta pesquisa. Com a especificidade histórica dos pensamentos de Diderot e Stanislavski em mente, com seus vanguardismos e limitações e colocando-os à luz da interpretação do teórico contemporâneo Denis Guénoun, pretendo esboçar de que forma o trabalho do ator em relação com a sua experiência pessoal pode ser abordado a partir dessas duas importantes figuras do teatro ocidental, em busca de associações possíveis com o trabalho desenvolvido pelos atores de Daniel Veronese.

Denis Diderot nasceu em 1713, na cidade francesa de Langres e ficou conhecido pela autoria, junto com outros pensadores iluministas, da

Enciclopédia. No que diz respeito à arte, o filósofo teve um papel pioneiro como crítico, além de ter elaborado algumas reflexões que ainda hoje servem de referência para o campo. Para ele, a arte estava profundamente ligada à ética e, portanto àquilo que é essencialmente humano: "Quereis ser autor? Quereis ser crítico? Começai por ser um homem de bem."[38]. O artista, nesse sentido, seria um mediador entre modelos ideais e o estado da natureza. E quanto mais frio e deliberado o entusiasmo de sua invocação, maior o seu poder de sensibilização.

> Como tudo em Diderot, este possível núcleo de seu pensamento estético não é mais que a condensação de algumas idéias que variaram mais no curso de sua evolução. Pois ele é, sobretudo o homem do diálogo e do paradoxo. [...] Assim, na sua filosofia da arte, emocionalismo e intelectualismo é que polarizam o processo.[39]

De acordo com Guinsburg, o momento em que Diderot escreveu *O paradoxo sobre o comediante* foi um período apolíneo. Sua proposta trata da recusa da sensibilidade no teatro, convertendo o desempenho do ator em imitação intelectual de um modelo, alcançando dessa maneira o verdadeiramente belo na imitação da natureza. Uma repercussão da queda do romantismo no teatro em vista à crescente ascensão do drama burguês.

Nesse contexto, o trabalho do ator consistiria em distanciar-se da vida para poder observá-la e imitá-la de forma elaborada e consistente no palco. Sendo assim, um aspecto do famoso paradoxo se refere à relação que se estabelece no ator entre ser e representar: "Se ele é ele quando representa, como deixará de ser ele? Se ele quer cessar de ser ele como perceberá o ponto justo em que deve colocar-se e deter-se?"[40]. Denis Guénoun, em *O teatro necessário?* a respeito dessa frase afirma: "O ator não pode ser o que ele representa: ele só representa o que representa na medida em que ele não é aquilo que representa."[41]. Com isso, Guénoun aponta a insistência de Diderot no "não ser da personagem", pois o fato do ator representar a personagem impede por completo que ele a seja. Nesse sentido, a representação aparece como conceito decisivo para criar um afastamento entre ator e personagem.

Logo no início d'*O paradoxo sobre o comediante* Diderot coloca sua concepção do ator ideal:

> A questão das qualidades principais de um grande comediante. Quanto a mim, quero que tenha muito discernimento; acho necessário que haja nesse homem um espectador frio e tranquilo; exijo dele, por consequência, penetração e nenhuma sensibilidade, a arte de tudo imitar, ou, o que dá na mesma, igual aptidão para toda espécie de caracteres e papéis. [42]

Seus argumentos partiam da noção de que se o comediante fosse sensível ele não conseguiria repetir o mesmo papel, com o calor da primeira representação, ao passo que o bom imitador é um copista rigoroso de si próprio e observador contínuo das sensações humanas, conseguindo melhores resultados a cada apresentação. O talento do ator, portanto, não consistiria em sentir de fato, mas em expressar com exatidão os sinais externos do sentimento. A partir disso é possível afirmar que, para Diderot, a imitação da natureza pela arte não passaria pela experiência pessoal do ator, se tratando de um modelo externo idealizado a ser imitado. Segundo Guénoun, a concepção de Diderot sobre a formação desse modelo é a de que ele não estaria disponível na realidade. Com isso ele não negava a necessidade de observar a vida e o mundo para lhes dar forma, mas defendia que os modelos não se encontram constituídos na vida. Eles se depreenderiam dela para atingir um patamar idealizado de generalidade: "O ator copia, claro, mas copia idealidades"[43]. A grande arte do ator diderotiano consistiria, portanto, em considerar esses modelos ideais imaginários e manifestá-los adequadamente em sua atuação. Sendo assim, a verdade no teatro passa a constituir-se como uma adequação a essas idealidades: "a verdade ignora qualquer conformidade com as coisas, ela é fiel aos fantasmas."[44]

Para Diderot, o ator alcançaria a perfeição na imitação quando se encontrasse exausto, após inúmeros ensaios que o afastam "[...] da primeira descoberta do papel e do texto, e, portanto, das primeiras efusões do entusiasmo; [...] A sensibilidade extenuada deixa aflorar o talento. A separação se amplia entre o ator e o que ele representa."[45] O curioso é que Diderot apontou que a partir dessa separação pode ocorrer a identificação entre ator e personagem, possível apenas devido à distância criada entre um e outro. Para ele o ator "[...] só pode (eventualmente) se identificar com o seu papel no caso de este se ter tornado autônomo, fora ou acima dele, como espectro."[46]

À luz das práticas e teorias contemporâneas algumas das questões de Diderot podem soar ultrapassadas. No entanto, elas contêm em seu cerne a busca primordial pelo que seria a verdade na arte e apontam noções complexas que possuem possibilidades de associação com pensamentos subsequentes. De acordo com Jacó Guinsburg, um dos tradutores de Diderot no Brasil,

> *O paradoxo sobre o comediante* é uma das obras de Diderot que dificilmente perderão sua atualidade. No confronto que estabelece entre a alma do comediante e sua expressão, chega uma linha de pensamento que só encontra paralelo na teoria elaborada por Stanislavski, um século e meio depois. [47]

Para Eugenio Barba[48] os homens do teatro ocidental não descendem do macaco, mas de Stanislavski, e de fato, é difícil negar sua importância para o teatro a partir do século XX. O ator, diretor e renovador russo nasceu em 1863 e desde muito jovem questionava-se sobre os procedimentos em voga na cena de seu período. A tendência predominante era a do *vaudeville*, onde o trabalho dos atores consistia basicamente em repetir códigos que caracterizavam as personagens e as situações. Stanislavski fundou em 1897 com Niemitrovith-Dântcheko o Teatro de Arte de Moscou e a partir do contato com textos teatrais contemporâneos, especialmente os de Anton Tchekhov, começou a estruturar a sua concepção do trabalho do ator, partindo inicialmente de processos interiores. Os textos de Tchekhov, nesse sentido, foram fundamentais, pois não encontram o seu sentido no discurso verbal das personagens. Para interpretá-los era preciso que o ator tomasse consciência de que havia algo para além das palavras no universo tchekhoviano, construído "não com heróis, mas com personagens comuns, não com cenas de efeito, mas com fragmentos de conversas [...]" [49]

De acordo com Matteo Bonfitto[50], os questionamentos básicos de Stanislavski (que, aliás, possuem semelhanças com os de Diderot) eram: como manter no tempo, a qualidade do trabalho do ator? Como lidar com a situação do ator contrária à da natureza? E para responder a esses questionamentos o renovador russo trabalhou a sua vida artística inteira. Sua primeira fase iniciou-se em 1906 e teve como fundamento a linha de forças motivas, responsável pelo desencadeamento de processos interiores por meio da memória emotiva, que consistia na utilização por parte do ator de uma lembrança pessoal que pudesse desencadear uma emoção análoga à da personagem. Três conceitos serviam a esse procedimento: o Sentimento, a Mente e a Vontade, os dois últimos agindo como motivadores do primeiro.

A partir de 1918, após trabalhos no Estúdio de Ópera, Stanislavski começou a conceber a noção de ação rítmica, o que o levou a desenvolver o método das ações físicas. O método surgiu a partir das dificuldades que Stanislavski ainda não havia solucionado (como a fixação da memória e dos sentimentos) e foi plenamente experimentado no seu último ano de vida, durante os ensaios da peça *Tartufo*, de Molière. A partir dessa experiência ele tirou duas conclusões importantes: que ao contrário dos sentimentos, as ações físicas podem ser fixadas e recordadas e que toda ação física é também psicofísica. De acordo com Bonfitto, a passagem da linha das forças motivas para o método das ações físicas não representa a eliminação dos elementos trabalhados anteriormente. Isso significa que durante a estruturação do "novo" sistema, Stanislavski continua a falar em circunstâncias dadas, agir "como se", sentimentos, imaginação etc, mas esses elementos passam a ser repensados a partir da problemática que envolve a execução das ações físicas.

A respeito da relação entre vida e arte no trabalho do ator, Stanislavski, ao menos nos primórdios de sua elaboração teórica e prática, era categórico: "Em nossa arte, é preciso viver o papel a cada instante que o representamos e em todas as vezes."[51]. Mas o que significa viver o papel? Denis Guénoun afirma que "Viver o papel é empenhar sua própria vida na vida suposta do papel representado."[52] Sendo assim, para

Stanislavski, não haveria arte sem que o ator vivesse a personagem e isso só ocorreria quando os sentimentos viessem à tona. Viver, portanto, seria antes de qualquer coisa, sentir. Não se trata de representar os sentimentos, nem de imitá-los, mas de vivê-los. Nesse sentido, buscar uma verdade cênica em meio à mentira da ficção era, para Stanislavski, uma das principais tarefas do ator. Para ele, essa "verdade em cena" seria tudo aquilo que podemos crer com sinceridade em nós mesmos e em nossos colegas. A esse respeito afirmou ainda: "procuro agora na arte algo natural, algo organicamente criado, capaz de instilar vida humana em um papel inerte."[53]

Nesse contexto, para se contrapor ao que Stanislavski chamava de "atuação mecânica", o objetivo do ator deveria ser o de travar uma relação muito próxima com os sentimentos do papel, quase confundindo a sua própria vida com a da personagem, em uma abordagem que inicialmente se baseia na assimilação exterior do papel para em seguida impregná-lo com sentimentos pessoais, transferindo o trabalho da vida do ator para o papel. Sobre esse procedimento Stanislavski diz:

> Tomar esses processos internos e adaptá-los à vida espiritual e física da pessoa que estamos representando é o que se chama viver o papel. Sua tarefa não é simplesmente apresentar a vida exterior do personagem. Deve adaptar suas próprias qualidades humanas à vida dessa outra pessoa.[54]

Assim, Odette Aslan[55] expõe, a respeito do trabalho de Stanislavski, que partindo da personagem, o ator agiria "como se" e entraria em um processo psicofísico que desencadearia nele o sentimento real. Dessa forma, ele viveria o acontecimento e suas consequências, ao invés de reproduzir a manifestação exterior de um sentimento que não sente, instaurando assim uma motivação verdadeira que facilita o jogo da atuação. Nesse ponto, tudo no ator contribuiria para o acontecimento, não só seu pensamento e sua fala, mas seus nervos, suas glândulas e sua respiração. Nessa direção, a reflexão de Stanislavski se aprofundou até o método das ações físicas, onde os aspectos teatrais narrativos passam a se fundamentar no comportamento cênico real e onde o físico e o psíquico encontram um ponto efetivo de conexão.

Guénoun segue sua análise a respeito de Stanislavski trazendo uma proposição interessante a respeito do caráter imaginário da realidade da personagem. Nesse sentido, o jogo do ator consistiria em "[...] fazer funcionar, duplamente, a inter-relação entre o real (da atuação) e o imaginário (do papel). A imaginação é esse operador por meio do qual o ator se transporta para a imagem e afeta, na apresentação da imagem, a atividade de seu corpo, de sua vida."[56]. Essa afirmação indica que a vida criada no palco a partir da imaginação permite ao ator experimentar outra vida, por vezes mais profunda que a sua própria. Ainda que essa *outra vida* seja elaborada a partir de imagens visuais e sonoras e de experiências pessoais provenientes da vida real do ator. Vale apontar que Diderot e Stanislavski elaboraram seus pensamentos com o objetivo de combater uma forma estagnada de atuação de suas épocas respectivas. Desse modo, é possível pensar que Stanislavski responde à sua maneira aos questionamentos de Diderot, por meio da experiência prática. Nesse sentido, sua principal contribuição em relação à teoria do filósofo iluminista talvez tenha sido encontrar essa via de mão dupla entre a realidade do ator e a realidade da personagem, criando uma espécie de ponto de equilíbrio, onde o ator não é mais um mediador entre modelos ideais e o estado da natureza, mas um ser que atua na fronteira entre o real e o imaginário.

Mesmo com suas diferenças, tanto Diderot quanto Stanislavski pareciam crer que no teatro uma vida imaginária é possível. A esse respeito, Guénoun cita Jean-Paul Sartre, que afirma que o ator

> vive inteiramente num mundo irreal. E pouco importa se chora realmente, arrebatado por seu papel [...] o ator é engolido, tragado pelo irreal. Não é o personagem que se realiza no ator, é o ator que se irrealiza em seu personagem.[57]

A partir dessa afirmação a sensação é a de que o artifício, parte característica da arte, impede que o real se manifeste, criando um patamar entre a realidade da vida e a realidade do palco, chamado por Sartre de *irreal*. Dessa maneira, o paradoxo do ator entre ser e representar seapresenta como um paradoxo próprio da arte, onde a busca consciente pela vida, realizada por meio do artifício, impede a sua concretização efetiva. O que permanece, então, é apenas o gesto da busca. A partir das obras de Diderot e Stanislavski é possível constatar que a busca pela inserção da vida no teatro foi uma questão que cruzou a história do teatro e que encontra ainda na contemporaneidade diversas tentativas de respostas, sempre como um gesto próprio do artista em busca de algum sentido de verdade para as suas ações. O trabalho de Veronese pode ser pensado como uma dessas tentativas.

O paradoxo do ator, segundo Vigotski

A partir da relação entre real e artificial no trabalho do ator, o texto *Sobre o problema da psicologia do trabalho criativo do ator*, escrito por Lev Vigotski, surge como um contraponto teórico interessante, pois propõe um olhar baseado na psicologia, sobre as duas posições a respeito da atuação mais comumente apresentadas na história do teatro: a descoberta da verdade dos sentimentos em cena, de Stanislavski e a de Diderot, na qual o ator conduz a audiência a picos emocionais sempre desprovido de emoção pessoal. Vigostski cita Gurevitch, que afirma que "a solução do problema reside não no termo médio entre dois extremos, mas em um plano diferente que faz possível ver o objeto de estudo de um novo ponto de vista". [58]

Para Vigotski, a grande questão do ator em relação ao paradoxo entre sentir e representar provém de um interesse dos pensadores e artistas do teatro em compreender a psicologia do ator. Esse problema, que Diderot colocou no célebre *O paradoxo sobre o comediante*, antecipou argumentos formados em vários sistemas teatrais contemporâneos, e foi, por sua vez, precedido por um grande número de pensadores do teatro que, mesmo antes de Diderot, colocaram essa questão de diferentes formas. É possível pensar então, que se trata de um tema que desperta interesses contínuos na história do teatro e que segue abrindo diversos campos de investigação para o mesmo problema.

A posição defendida pelo pensador russo era que os sistemas cênicos do ator tais como suas experiências pessoais na cena deveriam ser pensados como fatos históricos finitos. Visto que:

> Se no passado o testemunho de um ator ou outro, ou de uma época ou outra, foi sempre considerado do ponto de vista da natureza eterna e imutável do teatro. Agora os investigadores abordam um dado fato principalmente como um fato histórico que é finito e que deve ser compreendido acima de tudo na completa complexidade de sua condição histórica. [59]

Isso implicaria na existência concreta e contraditória de diferentes formas de trabalho criativo do ator, que se modificariam de época para época e de teatro para teatro. Mesmo com essas diferenças, a questão formulada por Diderot confrontou os conceitos de atores, diretores e pensadores teatrais ao longo da história:

> [...] deve o ator experimentar o que ele retrata, ou é sua atuação uma forma superior de "macaquice", uma imitação de um protótipo ideal? [...] Deve o ator experimentar o papel ou não?[60]

No texto, Vigotski afirma que a maneira extrema como a questão é formulada parece exigir uma única resposta, ainda que pautada em um paradoxo, mas para ele a resolução estaria na abordagem histórica e científica da psicologia do ator que conseguiria unir no mesmo plano, noções opostas a respeito do trabalho do ator. Desse modo, o autor russo defende que Diderot, embora baseado em fatos, tinha em mente o caráter ideal das emoções que o ator executa no palco: "não são sentimentos vivos, naturais, são criações artificiais, como uma novela, uma sonata, ou uma estátua."[61], que não difeririam dos sentimentos reais do ator apenas do ponto de vista do conteúdo, mas também pelo aspecto das conexões e combinações formais que determinariam sua existência. Mas é possível apontar aspectos opostos da questão, relacionados a experiências artísticas do ator de outras naturezas, que refutam Diderot. Como, por exemplo, toda a prática cênica da escola de Stanislavski. Vigotski, no entanto, acreditava que a contradição entre essas duas visões tinha a possibilidade de ser resolvida se abordada do ponto de vista dialético. Visto que segundo ele "[...] não existem leis eternas e imutáveis da natureza das experiências do ator em cena, mas leis históricas de várias formas e sistemas de peças teatrais [...].[62]" O pré-requisito básico para qualquer investigação dirigida nesta área, deveria ser, portanto,

> a ideia de que a psicologia do ator expressa a ideologia social de sua época e que ela também muda no processo de desenvolvimento histórico do homem assim como as formas externas de teatro e seu estilo e conteúdo mudam. A psicologia do ator do teatro de Stanislavski difere muito mais da psicologia do ator da época de Sófocles do que as construções contemporâneas diferem dos anfiteatros antigos.[63]

A psicologia do ator deveria ser pensada então, segundo Vigotski, como uma categoria histórica e de classe e não uma categoria biológica. Portanto, a natureza das paixões humanas não determinaria diretamente as experiências do ator em cena; ela apenas conteria a possibilidade de desenvolvimento de variações nas formas artísticas. Desse modo, para pensar as experiências do ator em cena seria preciso observar em primeiro lugar que:

> como qualquer fenômeno mental concreto, a representação do ator corresponde a uma parte da atividade sócio-psicológica que deve ser estudada e definida primariamente no contexto ao qual pertence.[64]

Seguindo essa linha de raciocínio o contexto psicológico individual importaria menos que o contexto sócio-psicológico e as experiências do ator, portanto, conformariam menos um sentimento de "eu" e mais um sentimento de "nós":

O ator cria no palco infinitas sensações, sentimentos e emoções que se tornam a emoção de toda a audiência teatral. Antes que eles se tornassem objeto de incorporação do ator, eles estavam dados em uma formulação literária, eles nasceram no ar, na consciência social.[65]

Segundo Vigotski, não deveríamos esquecer que as emoções do ator são uma construção artística e, portanto, ultrapassam os limites de sua personalidade, compondo uma parte do diálogo entre ator e espectador. Por essa razão, as declarações dos atores sobre sua representação seriam incapazes de explicar seu caráter e sua natureza, pois "[...] são constituídas de generalizações da experiência própria e variada do ator e não levam em conta todo o conteúdo incorporado na emoção do ator"[66]. Seria preciso ultrapassar os limites da experiência pessoal do ator para explicá-la. Deste ponto de vista, não haveria para o problema psicológico do ator uma explicação biológica ou estética absoluta, pois levando em conta os dados históricos concretos,

> ao invés de um paradoxo do ator de todos os tempos e povos, dado de uma vez por todas, nós temos diante de nós, [...] uma série de paradoxos do ator históricos, de dados ambientes em dadas épocas.[67]

O paradoxo do ator se converteria então em uma investigação do desenvolvimento histórico da emoção humana e sua expressão. Vigotski conclui o texto defendendo o seguinte:

> Estudar a ordem e a conexão dos afetos é a principal tarefa da psicologia científica, porque não é nas emoções tomadas de uma forma isolada, mas em conexões com sistemas psicológicos mais complexos, que a solução do paradoxo do ator reside. As experiências do ator, suas emoções, aparecem não como funções de sua vida mental pessoal, mas como um fenômeno que tem uma significância e um sentido social objetivos, que servem como um estágio de transição da psicologia à ideologia.[68]

Com isso resta afirmar que é necessário compreender o trabalho de Vigotski, assim como o de Diderot e Stanislavski tendo em vista as limitações históricas. Vigotski tinha como objetivo elaborar uma teoria psicológica científica a respeito do trabalho criativo do ator, baseada em fatos concretos, a partir de formulações históricas e sociais. O texto apresenta contribuições de grande importância para o pensamento ao redor do paradoxo do ator, mas não pode, como Vigotski pretendeu, ser aceito como uma resolução científica da questão. Para pensar historicamente o trabalho do ator hoje, por exemplo, não parece possível passar para segundo plano a experiência pessoal contida na relação entre sentir e representar, pois o paradoxo contemporâneo do trabalho do ator parece residir justamente no limiar entre o pessoal e o coletivo. Sendo assim, é necessário unificar os planos dialeticamente (como o próprio Vigotski defendeu, embora em uma direção distinta), elaborando uma visão que inclua a experiência individual e social.

Entrevistas

Tive a oportunidade de ir a Buenos Aires entrevistar sete atores que trabalharam com Daniel Veronese: Claudio Da Passano, Fernando Llosa, Elvira Onetto, Mara Bestelli, Osmar Nuñez (Ver Fig. 01), Maria Figueras e Martin Coyecoechea, constituindo essa uma etapa essencial da pesquisa. Embora eu pudesse construir um olhar sobre a questão apenas a partir da observação dos espetáculos, me interessava conhecer como os atores respondiam algumas suposições que formulei ao assistir seus trabalhos, de que forma elaboravam questões conceituais especificas dos procedimentos de encenação de Daniel Veronese e especialmente como se colocavam nessa zona do paradoxo. Contrariando o pensamento de Vigotski "as declarações dos atores sobre sua representação", embora incapazes de explicar a totalidade de seu caráter e de sua natureza, mostraram-se um material de pesquisa instigante. Ouvir os depoimentos dos atores materializou de alguma forma o objeto da pesquisa, tornando-o menos abstrato e mais palpável.

Elaborei as questões para as entrevistas com base nos conceitos presentes no discurso e na obra teatral de Veronese, nas formulações referentes ao texto *O paradoxo sobre o comediante*, de Diderot e na noção de experiência no trabalho do ator. As respostas trouxeram contribuições pertinentes tanto em relação à elaboração conceitual de Veronese quanto a uma noção de experiência na atuação. É possível observar nas entrevistas muitos pontos em comum, embora os entrevistados sejam atores com experiências e idades distintas. Todos citaram, por exemplo, a liberdade para ultrapassar os próprios limites como um fator determinante no trabalho com Veronese. Conforme é possível observar neste trecho da entrevista com Claudio Da Passano:

> Quando você trabalha com Daniel e lhe pergunta: "Como é essa personagem?" O que ele te responde é "Não sei". Isso foi uma coisa que na primeira vez que aconteceu me chamou muito a atenção. Até que eu entendi que ele trabalha com o ator, com o que o ator é.[69]

E com Fernando Llosa:

> A principal diferença em relação a outros diretores é que eles normalmente não confiam no que o ator produz. Eles praticamente te põem uma mordaça, não permitem que o ator explore o seu imaginário e possa buscar algo que não seja o mais óbvio ou o mais indicado.[70]

A maior parte dos entrevistados expôs que essa liberdade, no entanto, está associada à criação de uma marca precisa, construída a partir do que o ator produz. Ou seja, os atores se referem nas entrevistas não a uma improvisação absolutamente livre em cima do tema da peça ou a um coletivismo sem barreiras e sim, a um trabalho pautado na confiança estabelecida entre ator e diretor e no equilíbrio entre precisão e espontaneidade.

A atriz Mara Bestelli[71] aponta que a diminuição dos artifícios teatrais (iluminação, figurino etc.) e a proximidade do público ajudam a criar esse espaço de liberdade para a atuação, segundo ela "um espaço sereno onde o ator pode mover-se internamente com tranquilidade". Ainda a respeito desse procedimento da encenação, Maria Figueras afirma que:

> Ao estar tão exposta a gente não pode mentir, nem mesmo para nós mesmos. E tampouco pode haver truques na atuação. É uma enorme liberdade e uma grande exposição [...][72]

Fernando Llosa resume a questão na seguinte passagem:

> A proximidade do público tem uma razão de ser claríssima [...]. Estar em uma sala grande é diferente de estar bem próximo e ver que o que me passa é real. Não estou fazendo caretas, nada disso. Algo está acontecendo de verdade e nesse momento ocorre uma conexão maravilhosa com o espectador. Isso tem a ver com tirar todos os aparatos que nos fazem pensar: "Ah, estou em um teatro", não há música no momento romântico, luzes que acendem e apagam, voz empostada. O que Daniel busca é o que acontece com os atores. Não há nada exterior que te acompanhe e eu creio que isso é um acerto fenomenal. Também é trabalhoso, porque não tem nenhuma coisa que te ajude, mas acredito que dessa maneira algo mais forte pode acontecer.[73]

A partir dessas declarações, é possível constatar como um procedimento de encenação reflete de forma decisiva na maneira como os atores lidam com o seu próprio trabalho, permitindo que descubram seus próprios limites e possam ultrapassá-los alcançando um patamar de experiência atoral diferente do comumente realizado no teatro tradicional, pautada em descobertas pessoais e não em fórmulas de atuação já acabadas. Nesse sentido, Osmar Nuñez[74] afirma que trabalhar com Daniel Veronese é uma "caixa de surpresas", pois, no momento em que o ator se dirige para um lugar ele o leva para outro, proporcionando que ele chegue a um ponto desconhecido para a maioria das pessoas. Seja pelo estilo de produção, seja simplesmente porque não se tem essa visão da atuação como um espaço de descobertas, sempre em direção a abertura de uma "porta desconhecida"[75].

A respeito da relação paradoxal entre sentir e representar na atuação, foi possível constatar que a maior parte dos atores de Veronese que entrevistei acredita situar-se no equilíbrio dos dois extremos. Ou seja, têm consciência do caráter artificial do que estão executando, mas simultaneamente reconhecem a necessidade de encontrar uma realidade em seu trabalho, dando-lhe uma dimensão de acontecimento. Essa busca por um sentimento de verdade relaciona-se diretamente com o procedimento de diminuição dos artifícios e aproximação do público citado anteriormente. Vários dos atores afirmam que trabalhar desse modo exige uma busca por uma atuação mais orgânica e próxima do real, onde a técnica não é tão importante quanto experimentar verdadeiramente a cena, conforme Da Passano:

> Não é um teatro onde as técnicas te ajudem muito, é um teatro onde se você não sente, se vê. [...] E há um ruído na obra quando isso acontece. Então você tem que trabalhar verdadeiramente com o sentimento.[76]

Nessa direção, Elvira Onetto afirma que ser ator é "[...] ser capaz de fazer com que as coisas aconteçam no cenário verdadeiramente."[77] Isso sem perder a consciência de que se está representando e de que há um público na sua frente, se não vira loucura. Llosa[78] diz não representar nunca, pois, para ele o trabalho do ator é viver o acontecimento. Ainda a esse respeito Maria Figueras afirma:

> Eu tenho consciência de que o que estou fazendo é uma representação porque senão estaria à beira da loucura. Mas também sei que trabalhamos com nossas emoções, medos, fragilidades [...] A busca do ator é estar atento e saber explorar todas as zonas humanas, das mais nobres às piores. Só assim se pode chegar a compreender intimamente o papel. [...] Ir cada vez mais para dentro de nós, até chegar a um lugar onde se está em

completa e genuína intimidade com nós mesmos. Dá vertigem, mas vale à pena.[79]

Osmar Nuñez[80] constata, por sua vez, que há algo de esquizofrênico no ator, na verdade uma pseudo-esquizofrenia, visto que há consciência da representação, mas que é o que o permite alcançar patamares diferenciados na atuação. Desse modo, Nuñez afirma buscar permanentemente uma verdade, ainda que uma verdade mentirosa em seu trabalho: "[...] eu acredito que ficção e realidade sempre se mesclam. [...] O ator é um transportador na cena de sua própria vida, não está afastado."[81]. Os procedimentos de encenação de Daniel Veronese colaboram decisivamente para essa junção de opostos, pois jogam conceitualmente com os extremos de ficção e realidade na atuação, permitindo que os atores estabeleçam uma experiência em cena, baseada na construção de emoções e simultaneamente, na consciência da artificialidade teatral.

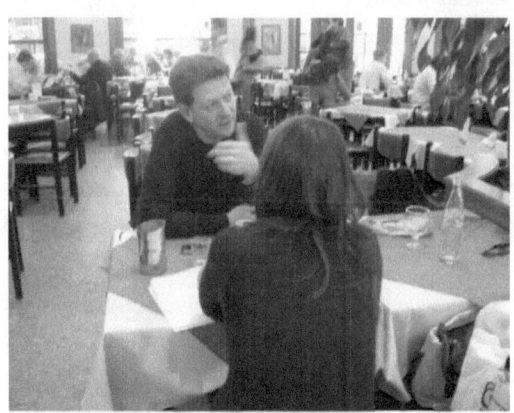

Fig. 1 Entrevista Osmar Nuñez

A porta desconhecida

No decorrer deste trabalho foram abordadas diversas questões referentes à obra de Daniel Veronese, especialmente relacionadas ao seu trabalho junto aos atores. Na primeira parte, conheceu-se um pouco de seu pensamento poético, por meio de textos e da análise de quatro espetáculos, sendo possível constatar, a partir desses materiais, o seu desejo em fazer do teatro um campo de experimentação e de busca pelo desconhecido, que permita que os atores, nesse processo, ultrapassem seus limites e sintam-se livres para a descoberta de um novo lugar artístico. Nesse sentido, Veronese trabalha, conforme apontado pelos atores nas entrevistas, a partir do que o ator é e do que ele propõe no momento do ensaio, sem apresentar ideias pré-definidas sobre a obra ou determinada personagem. Desse modo, os espetáculos de Daniel Veronese tomam como foco não a encenação em sua plenitude, mas os processos pelos quais se dão as relações entre os atores, entre o ator e o diretor, entre o ator e o texto e posteriormente entre a obra e o espectador. O teatro produzido por Veronese e seus atores não pertence à esfera do produto artístico, que serve apenas ao consumo, pelo contrário, trata-se de um teatro que se propõe a questionar a "boa cultura", buscando "suportar o vazio do que ainda não chegou"[82].

Uma tensão importante de suas montagens é a que ocorre entre o artifício teatral e a busca por produzir algo verdadeiro na cena. Ilusionismo e realidade aparecem de forma complementar na obra do diretor argentino, indicando, por exemplo, que não há no trabalho dos atores a pretensão por uma não-atuação, mas a busca por ultrapassar os limites desse processo de representação, conformando uma imagem contraditória na cena, onde real e ficcional se mesclam. A respeito da tensão entre ilusão e realidade em seu teatro, Veronese diz:

> Eu tento que o espectador se dê conta de que está no teatro e que há uma diferença entre o teatro e a realidade. [...] O objetivo é distanciar-se da vida, do que acontece lá fora. Tudo para criar uma nova realidade. Acredito que a cena é um laboratório e o público, por alguns momentos, tem que estar consciente da ilusão para que continue o jogo e a experimentação. Um olhar extraordinário. Aquilo que não existiu antes, nunca, só pode acontecer aqui e agora, mas que, quando acontece de verdade, somos invadidos por uma estranha experiência de passado em comum [...][83]

Nesse processo, o teatro deixa de ser uma "maquininha convencional de produção da realidade"[84] para permitir que espectadores e atores experimentem algo distinto do esperado.

Os dados da obra de Veronese citados permitem uma aproximação entre os conceitos de representação e experiência no trabalho do ator, trazendo à tona a reflexão a respeito de um possível paradoxo do ator contemporâneo. Assim, vale apontar que nos encontramos em uma época de perda de referências na arte teatral. Em que a própria ideia de paradoxo parece ultrapassada se considerarmos os muitos discursos que declaram a morte do ilusionismo e da representação. Mas será essa uma conclusão final? Ao observar tanto a obra artística quanto os depoimentos dos atores que trabalharam com Daniel Veronese nota-se que, embora inseridos em uma perspectiva contemporânea, nem a representação, nem o ilusionismo foram suprimidos, mas sim, incorporados ao jogo cênico, associados a uma noção de experiência. Desse modo na obra do diretor argentino se estabelece uma relação entre realidade e ficção, onde as referências não são destruídas, mas incorporadas na produção de sua teatralidade.

O conceito de representação[85] perpassa a história do teatro e das artes de maneira geral e normalmente refere-se à ideia de fazer presente algo que já não está ou que nunca esteve. Conforme Patrice Pavis, a representação teatral difere de outras artes como a literatura e as artes plásticas figurativas, pois "[...] só existe no presente comum ao ator, ao espaço cênico e ao espectador."[86] Sua função é tornar temporal e auditivamente presente a ausência, apresentá-la a nossa memória, ouvidos e temporalidade. Em relação a esse conceito, vale lembrar a contraposição entre a "arte que vive" e a "arte da representação" descrita por Stanislavski em *A preparação do ator*. Nela o ator Coquelin é citado para afirmar que na arte da representação: "O ator não vive, representa. Mantém-se frio em relação ao objeto de sua atuação"[87]. Stanislavski afirma, então, que os artistas dessa escola de interpretação acreditam que o teatro é uma convenção e que o palco é muito pobre de recursos para criar uma ilusão da realidade, preferindo criar um teatro de convenções, baseado na forma e não no conteúdo.

Nas teorias contemporâneas há uma contraposição entre representação e *acontecimento*, onde a ideia corrente da representação como fazer presente algo que já não está ou nunca esteve, é substituída por uma dimensão presencial na cena, expressa, por exemplo, na inexistência de uma personagem a ser representada pelo ator, que simplesmente atua naquele espaço como ele mesmo, sem o intermédio de uma ficção.

Conforme dito anteriormente, no que diz respeito ao trabalho de Veronese, a dimensão da ilusão e o acontecimento presencial não se contrapõem, mas são articulados em torno de um jogo conceitual que potencializa a atuação. Nesse sentido, o acontecimento não ocorre apenas a partir do encontro entre ator e espectador, mas do encontro do ator com uma verdade que o ultrapassa, trazendo à tona a sensação de que algo real está emergindo da cena. No que consiste essa verdade? De onde provém a sensação de real que emerge da cena elaborada por Veronese? Dois fatores paradoxais, já apontados nesse trabalho, permitem uma aproximação da questão: a afirmação do caráter ficcional e representacional do teatro e a criação e destruição simultânea de um efeito de realidade. Nesse sentido, os atores que trabalham com Veronese, como é possível perceber nas entrevistas, parecem situar-se no equilíbrio entre esses fatores, alcançando uma dimensão no plano da experiência ao mesmo tempo coletiva e pessoal.

Experiência é um conceito de difícil definição, pois pertence a uma instância subjetiva, raramente expressa em palavras. No entanto, é um elemento que funciona como ponto de partida para se falar sobre a busca de um sentimento de verdade na atuação teatral. Visto que, em uma perspectiva contemporânea, quando o espectador percebe subjetivamente algum nível de experiência na atuação, esta parece adquirir uma espécie de "atestado de verdade", pois tudo no ator contribui para fazer emergir da cena, uma sensação de organicidade e vitalidade, próxima de uma sensação de realidade. O filósofo italiano Giorgio Agamben, citado por Óscar Cornago[88], afirma que a experiência é um momento prévio, algo que não se entende porque é anterior a linguagem, mas que, no entanto, depende da linguagem para existir. A partir desse pensamento, Cornago afirma que a atuação pode ser uma linguagem para expressar esse processo. E que há uma sensação de verdade na atuação justamente quando algo a antecede: a experiência.

Jorge Larrosa[89], pesquisador espanhol da área da educação, afirma no texto *Notas sobre a experiência e sobre o saber da experiência*, que a experiência é o que nos passa, o que nos acontece, o que nos toca e não simplesmente o que se passa, o que acontece e o que toca. Ou seja, se trata de algo que depende de uma relação subjetiva e intensa com o acontecimento. Segundo ele, então, o sujeito da experiência seria:

> algo como um território de passagem, algo como uma superfície sensível que aquilo que acontece afeta de algum modo, produz alguns afetos, inscreve algumas marcas, deixa alguns vestígios, alguns efeitos.[90]

Nesse contexto, Larrosa define a experiência como o local da incerteza, da exposição, da abertura, da travessia e do perigo, a partir de Heidegger, que diz que:

> fazer uma experiência com algo significa que algo nos acontece, nos alcança; que se apodera de nós, que nos tomba e nos transforma. Quando falamos em "fazer" uma experiência, isso não significa precisamente que nós a façamos acontecer, "fazer" significa aqui: sofrer, padecer, tomar o que nos alcança receptivamente, aceitar, à medida que nos submetemos a algo. Fazer uma experiência quer dizer, portanto, deixar-nos abordar em nós próprios pelo que nos interpela, entrando e submetendo-nos a isso. Podemos ser assim transformados por tais experiências, de um dia para o outro ou no transcurso do tempo.[91]

Larrosa conclui, por fim, que se a experiência é o que nos acontece, e se o sujeito da experiência é um território de passagem, então a experiência pode ser comparada a uma paixão, sendo necessário, para tentar compreendê-la, partir da lógica o sujeito apaixonado. Sendo assim, é preciso ter em mente que o apaixonado, na verdade, não deseja outra coisa se não a sua própria paixão, fazendo emergir dessa relação uma tensão entre vida e morte:

> A paixão tem uma relação intrínseca com a morte, ela se desenvolve no horizonte da morte, mas de uma morte que é querida e desejada como verdadeira vida, como a única coisa que vale a pena viver, e às vezes como condição de possibilidade de todo renascimento.[92]

Voltando à atuação teatral, pode-se dizer que o ator é um sujeito da experiência. Nesse sentido, é possível pensar que na paixão, assim como no teatro que deseja a experiência, constantemente tentamos encontrar algo pelo qual valha a pena viver e preencher um sentimento de ausência.

Para o filósofo francês Henri Bergson[93] toda a ação humana tem como ponto de partida a insatisfação associada a um sentimento de ausência. Não agiríamos se não nos propuséssemos um objetivo, e só procuramos uma coisa quando nos sentimos privados dela. Nesse sentido, a busca do ator contemporâneo por trazer à cena uma sensação de verdade relaciona-se a esse sentimento de esvaziamento e necessidade de preenchimento, em busca de uma função ou necessidade para o teatro. Como aproximar cena e vida? Como fazer da cena um espaço de existência que tenha relevância para as pessoas que dele tomam parte? Bergson pergunta-se o sentido da palavra *existir* e responde:

> Constato em primeiro lugar que passo de um estado para o outro. [...] Mudo sem cessar. (sensações, sentimentos, volições, representações). [...] Embora diga que mudo, parece-me que a mudança reside na passagem de um estado ao estado seguinte[94]

Desse modo, a relação que se estabelece entre o tempo matemático do presente e a sensação de indivisibilidade do movimento do corpo, chamado por Bergson de *duração*, influencia na maneira de ser, trazendo à tona, conforme o filósofo francês, uma relação menos pensada e mais vivida da própria existência. Segundo Bergson, a natureza da *duração* nasce de uma noção de *conservação do passado no presente*, onde a memória faz passar suas imagens nas fissuras que ocasionalmente se abrem na realidade prática do presente, provando, dessa forma, a existência de uma zona onde o vivido não é controlado pelo consciente. Nesse sentido, a vivência do tempo presente ligada à percepção consciente da realidade é contraposta ao tempo distendido da experiência, permeável às manifestações do inconsciente.

Para compreender melhor essas noções travei contato com o livro *O tempo e o cão*, da psicanalista Maria Rita Kehl[95], onde ela aproxima o conceito de *duração* da psicanálise. Segundo a autora para pensar a proposição filosófica de Bergson em relação à *duração* é preciso ter em mente a discussão estabelecida por ele a respeito do corpo e do espírito no livro *Matéria e memória*.[96] Nessa discussão o filósofo aproxima o corpo/matéria do espaço e a memória, qualidade não-corporal da vida, do tempo. Segundo Kehl, para Bergson, a *duração* constitui uma espécie de ilusão de indivisibilidade do movimento corporal do presente, "necessária para manter o sentimento de alguma continuidade em nossa existência."[97] Esse sentimento ocorre devido à sensação de continuidade que a *duração* fornece no presente, das percepções do passado e das determinações do futuro. Não há uma medida objetiva para a *duração*, ela é inteiramente dependente das condições que afetam a subjetividade. Visto que "para evocar o passado em forma de imagem, é preciso poder abstrair-se da ação presente, é preciso saber dar valor ao inútil, é preciso querer sonhar. [...]"[98]. No pensamento do filósofo francês, a matéria, ao contrário da memória, não tem outro plano de existência a não ser o presente. Desse modo "o que transcende a dimensão do corpo e de suas circunstâncias [...] pode ser considerado, em Bergson, pertencente à dimensão do espírito."[99] . Kehl afirma, nessa perspectiva, que a sensação de desaparecimento de nossas vivências e impressões passadas, no tempo presente, deve-se "simplesmente ao fato de a consciência atual aceitar a cada instante o útil e rejeitar momentaneamente o supérfluo."[100]. Sendo assim, quanto mais a vida é dominada pela necessidade da utilidade, mais restrita se torna a nossa percepção da *duração* e menos provável a existência "[...] de alguns intervalos de tempo não-apressados, não-precipitados, em direção ao futuro imediato."[101] O ator em cena pode estabelecer essa relação diferenciada com o tempo de acordo especialmente com o sentimento de ausência que instiga a ação e dá sentido à existência e com o sentimento de *duração*, como condições da experiência, no sentido que lhe atribui Larrosa.

O paradoxo do ator contemporâneo não se origina na necessidade de contraposição a um tipo de ator específico, como ocorreu com Diderot ou mesmo Stanislavski (visto que vivemos em uma época de possibilidades plurais em todas as áreas), mas sim, de um sentimento de ausência que envolve tanto o nível pessoal quanto o social. O sujeito individual, fruto da modernidade, se reflete na forma de ser ator hoje, evidenciando a falta de laços com o passado e mesmo de sentido existencial a que estamos submetidos. Retomando Bergson, pode-se dizer que a falta leva à ação. Desse modo, projetos artísticos voltados para uma experiência de humanidade (o que não é nenhuma obviedade, em uma época onde se proclama o pós-humano) parecem tentativas de preencher esse sentimento de vazio que perpassa a existência contemporânea. Nessa perspectiva o que significa assistir a uma peça de teatro hoje? Daniel Veronese nos apresenta sua resposta, que, aliás, relaciona-se com o sentimento bergsoniano de *duração*:

> Porque apesar de muitas vezes sentir que estamos perdendo nosso tempo em uma sala de teatro, continuamos nos reunindo? Talvez porque recordemos que em alguma apresentação, em alguma obra, descobrimos algo que nunca havíamos percebido nessa dimensão, simplesmente por estarmos imersos em nossa realidade cotidiana. [...] Uma realidade que acreditamos conhecer, porque todos os dias transitamos por ela com tranquilidade e prudência. Mas é também uma realidade que nós, a humanidade, o ser humano frente à cena pode conseguir desarticular. E se quando assistimos a uma apresentação e imediatamente mil anos são interrompidos, essa alteração nos fará conhecer algo de nossa existência que colocará em dúvida não só os princípios da arte, mas também do que é "a realidade". E é desde este espaço que agradeço e justifico a existência do teatro.[102]

A fronteira entre realidade e ficção se funde na arte por uma série de motivos, mas talvez o principal deles seja a exaltação de uma experiência de humanidade que nos faça questionar a nossa própria existência. Ao assistir as montagens de Daniel Veronese essa sensação surge com força. Somos tomados pelas emoções que os atores trazem à cena: amor, ódio, tristeza... E a partir do compartilhamento dessa experiência voltamos a nos sentir parte de uma comunhão, ainda que simultaneamente conscientes de uma falta insolúvel.

Considerações finais

O percurso desse trabalho de conclusão de curso teve como objetivo principal elaborar uma pesquisa conceitual que me permitisse pensar uma zona de experimentação no teatro baseada no cruzamento de zonas de ficção e realidade em práticas e discursos artísticos a partir do trabalho do ator.

Desse modo, a experiência do processo de pesquisa me permitiu a elaboração de um pensamento em torno de um paradoxo contemporâneo do ator, tendo como ponto de partida reflexões históricas em torno do tema. Reler o pensamento de Diderot e Stanislavski buscando associações com a obra de um artista contemporâneo, no caso o diretor Daniel Veronese, me permitiu estabelecer um novo olhar sobre a questão. De forma que o paradoxo do ator entre ser e representar pôde ser elaborado como um paradoxo próprio da arte, onde a busca consciente por apreender a vida, concretizada por meio do artifício, impossibilita que o objetivo inicial seja alcançado, permanecendo, então, apenas o gesto da busca do artista por encontrar algum sentido de existência. Ainda nessa perspectiva, um momento enriquecedor da pesquisa foi o desafio de tentar compreender o que seria a incorporação dessa sensação de vida aproximando-a de conceitos filosóficos inteiramente novos para mim em torno da noção de experiência na teoria de Jorge Larrosa e *duração* em Henri Bergson.

A partir dessa pesquisa posso dizer que a minha visão da atuação no trabalho de Veronese adquiriu outro nível de complexidade tendo em vista o contato com os conceitos filosóficos em torno da noção de experiência. Antes meu olhar era condicionado apenas por uma sensação vaga do que seria a potência desse processo. Ao me propor o desafio de relacionar o trabalho dos atores nas montagens de Veronese e o paradoxo do ator entre representar e sentir, pude constatar que a forma de atuar desse grupo de indivíduos relaciona-se com os procedimentos de encenação, elaborando, portanto, um processo em si paradoxal que se propõe a estabelecer um espaço de descoberta por meio da vivência dos sentimentos e simultaneamente consciente das limitações de sua própria representação. Nessa perspectiva, o paradoxo, visto a partir dos atores que trabalharam com Veronese, não exige uma resolução absoluta, mas é incorporado como procedimento de criação. O nível experimental que as atuações nas montagens do diretor pretendem alcançar adquire um patamar que ultrapassa a arte para tornar-se um espaço de questionamento acerca da existência humana, tornando mais complexa a discussão em torno das relações entre arte e vida. Desse modo, a arte torna-se concretamente um espaço que se propõe a discutir o nosso sentido de existência.

A amplitude e a complexidade do tema foram as principais dificuldades enfrentadas durante a elaboração deste trabalho. Em vários momentos tive a sensação de não estar conseguindo elaborar um pensamento aprofundado e organizado sobre a questão. No entanto, ao definir com mais clareza os focos práticos e teóricos da pesquisa tornou-se mais fácil construir uma linha de pensamento que me interessasse.

A respeito da criação dessa linha de pensamento, como atriz eu tinha como objetivo particular pensar a questão do paradoxo também do ponto de vista dos atores. Afinal, se *O paradoxo sobre o comediante* foi escrito por Diderot a partir do contato com o pensamento de duas atrizes de sua época, achei pertinente para a minha pesquisa travar também um contato com alguns atores em torno da temática do paradoxo. Desse contato surgiu um dos momentos mais fortes no processo de elaboração desse trabalho, quando pude me aproximar de um discurso prático em torno de aspectos puramente conceituais da questão.

Percebo que na busca por respostas às minhas questões, me deparei com outros inúmeros questionamentos, como o esperado em um processo de pesquisa. Esses novos questionamentos relacionam-se principalmente com os conceitos filosóficos abordados durante o processo de pesquisa, que de forma alguma foram esgotados. O que me permite concluir que essa pesquisa pode ter continuidade em programas de pós-graduação. Uma continuidade que possibilite o aprofundamento dos conceitos filosóficos presentes neste trabalho, em direção à elaboração de uma visão mais densa em torno da experiência no ator, com a incorporação dos pensamentos de Walter Benjamin, Heidegger e da psicanálise, trazendo à tona a noção do indivíduo partido, da falta e da consequente necessidade de pertencimento. O meu interesse em torno desses conceitos que não pertencem diretamente ao universo teatral cresceu consideravelmente durante esse processo de pesquisa, pois percebi a possibilidade de a partir deles estabelecer uma aproximação entre uma discussão a respeito da existência humana e os processos artísticos.

A EXPERIÊNCIA SINISTRA NA DRAMATURGIA DE DANIEL VERONESE

André Felipe Costa Silva

Introdução

Meus primeiros contatos com a obra de Daniel Veronese se deram através da leitura de alguns de seus textos dramáticos como *Equívoca fuga de señorita apretando un pañuelo de encaje sobre su pecho* (1994), *Ring-side* (1996) e *Câmara Gesell* (1993) no ano de 2007. O primeiro aspecto de seus textos a me chamar atenção foram suas variadas estruturas, não permitindo caracterizar o autor por um único estilo de escritura. *Equívoca fuga...* oferece uma composição quase tradicional (com diálogos, personagens, rubricas, etc) enquanto os outros dois textos se apresentam com formas totalmente diversas às convenções normativas do texto dramático, os personagens aparecem como figuras difusas empurradas por ações e imagens descritas por um possível narrador, aproximando-se ao terreno de uma escrita literária e poética e que me pareceu quase escapar do teatral.

Outra das características que me chamou atenção nestes primeiros textos lidos foi a comum impressão de que o autor nos oculta algo de primordial nas situações que nos são apresentadas, como os motivos da fuga da menina em *Equívoca fuga...*, da violenta luta em *Ring-side* e da impetuosidade do menino Tomás em *Câmara Gesell*. Os textos então se desdobram em estranhos e imprecisos acontecimentos que nos deixam sem resposta sobre suas causalidades, uma constante sensação de confusão e mistério.

No mesmo ano tive a oportunidade de assistir a duas montagens de textos de Veronese: *Women's*, dirigida por André Carreira e *Luisa*, encenada pelo grupo argentino *La mano marca*, o que me permitiu conhecer novos textos do autor e descobrir algumas de suas possibilidades em cena. Ainda em 2007, pude então conhecer o trabalho de Veronese como diretor ao assistir no festival *Porto Alegre em Cena* à peça *Espía a una mujer que se mata*, uma adaptação de *Tio Vânia* de Tchekhov, e no ano seguinte *La noche canta sus canciones*, montagem de um texto do dramaturgo norueguês Jon Fosse. Assistir aos espetáculos dirigidos por Veronese foram experiências que me marcaram profundamente e, por suas formas tão particulares, transformaram minha maneira de pensar e fazer teatro.

Espía... retrata o universo tchekhoviano da espera, da perda e do fracasso de uma forma simples e atual, sem apelar para grandiosos cenários e figurinos como se costuma esperar de um clássico. A montagem centra-se basicamente na interpretação dos atores, que trabalham em um registro aparentemente naturalista, mas jogam com a materialidade das ações e emoções, deixando transparecer o artifício de sua construção e fazendo submergir a teatralidade da cena.

Em *Espía...*, ao interessar-se por este trabalho de ator baseado nas emoções, Veronese pareceu deixar que o texto funcionasse apenas como mais um dos elementos da cena e que a interpretação não estivesse subordinada somente à escrita do dramaturgo. A condição dos personagens, portanto, não estaria necessária e diretamente ligada à lógica do texto e dos acontecimentos, o que faz com que aquela impressão do oculto, de algo que age por trás do reconhecível, aquilo que submerge, mas não distinguimos sua precisa origem e causalidade, também apareça aqui a partir de outros procedimentos.

Ao assistir à peça, pude experimentar o reconhecimento de uma realidade que me era familiar – afinal os atores vestiam roupas cotidianas e aparentemente agiam e trocavam palavras tal qual uma pessoa em seu dia-a-dia – mas que em seguida se tornava estranha por razão de uma série de detalhes, tais como: a impressão de uma insistente lembrança de que aquilo que parecia se apresentar como realidade era de fato artifício, atores interpretando em um palco, também a acentuação das relações sórdidas entre os personagens que compõem a família e o entorno de Vânia... Enfim, a explicitação de minúcias que, por subitamente se deslocarem de sua convenção inicial, me afastavam da simples condição de um espectador que contempla um bom texto interpretado por bons atores.

La noche... me permitiu uma experiência semelhante ao primeiro espetáculo. A peça trata basicamente da crise e separação de um jovem casal com filho e dos acontecimentos que a circunstância acaba por implicar. Mais uma vez percebi que Veronese optou pela expressão mínima para se relacionar com o texto, centrando-se nas possibilidades da interpretação de seus atores. A impressão de que o diretor busca estratégias que nos relembre a condição de artifício da obra se manteve, e aqui era alcançada de outras formas, tais como a escolha de não acrescentar nenhum tipo de efeito sonoro para narrar os sons provavelmente indicados no texto (campainha, buzina, choro do bebê...), o que causava um total estranhamento no contexto da interpretação dos atores em um registro próximo ao naturalismo.

A relação que a montagem pareceu estabelecer com o texto de Fosse, que mais tarde em uma conversa com o próprio Veronese descobri ter sido muito pouco modificado[103], foi a de fazer com que o texto enquanto estrutura prévia sumisse e aparecesse ao olhar do espectador. Por vezes os atores pareciam simplesmente improvisar e viver as situações dos personagens para que de repente eu os enxergasse como intérpretes de uma história de um casal em crise. Pela minha visão, o espetáculo seguia estabelecendo esse jogo mutável entre ilusão e distanciamento.

Ao ler e ver trabalhos de Veronese, outro aspecto que me saltou aos olhos foi a sordidez e a violência como elementos constantes em sua poética, presentes sobretudo nas circunstâncias cruéis que busca estabelecer na relação entre seus personagens. Nas cenas de *La noche...*, explorando essa situação de crise, traição e suicídio, a aspereza das relações entre seus personagens é algo que chama a atenção – não são raros súbitos ataques de violência sem causalidade aparente, causando uma recepção de surpresa ao espectador. Há uma atmosfera inflexível de violência, que é constantemente reprimida pela tentativa de escondê-la, mas que de repente se alivia e se torna evidente em sua forma mais acentuada.

A próxima etapa do meu contato com a obra de Veronese, depois de já ter também lido outros de seus textos publicados, foi a adaptação e encenação de seu texto *Circo Negro* (1996). A montagem *Circus Negro* foi construída dentro do grupo de pesquisa ÁQIS[104] do qual participo na UDESC, com direção de André Carreira. Nosso objetivo foi o de montar um espetáculo de rua em que pudéssemos experimentar questões que vínhamos pesquisando no grupo, centrando-nos em uma interpretação a partir de estados emocionais e tendo como eixo fundamental princípios que estivessem de acordo com o que chamamos de lógica do grotesco, tais como a sobreposição de elementos, a contradição e a construção de personagens por caminhos diversos ao do naturalismo.

O texto de Veronese surgiu no processo depois de já termos alguns dos elementos definidos, tais como os figurinos e o espaço da rua. O texto, que é resultante do espetáculo de bonecos e atores do grupo *El Periférico de Objetos* construído por Veronese, Ana Alvarado e Emilio García Whebi, veio à montagem como mais um elemento a ser sobreposto, trazendo aos atores a situação da apresentação de números de circo perversos e incomuns. A adaptação, por mim coordenada, mas com a participação de todo o grupo, partiu da premissa de adequar os números a um espetáculo de atores e aproximá-los a situações do cotidiano urbano (a discussão de um casal, a relação entre um homem e um travesti, a história de uma flanelinha dos sinais de trânsito, entre outras circunstâncias).

Por fim, daquilo que me pareceu relevante em meus variados confrontos com a obra de Daniel Veronese, pude selecionar os seguintes pontos: as formas heterogêneas de seus trabalhos como dramaturgo, criando desde textos mais abstratos e abertos até textos que recuperam algumas das estruturas tradicionais da escrita dramática; a impressão de que o autor/diretor frequentemente nos oculta algo de primordial em suas narrativas, gerando uma constante sensação de confusão e mistério; o jogo que estabelece com seu espectador entre a ilusão da cena e a revelação de seus artifícios; a sensação de que algo familiar e reconhecível torna-se inesperadamente estranho; a violência e o desentendimento como uma constante nas relações de seus personagens. São todos elementos que claramente se confundem e que se relacionam entre si, contudo me foi necessário abordá-los separadamente com o intuito de investigar aquilo que me intriga na obra de Veronese para descobrir o que especificamente me interessa como tema de pesquisa.

Como parte do já referido grupo de pesquisa ÁQIS, tenho desde 2007 como subprojeto o estudo sobre procedimentos de criação de dramaturgia utilizados por grupos e dramaturgos contemporâneos e suas possíveis articulações com artifícios e efeitos do conceito estético de grotesco baseado por princípios como a contradição, a sobreposição, a distorção e a dissociação de sentido. A partir deste estudo, descobri o pequeno ensaio de Sigmund Freud intitulado *O Sinistro*[105] (1919), no qual o fundador da psicanálise se propõe a pensar e categorizar o conceito de sinistro tomando como ferramenta a análise do conto fantástico *O Homem da Areia* de E.T.A. Hoffmann. Encontrei neste conceito freudiano numerosas relações com a obra de Veronese e com as questões que esta me desperta e, dessa forma, a partir destas afinidades estabeleci o eixo do projeto de pesquisa.

Em seu texto, Freud situa o sinistro como uma categoria de sentimento experimentado por aquele que se confronta com algo reprimido em seu íntimo ou com uma crença que parecia ter sido superada, mas que subitamente ressurge diante de seus olhos. Ou ainda quando algo conhecido e há muito familiar torna-se inesperadamente estranho e assustador. Tomando, portanto, as impressões que me suscitaram e os pontos que me interessam na obra de Veronese como parâmetro, busquei relacionar a ideia de sinistro como elemento que de alguma forma estabelece uma coerência em sua poética e pode ser considerado como um dos grandes pontos-chave que confere potência a esta obra.

A aproximação do conceito do sinistro com a obra de Veronese não é inédita, o trabalho do grupo *El Periférico de Objetos*, o qual o artista integrou desde sua criação, ao trabalhar com temas ligados à violência, à morte, ao sublime e ao horroroso, não pôde deixar de buscar referência na categoria de Freud, encenando inclusive o texto *O Homem da Areia* de Hoffmann. O elemento do sinistro tampouco é uma rara presença estudada nas obras artísticas localizadas no contexto argentino pós-ditadura militar, em um país que se recupera de duros traumas causados por uma repressão generalizada, reconhece seus mortos e desaparecidos políticos e negocia com suas lembranças de um tempo que, como fantasmas, pairam sobre toda uma geração.

Optei por centrar meu trabalho na obra de Veronese como dramaturgo, com o intuito de analisar seus textos e estabelecer suas relações com o conceito do sinistro, não como um modo de explicação dessa dramaturgia, mas como uma prática analítica que me aproxime dos procedimentos de escritura deste autor.

Como o sinistro está estreitamente vinculado ao plano da experiência da recepção, de alguém que se defronta com algo, meu interesse com este trabalho, além de analisar uma poética específica, também é o de investigar meios pelos quais o autor produz através do texto uma condição de recepção que remete ao plano do sinistro, a possibilidade de agir sobre o espectador por meio da escrita. O desafio é pensar como isso se faz possível hoje, quando a cena já não é necessariamente a transposição do texto e, portanto, a composição da escritura não é suficiente garantia para afetar o espectador.

Em *O Sinistro*, ao se propor pensar o elemento do sinistro à luz do texto de Hoffmann, Freud acaba por se aproximar de uma análise literária do conto fantástico. Como procedimento desta investigação, um pouco aos moldes de Freud (talvez por um caminho inverso), a partir da compreensão do conceito do sinistro busco meditar sobre a poética da obra dramatúrgica de Veronese. Através de uma análise pontual de alguns dos textos do autor e com o intuito de descrever a complexidade de casos concretos, tento refletir sobre as possibilidades cênicas do texto teatral, pensar sua produção e função hoje a partir das experiências do espectador relativas ao sinistro.

A dramaturgia de Veronese

O termo *teatrista* é comumente utilizado no campo teatral para denominar artistas que não se limitam a apenas uma função teatral e fazem com que sua criação seja resultado do encontro entre os múltiplos ofícios que desempenham. O trabalho do dramaturgo, diretor (que também por vezes constrói a cenografia e a trilha sonora de seus espetáculos) e outrora ator e bonequeiro Daniel Veronese é, portanto, o trabalho de um *teatrista*[106]. Sendo assim, não se pode falar de seu trabalho como dramaturgo ignorando as funções teatrais que exerceu em sua trajetória no teatro.

Veronese iniciou sua carreira teatral como ator e mímico em Buenos Aires nos anos de 1980 para em seguida integrar-se como bonequeiro ao *Grupo de Titiriteros del Teatro General San Martín*. No ano de 1989, aliado a Emílio García Whebi, Ana Alvarado e Paula Nátoli, criou o grupo experimental *El Periférico de Objetos*, no qual juntos desenvolveram uma intensa pesquisa cênica de manipulação de objetos voltada ao público adulto, buscando novas abordagens em relação à interpretação dos atores, ao trabalho com formas animadas e à composição da cena e do texto dramático.

Seu trabalho como dramaturgo teve início em uma oficina de dramaturgia com Maurício Kartun[107] no ano de 1990, a partir de onde passou a escrever intensamente. Sua primeira produção dramatúrgica é a peça *Crónica de la caída de uno de los hombres de ella* (1990), com a qual começou a ganhar reconhecimento no círculo teatral portenho. Entretanto, é no processo de criação dos espetáculos do *El Periférico* que o trabalho de Veronese como dramaturgo, aliado a sua função de diretor, se fortaleceu, o que fez com que ele fosse abandonando sua participação como intérprete-manipulador para assumir as outras duas funções. Sua criação de dramaturgia, desde o início, fundamenta-se a partir de premissas do seu trabalho como escritor, diretor e da interface que estabelece com o grupo. Deste modo, foi dentro do grupo que mais especificamente sua produção dramatúrgica começou a tomar forma e estabelecer parâmetros com os quais continuou se baseando e desenvolvendo em seus trabalhos nos próximos anos.

Nos primeiros anos da década de 1990, uma parte de sua dramaturgia se voltava às criações do *El Periférico* e outra não tinha um fim direto de montagem (muitas vezes sendo encenada por outros diretores), alcançando de ambos os lados reconhecimento no meio teatral de Buenos Aires e em festivais e eventos internacionais. Quanto às duas vertentes de sua dramaturgia, Veronese diferencia:

> Estes [os textos para o grupo *El Periférico*] eram textos muito mais visuais, onde o essencial não era a lógica da palavra, mas a do visual. Quando eu escrevia para diretores era muito mais forte a lógica da palavra. Com o tempo comecei a considerá-lo mais literatura dramática e, cada vez mais me dei conta de que faltava um passo para que fosse teatro.[108]

Em uma segunda fase de seu trabalho como diretor e dramaturgo, em paralelo ao trabalho com o *El Periférico*, ao final dos anos de 1990 Veronese passa a dirigir espetáculos com atores em projetos independentes, com dramaturgia de sua autoria ou adaptando textos de outros autores. Sua relação com a escrita dramática, desse modo, também se modifica, pois ele passa a escrever pensando essencialmente na relação direta de seu texto com a cena, não se dedicando mais, como ele mesmo coloca, a uma "escrita que se dirigia à busca de outro diretor ou à gaveta de uma escrivaninha".[109]

Considerando sua dramaturgia inicial como literatura dramática, Veronese busca em sua escritura recente uma ênfase nos elementos de teatralidade e faz com que eles estejam diretamente conectados com as variantes demandas da cena, produzindo uma dramaturgia voltada especialmente para sua direção. Neste sentido descobre novos desdobramentos em seu discurso e poética, conectando sem distinção seu trabalho como diretor e dramaturgo, estabelecendo-se em uma escrita de estrutura próxima a tradicional e investigando no palco as possibilidades de enfatizar elementos de artifício e teatralidade nos componentes da cena.

Sua extensa e variada obra dramatúrgica, incluindo textos voltados para o *El Periférico*, textos independentes de seu trabalho como diretor, textos voltados para sua direção em projetos independentes e adaptações de outros autores, é composta pelas seguintes peças:

Ano	*Peça*	Sobre
1990	Crónica de la caída de uno de los hombres de ella	Publicada em *Cuerpo de prueba*.
1991	Variaciones sobre B...	Montagem do *El Periférico* sobre textos de Samuel Beckett.
1992	Del maravilloso mundo de los animales: Los corderos	Publicada em *Cuerpo de prueba*.
1992	Del maravilloso mundo de los animales: Coversación nocturna	Publicada em *Cuerpo de prueba*.
1992	El Hombre de Arena	Montagem do *El Periférico*, escrita em coautoria com Emilio García Whebi a partir do texto de E.T.A. Hoffmann e da leitura do texto *O Sinistro* de Freud.
1993	Luz de mañana en un traje marrón	Publicada em *Cuerpo de prueba*.
1993	Luisa	Publicada em *Cuerpo de prueba*.
1993	Señoritas porteñas	Publicada em *Cuerpo de prueba*.
1993	Breve vida	Montagem do *El periférico*.
1993	En la mañana	Peça radiofônica.

1993	Cámara Gesell	Montagem do *El Periférico*. Publicada em *Cuerpo de prueba*.
1994	Formas de hablar de las madres de los mineros, mientras esperan que sus hijos salgan a la superficie	Publicada em *Cuerpo de prueba*.
1994	Equívoca fuga de señorita, apretando un pañuelo de encaje sobre su pecho	Publicada em *Cuerpo de prueba*.
1995	Unos viajeros se mueren	Publicada em *Cuerpo de prueba*.
1995	La terrible opresión de los gestos magnánimos	Publicada em *Cuerpo de prueba*.
1996	Circo negro	Montagem do *El Periférico*. Publicada em *Cuerpo de prueba*.
1996	Women's White Long Sleeve Sports Shirts	Publicada em *Cuerpo de prueba*.
1996	Ring-side	Publicada em *La deriva*.
1997	XYZ	Publicada em *La deriva*.
1997	El líquido táctil	Montagem de Veronese em um projeto independente com atores convidados. O texto foi escrito junto ao processo de montagem. Publicada em *La deriva*.
1998	Zooedipous	Montagem do *El Periférico*, escrita em coautoria com Ana Alvarado e Emilio García Whebi.
1998	Eclipse de un auto en camino	Publicada em *La deriva*.
1998	Sueño de gato	Publicada em *La deriva*.
1999	La noche devora a sus hijos	Publicada em *La deriva*.
1999	Mujeres soñaron caballos	Montagem de Veronese em um projeto independente

		com atores convidados. Publicada em *La deriva*.
2000	*Monteverdi Método Bélico*	Montagem do *El Periférico*, escrita em coautoria com Ana Alvarado e Emilio García Whebi.
2001	*Open House*	Peça escrita e dirigida por Veronese, produto do trabalho final de dez alunos do último ano do curso de interpretação do IUNA.
2002	*El suicidio. Apócrifo I*	Montagem do *El Periférico*, escrita em coautoria com Ana Alvarado.
2002	*La última noche de la humanidad*	Montagem do *El Periférico*, escrita em coautoria com Ana Alvarado e Emilio García Whebi a partir de texto de Karl Kraus.
2003	*La forma que se despliega*	Montagem de Veronese para o *Ciclo Biodrama* criado por Vivi Tellas.
2004	*Un hombre que se ahoga*	Montagem de Veronese em um projeto independente com atores convidados. Adaptação de *As três irmãs* de Tchekhov.
2006	*Espía a una mujer que se mata*	Montagem de Veronese em um projeto independente com atores convidados. Adaptação de *Tio Vânia* de Tchekhov.
2007	*Teatro para pájaros*	Montagem de Veronese em um projeto independente com atores convidados.

| 2009 | *Todos los grandes gobiernos han evitado el teatro íntimo* | Montagem de Veronese em um projeto independente com atores convidados. Adaptação de *Hedda Gabler* de Ibsen. |
| 2009 | *El desarrollo de la civilización venidera* | Montagem de Veronese em um projeto independente com atores convidados. Adaptação de *Casa de Bonecas* de Ibsen. |

Os caminhos tão diversos trilhados por Veronese garantiram esta obra dramatúrgica ampla e heterogênea, engendrando desde textos mais abstratos e abertos – como é o caso dos textos criados para os espetáculos do *El Periférico* que nos remetem a um teatro de imagens, encontrando uma forma híbrida entre cenas dialogais e segmentos puramente descritivos, aproximando-se da escrita literária e poética – a textos que recuperam algumas das estruturas dramáticas tradicionais – como em seus textos mais recentes e em suas adaptações de Tchekhov e Ibsen, voltados para a direção de atores e que se organizam basicamente em uma estrutura de falas e personagens, mas nem por isso deixam de encontrar uma escrita de ruptura, investigando o que pode descobrir de subversivo na velha forma dramática. Dentro de uma obra constituída por tão diversas formas de texto, ainda assim podemos encontrar algumas características de procedimento e forma que estabelecem algum tipo de continuidade, constituindo a singularidade de sua poética.

Um olhar sobre as máquinas poéticas

Em um e-mail enviado aos seus atores/alunos de *Open House* durante seu processo de criação em 2001, mais tarde publicado com o título de *Las Máquinas Poéticas* (2007), Veronese se propôs explicar um pensamento que considera na criação de suas obras e que, portanto, nos permite entender um aspecto importante de sua poética. Neste texto, para explicar o modo como pensa a construção de um espetáculo, faz alusão ao funcionamento de uma máquina, situando o espetáculo como uma máquina de elaborar sentidos, uma máquina poética:

> Como é uma máquina? Poderíamos vê-la como uma concentração de funções (ou disfunções) que produzem ações teatrais. Ação é tudo o que me permite uma mudança de acordo com o provável (não confundir "o provável" como "o possível") e de acordo com o necessário. [...] A ação deve produzir desequilíbrio nas forças. Ação como uma qualidade que dá cor, impacto ao percebido pelo espectador. É bom ter sempre em conta o que percebe o espectador. Botar-se no lugar dele. [...] Esta mudança deve produzir algo. Se nada se faz, se não se aciona, o equilíbrio permaneceria estático. E nos entediamos facilmente.[110]

Para seu funcionamento, a máquina do espetáculo, sendo assim, deve ser acionada através deste equilíbrio instável, jogando entre um discurso claro e reconhecível e uma lógica misteriosa inventada pelos criadores da obra, que deve emergir e desaparecer. A ideia é a de sabotar as expectativas, se o espectador pensa ter assimilado as leis e mecanismos de funcionamento desse jogo, o papel do artista é subverter sua lógica. Com isso, não se pretende construir um espetáculo hermético, mas uma busca pelo engajamento do público, que deve oscilar entre a compreensão e participação do jogo que acontece em cena e a inesperada alteração de seu funcionamento, conferindo ação e vida ao espetáculo.

Em seu texto, Veronese fala da construção de "máquinas poéticas" no âmbito da direção e como indicativa aos atores do espetáculo, o que não impede que apliquemos esse conceito facilmente a seu trabalho como dramaturgo. Uma das características mais evidentes em sua obra dramatúrgica, desde *Crónica de la caída...*, é o elemento do mistério e do oculto. A linha dramática tecida pelo autor, em vários de seus textos, busca caminhar por uma situação a princípio reconhecível, contudo, em um segundo registro, algo velado se passa e exerce influência sobre a lógica que o leitor/espectador tende a acompanhar, causando um ruído em sua imagem resultante. E esse enigma criado não está no plano simples da trama, tal como uma típica obra literária de mistério e suspense, antes pertence à ordem da composição da estrutura e da linguagem, subtraindo elementos que permitam o completo entendimento do texto e de seus componentes (o que está acontecendo, quem são os personagens, onde estão...) por parte do leitor/espectador.

A "máquina poética" de sua dramaturgia, portanto, garante seu funcionamento através daquilo que desorganiza as expectativas do leitor/espectador e lhe permite jogar junto ao texto que inesperadamente rompe com as probabilidades lógicas e cria diante de nossos olhos um enigma a ser descoberto. Sua dramaturgia difere-se daquela que esteja interessada em coerência e unidade, permitindo-se criar uma lógica que seja posteriormente substituída por uma nova e logo volte a rearmar a anterior, guiando-se por uma idéia de propor um jogo antes de preocupar-se com o desenvolvimento provável dos actantes que compõem o texto.

E este jogo se dá pela ideia de falta, ausência de uma peça chave que permita compreender completamente os princípios e os fins que movem as engrenagens desta máquina possível. Partindo desta imagem da falta como elemento crucial na leitura da poética de Veronese, é que sua obra dramatúrgica pode ser percebida como composta por textos que pressupõem encenação. Não para que a *mise en scéne* surja como mero elemento de preenchimento dos espaços vagos dos textos, mas sim porque se parte do pressuposto de que os textos se colocam como desafios a serem abertamente interpretados e, por sua vez, devem criar em cena novos enigmas e faltas a seus espectadores. O espetáculo, complementando o pensamento de Veronese em *Las Máquinas Poéticas*, deve se tornar resultado de uma série de "máquinas poéticas" em funcionamento nos vários âmbitos pelo qual é constituído (texto, espaço, interpretação...) e, assim, organizar a grande máquina de produzir sentidos que é a encenação.

Ao falar sobre as possibilidades de irrupção de elementos relativos ao conceito do sinistro na esfera da escrita ficcional em seu texto

O Sinistro, Sigmund Freud nos conduz a um pensamento que imediatamente se conecta, sob outra premissa, à ideia do mistério e do oculto presente na obra dramatúrgica de Veronese. Diz Freud:

> o escritor tem mais um meio que pode utilizar para evitar a nossa recalcitrância e, ao mesmo tempo, melhorar as suas chances de êxito [na incitação de sentimentos sinistros]. Pode manter-nos às escuras, por muito tempo, quanto à natureza exata das pressuposições em que se baseia o mundo sobre o qual escreve; ou pode evitar, astuta e engenhosamente, qualquer informação definida sobre o problema, até o fim.[111]

A ideia de manter oculto um elemento primordial sobre o problema apresentado pelo texto é basicamente o princípio do funcionamento de uma "máquina poética" e, dessa forma, se torna meio propício para a criação de sensações do sinistro oferecidas ao leitor/espectador. Neste sentido, a obra de Veronese se conecta de diversas maneiras ao elemento do sinistro e faz com que este seja um interessante ponto de partida para pensar sua poética. Buscarei expor e delimitar o conceito de sinistro segundo o pensamento de Freud, para que depois voltemos especificamente às suas relações com a obra dramatúrgica de Veronese.

O sinistro para Freud: aquilo que se ilumina

No artigo datado de 1919, *O Sinistro*, Sigmund Freud se propõe pensar um problema estético, sob o ponto de vista de um psicanalista, por uma perspectiva diversa àquela que prima pelo belo e estrutura-se através de sistemas e normativas que reforçam a graça e a perfeição. Freud encontra o elemento do sinistro, que quando aliado à composição artística permite a esta flertar com artifícios que jogam com o mal-estar, o insignificante, o inacabado, componentes que contrastam com a estética do belo e encontram efeitos ligados a produção de sentimentos vitais que esta costuma se esquivar.

Em seu texto, Freud abrange o campo da estética às teorias das "qualidades do sentir"[112], o que vai permitir se confrontar com o tema do sinistro como um problema da estética pertencente às experiências tanto artísticas como cotidianas. O artigo, portanto, vai muito além do campo psicanalítico, investigando exaustivamente o assunto a partir da linguística e da análise de experiências e impressões sensórias ligadas à "categoria de sentimento" em questão.

De início Freud pontua que o sinistro, em termos gerais, se relaciona àquilo que desperta medo, que é assustador e horroroso e dessa forma claramente se distingue do reino do belo e do encantador. Procurando, contudo, definir e delimitar o campo do sinistro sob seus próprios critérios, pergunta-se sobre o que particularmente existe de comum nas coisas chamadas sinistras dentre tudo aquilo que engloba o campo do amedrontador. É nesse sentido que Freud vai buscar inicialmente o significado etimológico da palavra sinistro – considerando o fato de que a palavra pode não conter apenas um único significado – para depois reunir "todas aquelas propriedades de pessoas, coisas, impressões sensórias, experiências e situações que despertam em nós o sentimento *relativo ao sinistro*"[113], buscando sua natureza desconhecida.

Dessa forma, Freud vai buscar na origem da palavra alemã *unheimlich* o sentido para o que procura. No senso comum a palavra *unheimlich* é o oposto de *heimlich* (doméstico) e *heimisch* (nativo) e, portanto, o oposto daquilo que é familiar e reconhecível. Como Freud coloca, assim somos induzidos a pensar que aquilo que é sinistro nos aparece como assustador por ser algo que não nos é familiar, algo novo. Entretanto, podemos constatar que nem tudo aquilo que é novo nos é assustador e que, desse modo, algo a mais precisa existir no novo para tornar-se sinistro.

A discussão se faz complexa e, portanto, Freud se aprofunda em suas incursões sobre o léxico alemão. Por fim descobrimos que *heimlich*, além de significar variantes daquilo que é familiar, contém um segundo significado menos usual que se traduz por aquilo que está escondido, oculto da vista e que de tal modo, coincide com o significado de seu oposto, *unheimlich*. Defronte à ambivalência de tal palavra, Freud prefere se ater ao seu segundo significado, considerando *unheimlich* como uma variante desta acepção de *heimlich*, concluindo o que também chegará como resultado na etapa posterior de sua investigação: "o *sinistro* é aquela categoria do assustador que remete ao que é conhecido, de velho, e há muito familiar"¹¹⁴, contrariando o senso comum da discussão.

Exposta e concluída sua investigação sobre a etimologia de *unheimlich*, Freud parte para sua busca por exemplos de coisas, pessoas, impressões e situações que nos despertam um sentimento relativo ao sinistro. Inicia tomando como exemplo a situação de dúvida sobre um objeto ter ou não ter vida, comumente desencadeada por figuras de cera, bonecos e autômatos e, por outro lado, por acessos epiléticos ou manifestações de insanidade, em que "excitam no espectador a impressão de processos automáticos e mecânicos, operando por trás da aparência comum de atividade mental"¹¹⁵. Para ilustrar este exemplo Freud recorre ao conto O *Homem da Areia* de E.T.A. Hoffmann, referindo-se à boneca Olímpia, que se parece a uma mulher verdadeira, por quem o personagem central inclusive se apaixona, e aos ataques de loucura deste personagem.

E é com base neste conto fantástico de Hoffmann datado de 1815 que Freud vai procurar os exemplos de outras situações sinistras que seguem em sua análise. O *Homem da Areia* é um típico texto do gênero fantástico, em que conta a história de Nataniel, um jovem perturbado por suas lembranças infantis e imagens que lhe assomam e se transfiguram em aparições perversas e desconcertantes. Na infância Nataniel se vê impressionado pela fábula do Homem da Areia contada por sua governanta, que o assusta narrando a história de um homem que aparece às crianças que não querem ir para a cama e lhes joga areia sobre os olhos, fazendo com que estes saltem de suas órbitas, para depois ir embora levando as esferas em uma bolsa para alimentar seus netinhos na lua. E é a partir desta fantasia que desencadeiam as várias das experiências sinistras vividas por Nataniel até seu suicídio precedido pela tentativa de jogar sua noiva do alto de uma torre em um de seus ataques de insanidade.

Nesse sentido é possível citar alguns dos exemplos de manifestação do sinistro tal como o medo de ferir ou perder algum órgão do corpo, ilustrado pelo medo reprimido de Nataniel de ter seus olhos arrancados pelo Homem da Areia e que, para Freud, está conectado ao complexo masculino de castração. Também é citado o fenômeno do duplo, que é possível de constatar nos personagens Coppelius e Coppola que representam o Homem da Areia e que aparecem nas situações mais inusitadas do conto de Hoffmann. O fenômeno do duplo, portanto, aparece em situações de coincidência e repetição ou em circunstâncias em que um sujeito identifica-se com uma outra pessoa ou substitui seu eu por um estranho. Relacionando-se ainda com reflexos em espelhos, sombras e manifestações referidas ao medo da morte, como a aparição de espíritos e fantasmas.

Outro dos exemplos é o que Freud denomina "onipotência de pensamentos", que se relaciona a impressões de que um pensamento, como o desejo de que outro sujeito morra, torna-se realidade. Assim um pensamento que parece se tornar ação efetiva, ainda mais quando se relaciona a intenções de fazer o mal, ganha proporções assustadoras. Este exemplo, assim como alguns dos outros já citados, serve para ilustrar o que Freud acredita ser uma das essências do sinistro. Em nossa infância, assim como nossos antepassados primitivos, acreditamos em possibilidades fantásticas como a força do pensamento, a existência de seres fabulosos ou mesmo o retorno dos mortos. Na idade adulta em geral, passamos a não mais acreditar que este tipo de fenômeno possa acontecer, mas ainda assim não confiamos plenamente em alguma nova crença, o que faz com que as antigas ainda persistam dentro de nós. Desse modo, "tão logo acontece realmente em nossas vidas algo que parece confirmar as velhas e rejeitadas crenças, sentimos a sensação do *sinistro*".[116] Freud conclui que, entre as situações que nos causam a sensação de sinistro, deve existir uma categoria onde se encaixam aquelas em que algo reprimido (familiar, mas oculto) retorna, reafirmando o significado de sinistro que encontra na primeira etapa de sua investigação – "*unheimlich* é tudo o que deveria ter permanecido secreto e oculto mas veio à luz".[117]

Ainda outros exemplos são citados rapidamente por Freud como causadores de impressões sinistras, tais como: a sensação de que algo está oculto em uma narrativa e situações em que não se distingue imaginação e realidade, também relacionadas à ideia de uma crença rejeitada que retorna. Assim, Freud distingue as situações sinistras em duas categorias: uma que provém de formas de pensamento que foram superadas, sendo esta a mais recorrente, e outra que provém de complexos reprimidos, organizando desta maneira sua conclusão final:

> Uma experiência *sinistra* ocorre quando os complexos infantis revivem uma vez mais por meio de alguma impressão, ou quando as crenças primitivas que foram superadas parecem outra vez confirmar-se. Finalmente, não devemos deixar que nossa predileção por soluções planas e exposição lúcida nos cegue diante do fato que essas duas categorias de experiência *sinistra* nem sempre são nitidamente distinguíveis.[118]

Freud faz questão de deixar claro em seu texto que a todas as soluções e conclusões que chega hão de existir pontos controversos. Admite, portanto, que nem tudo o que nos foi submetido à repressão e depois voltou por isso se torna sinistro. Diversos exemplos, segundo ele, contradizem esta hipótese. Descobre, contudo, que muitos desses exemplos pertencem ao domínio da ficção, mais precisamente da literatura imaginária. Deste modo e por fim, depois de toda uma intensa análise relacionando aspectos da literatura de Hoffmann a experiências vividas no cotidiano, Freud (1976: 310) constata distinções entre o sinistro que experimentamos habitualmente e os que nos são despertados pelo que visualizamos ou lemos. E é aí que vai buscar novas respostas: "em primeiro lugar muito daquilo que não é *sinistro* em ficção sê-lo-ia se acontecesse na vida real; e, em segundo lugar, existem muito mais meios de criar efeitos *sinistros* na ficção, do que na vida real".

Para Freud, sendo assim, o domínio da ficção é um meio muito mais fértil para a criação de situações sinistras em relação à vida real. Isto se justifica pelo fato de a ficção não precisar se submeter ao teste da realidade, o escritor imaginativo tem a liberdade de criar seu próprio mundo de representação, podendo afastar-se o quanto quiser do que nos é familiar. Por isso nos contos de fadas, como exemplifica, aceitamos tranquilamente situações que na vida real nos seriam sinistras, tais como a animação de objetos inanimados, a pronta realização de desejos, entre outras.

Se o escritor, entretanto, escolhe para sua ficção o mundo da realidade, para Freud ele deverá obedecer às condições reais para criar situações e sentimentos sinistros. Ainda assim, distinguindo-se da realidade, pode aumentar ou multiplicar seu efeito ou ainda obter mais êxito na suscitação do sinistro, como descrevi anteriormente, deixando seu leitor às escuras quanto à natureza exata do mundo narrado ou ocultando informações do problema que situa até o fim.

Assim, percebemos que o sinistro é uma daquelas categorias que se manifestam nos mais diferentes âmbitos, estando diretamente ligada ao que nos toca intimamente e fazendo-nos estranhar muito daquilo que costuma nos parecer ordinário e irrelevante. O texto de Freud, como muitas de suas produções, traz-nos um olhar inusitado sobre um objeto esquivo e pouco mensurável, apresentando uma série de controvérsias e polêmicas, mas por isso mesmo alcançando o mérito de não se restringir a conceitos fechados e reducionistas, bem como o campo da ciência e da estética costumam proteger-se. De tal modo o conceito do sinistro visionado por Freud, possui grande potência de relação com os vários interessados no tema do oculto, do assustador e daquilo que se distinga a caracterizações do belo e do inofensivo.

A obra de Veronese e o sinistro: o instinto periférico

Desde os primeiros trabalhos do *El Periférico de Objetos*, a poética do grupo se caracterizou por explorar aquilo que estivesse marcado pela ruptura com cânones estabelecidos, fossem estes os códigos do teatro de formas animadas tradicional, a maneira de encarar a criação cênica e dramatúrgica ou o teatro argentino como um todo. A partir do significado da palavra "periférico" Daniel Veronese situa o trabalho do grupo (cuja experiência e projeto cênico servirão como elemento base da gênese de sua própria poética):

> Traçar um mapa com as zonas de teatralidade periférica, ali é onde estas distintas raças (o familiar e o misterioso, o reconhecido e o sinistro) devem se encontrar e se enfrentar. Que o texto seja transbordado pela plasticidade, o objeto pelo coreográfico que existe nele, o gesto pela palavra inadequada, inesperada. Trocar a forma única por ambivalente. Fomentar e incentivar o encontro de signos dramatúrgicos não reconhecíveis, as zonas de escuridão e de mistério.[119]

Assim, o trabalho com as "zonas de teatralidade periféricas" levou o grupo a escolher como material de criação aquilo que é comumente deixado de lado e considerado inadequado pelo "bom-tom", aproximando-se de elementos que dialogam com o amedrontador, o desastroso, o perverso e o obsceno e por esse viés emergirão os elementos que podemos relacionar com o sinistro.

Organizando a poética de sua obra dentro do *El periférico*, Veronese lista para si quarenta *Automandamientos* de criação, sem distinguir o que se volta a sua criação como diretor e como dramaturgo. Em seu segundo "automandamento" postula: "Promover um princípio de substituição dos atores vivos por objetos".[120] A ocupação de objetos sobre o centro da cena é precisamente um dos elementos que marcam o trabalho do *El Periférico* e a animação destes no mundo em que criaram para seus espetáculos é o primeiro e mais evidente dos sinais a notar-se conectado ao tema do sinistro. Como podemos retomar, o primeiro exemplo de experiência sinistra que Freud enfatiza é a situação de dúvida se um objeto inanimado aparentemente torna-se animado, e é justamente com esse tipo de situação que o grupo tenta jogar em seus espetáculos:

> Começamos a ter o apelido de "sinistros" porque nos primeiros espetáculos usávamos bonecas antigas, que comprávamos. Eram bonecas velhas que faltavam a base da cabeça [...] Nosso objetivo

não era ser sinistros. Éramos porque os objetos eram sinistros e porque mostrar o movimento em bonecos tão antropomórficos, com movimentos tão parecidos aos do homem, aparece em si mesmo como uma degradação do ser humano.[121]

Os textos de Veronese voltados especialmente aos primeiros espetáculos do grupo também foram construídos a partir lógica da manipulação de objetos, jogando com personagens que se transformam em objetos, bonecos que se humanizam, violência, degradação e mutilação de corpos, enfim, possibilidades de imagens sinistras que são facilitadas pela natureza morta e plástica dos bonecos e que dificilmente poderiam ser alcançadas no trabalho exclusivo com atores. A relação da poética do *El Periférico* com o conceito de sinistro, desse modo, é claramente identificável e autodeclarada pelo grupo.

Além dos textos escritos por Veronese, outras das dramaturgias com as quais trabalharam em seus espetáculos, em sua imensa maioria por si só já se relacionam com o sinistro; textos adaptados de "autores periféricos" como Alfred Jarry (*Ubú Rey* - 1990), jogando com o grotesco e o obsceno, Samuel Beckett (*Variaciones sobre B...* - 1991), marcado por textos baseados na frustração e na degradação humana, Heiner Muller (*Máquina Hamlet* - 1995), tendo como signo de sua obra a desconstrução e a brutalidade, e inclusive o texto O *Homem da Areia* (*El Hombre de Arena* - 1992) de E.T.A. Hoffmann.

Outras das possibilidades relacionadas ao sinistro que o trabalho com formas animadas permite e que Veronese se utiliza em muitos de seus textos dessa primeira fase é a mescla de situações reais/cotidianas com situações fantásticas e oníricas e a desordem de tempo espaço, assim como a repetição (relacionada ao mundo das máquinas e dos autômatos, próximo à realidade dos bonecos e objetos), o fenômeno do duplo (inspirado pela relação entre manipulador e objeto) e a intensa afinidade com a morte (também relacionada à natureza morta dos objetos). Neste contexto descobrimos mais uma das premissas da escrita de Veronese, os elementos de sua dramaturgia não surgem necessariamente pela escolha de um tema ou discurso, mas pelas possibilidades e necessidades que a cena (a partir de imagens) permite e demanda; não se quer falar da morte, fala-se da morte porque são evocados elementos e situações que remetem a ela.

Do mesmo modo Veronese parece lidar com a forma e estrutura de seus textos, dá-lhes o contorno que lhe convém mais eficaz na relação que pretende estabelecer com a cena ou com o criador que virá a intermediar o texto à cena. Dessa maneira os textos escritos para montagens do *El Periférico* apresentam uma forma muito diversa àquela que normalmente se convém a um texto teatral, configurando-se em textos que se dedicam a extensas rubricas, com o objetivo de descrever as imagens que deverão servir de estímulo à criação das cenas e, assim, suas estruturas acabam por se aproximar da literária, parecendo-se a uma poesia ou um conto ou, por outro lado, a um roteiro cinematográfico, que descreve objetivamente as cenas, sequências e diálogos, funcionando como um guia à equipe de criadores.

Nos trabalhos seguintes, paralelo ao grupo, Veronese passa a interessar-se em seus textos muito mais pela lógica da ação e da palavra do que pela lógica da imagem e por isso acaba por necessitar do trabalho do ator.[122] A forma de seus textos voltados para sua direção com atores (tais como em *Mujeres soñaron caballos*, *El líquido táctil*, *Teatro para pájaros* e em suas adaptações de Tchekhov e Ibsen) se aproxima a uma estrutura tradicional, com personagens definidos, diálogos e, por mais difusa que possa aparecer, uma situação dramática. As imagens de violência corporal, o trabalho com objetos que tomam vida, a intensa relação com a morte, os cenários escuros e a atmosfera lúgubre, enfim, todas aquelas imagens que se aproximam do sinistro na dramaturgia dos espetáculos do *El Periférico*, parecem apagar-se em seus novos trabalhos e se desdobraram em cenários claros e situações comuns ao cotidiano. Com um olhar mais atento, entretanto, podemos notar que algo do sinistro mantém-se influente em sua dramaturgia mais recente.

Nota-se que nestes trabalhos cada um daqueles tópicos que listou em seus *Automandamientos*, voltados para sua criação dentro do *El periférico*, de uma forma distinta seguem reverberando em sua poética, em especial aqueles em que destaca sua intenção de buscar olhares transversais ao conhecido, a ideia de colocar um objeto familiar sob um ponto de vista que vá além de sua representação e de sua forma conhecida.[123] O interesse de Veronese pela forma com que as pessoas se relacionam em situações cotidianas retoma a ideia do reconhecível, do familiar, que se torna estranho e assustador por meio da intensificação e deformação propiciada pela encenação. E assim o tema do sinistro se torna mais uma vez interessante em uma análise de suas obras. "Para que exista olhar interessado é necessário que o objeto se encubra como conhecido mas imediatamente se revele diante de nossos olhos e seja ofensivo à nossa vista", diz Veronese[124] se referindo ao seu projeto teatral.

É interessante retomar também o pensamento de Veronese sobre as "máquinas poéticas" no que diz respeito à criação de zonas de mistério, que tem por objetivo deixar o leitor/espectador confuso quanto às origens e causalidades dos acontecimentos da cena escrita ou encenada. Relaciona-se aqui aquela sensação sinistra de uma força oculta que age sob um plano reconhecível para de repente se tornar clara e distinguível. A máquina da dramaturgia funciona, portanto, através de um velar e desvelar calculadamente construído. E este jogo se complexifica na medida em que o mundo ficcional coincide com o cotidiano, expondo situações absolutamente reconhecíveis, mas que são cortadas por ruídos de estranheza que aos poucos vão tomando todo este cenário que aparecia como familiar. Esta ideia fica evidente nas obras cênicas mais recentes de Veronese, em que cria espetáculos com uma aparência naturalista – uma quase ilusão do real – no qual brotam elementos sinistros da acentuação e deformação dos próprios elementos cotidianos.

Neste sentido, a explanação de Freud sobre o sinistro na ficção pode criar forte relação com a dramaturgia de Veronese. Como visto, Freud fala que o escritor quando escolhe para sua ficção o mundo da realidade comum – e este é o caso do dramaturgo argentino em suas escrituras recentes –, a criação de situações que evoquem experiências *unheimlich* deve obedecer às condições reais, podendo, entretanto, multiplicar ou esgarçar seus efeitos. Veronese utiliza desse artifício em situações que acentuam efeitos sinistros sem, contudo, perder a verossimilhança das circunstâncias que cria e, dessa forma, faz com que de fato a ficção ofereça "mais oportunidade para criar sensações *sinistras* do que aquelas que são possíveis na vida real".[125]

O elemento da violência, apesar de não aparecer de um modo explícito como nos textos do *El Periférico* sob a forma expressa de mutilação de corpos, também está presente em sua dramaturgia recente, acentuando situações de violência e fracasso moral. Um dos artifícios frequentemente utilizados por Veronese em sua "composição da violência", é a idéia do acumulo, de uma violência contida que vai continuamente crescendo em algum de seus personagens ou na atmosfera que os circunda, até explodir sob a forma de algum ato destrutivo. A ideia da perda e da morte também continua a rondar seus textos e, dessa forma, é mais um dos elementos a se vincular ao elemento do oculto, produzindo sensações relativas ao sinistro.

Se tomarmos como parâmetro o contexto histórico e social no qual a obra de Veronese está inserida, podemos observar que muito desta relação com o sinistro, especialmente naquilo que se relaciona à violência e à morte, conecta-se mesmo que de forma indireta com a situação argentina pós-ditadura militar. Elementos que remetem ao período ditatorial de brutalidade e repressão (a morte, a imobilidade, a violência, o desaparecimento) não aparecem nos textos de Veronese como um discurso claramente político, dispõem-se na sua obra tal qual estão inseridos na vivência e constituição de seu contexto, como diz o autor, "são temas explícitos também na Argentina. Nosso passado de ditadura marcou toda uma geração. Eu às vezes quero fugir disso, mas está aí".[126] E muito do interesse do olhar de seu leitor/espectador pode se dar precisamente por este ponto, a percepção da presença de algo que lhe fere e incomoda a vista, mas que lhe diz respeito e por isso mesmo desperta sua curiosidade e atenção.

O contexto argentino pós-ditadura militar

O período ditatorial militar argentino, compreendido entre os anos 1976 e 1983, foi marcado por um brutal sistema de repressão, censura, ameaças, tortura e morte. Muitos dos direitos civis, políticos e sociais foram cerceados pelos constantes decretos impostos pelo governo dos militares golpistas, amoldando uma sociedade composta por indivíduos com liberdade limitada e constantemente ameaçada por uma cultura do medo e da coerção. Tudo aquilo que fosse considerado subversivo aos bons costumes que "garantiam a ordem e o avanço da pátria argentina", era abafado através das mais diversas técnicas de repressão a mando de autoridades que comandaram desde ameaças até atentados e desaparições.

Sendo assim, muitos dos intelectuais e artistas que foram considerados "altamente perigosos à segurança nacional" por seus atos e obras, sofreram as consequências de um governo avesso aos direitos do indivíduo e de manifestações do coletivo. Descrevendo a especificidade da censura dirigida aos artistas teatrais (que não foge do retrato de repressão sofrido pela sociedade civil em geral), Lima coloca:

> A censura operou em distintas frentes e com estratégias variadas: ameaças verbais e escritas, listas negras, perseguições, agressões físicas, bombas, fechamento de teatros, obras retiradas de cartaz, sequestros e desaparições. Os efeitos negativos foram imediatos: autocensura, exílio, silêncio, exclusão e uma escrita elíptica (descrita também por diferentes críticos como "ambígua", "metafórica", "mascarada", "oblíqua" e "escamoteadora").[127]

As consequências sobre o teatro argentino, comuns a muitas das manifestações culturais, são imediatas e fazem com que muitos dos caminhos estéticos a partir de 1976 sejam modificados ou até mesmo interrompidos.

Com o retorno da democracia em 1983, a suposta liberdade de direitos volta a vigorar, mas o país se vê abalado pela experiência de quase uma década que deixa muitas marcas nas histórias íntimas e políticas de toda esta geração. O principal estigma arraigado na Argentina pós-ditadura militar (e pós Guerra das Malvinas) é o da violência e da morte e por isso o sinistro aparece como um espectro que paira sobre o cotidiano das diversas famílias e círculos afetivos que descobrem seus parentes e amigos desaparecidos como mortos ou permanentemente feridos.

Se o sinistro é definido por aquilo que é familiar e que por algum motivo é reprimido para depois voltar, nos anos que seguem o fim da ditadura este processo se dá pelas várias das evidências e consequências de todo um período de violência que insistem em aparecer. Quanto a esta trajetória, o escritor Osvaldo Bayer descreve:

> Depois (dos anos de crimes sórdidos e de condutas obscenas) veio a passagem alegre, plena de frivolidade, com a qual se passou de uma ditadura sombria e corrupta a um governo constitucional por cima dos fantasmas sempre presentes dos desaparecidos e das tumbas das Malvinas. A sociedade argentina, repentinamente, havia se lavado na democracia com o ato formal de pôr o voto em uma urna. [...] A família argentina se havia reunido novamente no domingo, em paz, depois de tanto sufoco. Mas alguém bateu à porta. Eram as *Madres*, que queriam saber onde estavam seus filhos.[128]

No domínio das criações artísticas, confirmando o vínculo entre a arte e a sociedade, o sinistro também aparece como uma constante. Desde a necessidade de esquivar-se da censura baseada "sobretudo no 'bom gosto', ao que se opunham a 'obscenidade', a 'grosseria', a 'imoralidade' ou o 'despudor'"[129], muitos artistas optaram pela metáfora e ambiguidade como princípios de discurso de suas obras, criando dessa maneira, um terreno propício à manifestação do sinistro. Elementos como o obsceno e o perverso aparecem infiltrados em muitas obras artísticas, fazendo com que seus efeitos emerjam sem que sua origem esteja clara e facilmente distinguida por um mero censor. O medo, a violência e a morte também aparecerão como estigmas nas obras que seguem o período de ditadura, tanto para aqueles que tentam fugir do passado e construir novas referências, quanto para os que fazem questão de manter viva a memória de um tempo que não desejam fazer possível retornar.

O grupo *El Periférico* é fundado justamente poucos anos após o fim da ditadura militar argentina e, dessa maneira, seu trabalho não deixa de se influenciar por este contexto generalizado. Não de uma maneira clara e explícita, mas tal como uma marca difícil de escapar e ocultar. Acerca desta relação, Propato (1998) coloca: "Os desaparecidos estão mortos e o sinistro é iluminar este tema. É tão sinistro o que ocorreu que a sociedade prefere que isso continue tapado, enterrado. *El Periférico de Objetos*, ao iluminar este tema se transforma em obsceno. Mostra o que as pessoas não querem ver [...]".

E da mesma maneira os textos de Veronese, escritos a partir de quase uma década depois do fim do Processo de Reorganização Nacional proposto pelos militares, se relacionam com este contexto, não trazendo um discurso claro e direto com o tema político da ditadura, entretanto, carregando elementos que se conectam à situação do país, tais como a morte, a violência e a desaparição – explicitados, por exemplo, no desaparecimento inexplicado do filho de Isabel em *Formas de hablar de las madres...*, na descoberta de que Lucera foi vítima de um roubo de crianças em *Mujeres...* e em uma infinidade de detalhes e situações de sua obra.

Textos e comentários

Com o intuito de que esta relação pretendida entre a obra dramatúrgica de Daniel Veronese e o conceito do sinistro fique mais palpável, proponho-me analisar três peças do dramaturgo, buscando nelas elementos que possibilitam a seus leitores/espectadores a incitação de uma experiência sinistra. Para esta análise busquei peças escritas por Veronese em dois diferentes contextos, são elas: *Cámara Gesell*, escrita em 1993, *Circo negro* de 1996, ambas encenadas pelo *El Periférico* e *Mujeres soñaron caballos*, escrita em 1999 e encenada por Veronese em um projeto independente com atores.

Cámara Gesell – quarto espetáculo estreado pelo *El Periférico*, sendo o primeiro texto originalmente escrito por Veronese a ser encenado pelo grupo (os textos dos espetáculos anteriores eram adaptações de textos prévios). Também se diferenciando dos trabalhos antecedentes, o texto de *Cámara Gesell* foi escrito previamente ao processo do espetáculo, mas já com vistas à encenação do grupo. O texto final no qual baseei minha análise, entretanto, é resultante das anotações pós-encenação, tendo sofrido algumas modificações em relação ao texto original. Esta ideia de um procedimento de escritura que não se limita à criação solitária do dramaturgo, mas que, ao contrário, deixa-se permear pela criação da cena, serve como método para a criação de muitas das peças de Veronese e adianta uma das premissas de seus futuros trabalhos, preferindo que suas criações como dramaturgo estejam diretamente ligadas a seus interesses de encenação.

A história contada em *Cámara Gesell*, segundo Veronese (2000), tem inspiração em uma leitura de um problema psicanalítico relacionado ao desejo de uma criança de negar seus pais, o despertar do sujeito como alguém "apto para desejar" [130]independente da vontade dos pais. Dessa forma, o texto conta em dez cenas curtas a cruel biografia do menino Tomás que deseja abandonar sua família. Ao longo do texto, o menino vai passando por uma série de famílias e em cada uma delas lhe recorre a mesma sensação de deslocamento seguida do desejo de encontrar um novo lar, tornando-se cada vez mais insatisfeito e perverso. Uma atenção sobre os nomes que intitulam as cenas nos dão uma noção da sequência dos acontecimentos da peça: 1. Acontecimentos no lar primeiro / 2. A fuga / 3. A vida no segundo lar / 4. Mulher desconhecida que chega da rua/ 5. O envenenamento / 6. Trágico desaparecimento de segundos pais e irmão segundo / 7. O interrogatório / 8. A tortura / 9. A assistente social / 10. Julgamento final.

É interessante acrescentar que a escrita e encenação de *Cámara Gesell* foram criadas pelo grupo logo após a montagem de *El Hombre de*

Arena, peça livremente adaptada por Veronese em parceria com Emilio García Whebi (na dramaturgia e na direção) do conto de Hoffmann e a partir do conceito de sinistro de Freud. Assim, a concepção de *Cámara Gesell* sofreu considerável influência das "estratégias do sinistro" visitadas pela criação anterior, as quais me proponho localizar nas cenas que compõem o texto:

a) Situações, falas e personagens que se confundem e repetem incessantemente - Para Dubatti[131] "sem dúvida" este elemento da confusão aparece em *Cámara Gesell* como "intertexto da 'percepção paranóica' de Nataniel perseguido por Copelius no magnífico conto *O Homem da Areia* de Hoffmann", suscitando o fenômeno sinistro do duplo através de repetições e coincidências. Para exemplificar esta estratégia, coloco aqui um excerto da Cena 10, no julgamento final de Tomás, onde a confusão entre os personagens é intensa:

> Um deles é, podemos ver, terrivelmente parecido ao dentista, e a um dos policias e talvez até poderíamos chegar a confundi-lo com o pai segundo, mas, na realidade, se observamos bem, vemos que sua imagem bem poderia corresponder ao pai primeiro, que reage com naturalidade, como se Tomás nunca tivesse abandonado sua casa.[132]

b) Constante e intensa expectativa de violência - Os acontecimentos são todos permeados por atos de violência, entretanto, as ações em si parecem estar sempre longe de nossas vistas, escamoteadas por imagens de ingenuidade. A provável sensação do leitor é a de que entre as transições das cenas, além das linhas que narram a história de Tomás, algo que nos é omitido acontece e permite o desenvolvimento da peça, garantindo a sensação sinistra do mistério e do oculto. Não localizamos precisamente o mal que aflige Tomás, apenas compartilhamos as consequências de sua impetuosidade. E aí encontramos uma proximidade entre Tomás e Nataniel do conto de Hoffman, ambos possuidores de uma "alma dilacerada", abrigando ocultamente "uma potência hostil e sombria"[133] que tenta destruir tudo a sua volta e a si próprio. Esta potência sombria, explicada pela psicanálise através dos mecanismos do inconsciente que abrigam nossos complexos e repressões, manifesta-se nos textos de Hoffmann e Veronese através de acontecimentos que frustram as explicações por meio do encadeamento lógico-causal. Em *Câmara Gesell* Veronese trabalha com o acumulo como forma de alcançar esta constante expectativa de violência, preenchendo o personagem Tomás de uma série de intensas e contraditórias sensações e desejos que se alcançam e se frustram com a mesma fugacidade e que, dessa forma, armam a complexidade desse personagem. Para exemplificar este aspecto, seleciono um trecho da Cena 3:

> As alegrias que deveriam produzir as brincadeiras com seu novo irmão, pouco a pouco começam a se transformar numa terrível e cortante tristeza que o acompanhará durante todo o dia. Note-se que violenta e sangrenta pode se transformar a brincadeira com o martelo.[134]

Através da leitura do texto não sabemos até onde a "brincadeira com o martelo" pode chegar, a cena é cortada com esta frase, entretanto, frente a esta imagem tão potente (uma criança que brinca com um martelo perto de seu irmãozinho) o ambiente parece ser de hostilidade e de iminente perigo. Duas cenas após, nos é narrada a cena em que Tomás envenena toda a sua segunda família, não só confirmando nossas expectativas de violência, mas nos surpreendendo com tamanha brutalidade.

c) Confusão entre mundo real e mundo fantástico - Tal qual em *O Homem da Areia*, muitas vezes ficamos na dúvida se algumas das cenas ou acontecimentos da peça representam fatos "reais" da suposta biografia de Tomás ou são fruto de seus sonhos ou alucinações que se mesclam às situações em que vive até o julgamento final. É precisamente nesta última cena que mais se acentua a sinistra confusão entre fatos e delírios; em meio a uma briga entre personagens das celas da prisão onde se encontra após o assassinato de sua assistente social, Tomás reconhece o rosto dos personagens que cruzaram por sua história em cada um daqueles que lutam em sua defesa:

> Mas, é incrível. Não é idêntico ao seu irmão primeiro aquele que aparece, por detrás de uma mesa, disposto a tudo?
>
> E sua mãe primeira... Sua mãe primeira também parece estar por aí, e com os mesmos gestos de carícia de antes de voltar a dizer:
>
> "Como você se chama? Que lindo que você era, que pena que tudo isso terminou assim... que lindo que você era...".[135]

Nesta atmosfera de sonho ou alucinação, Tomás vê todos os fantasmas que "matou" no seu desejo de ser um sujeito autônomo. Veronese radicaliza o processo de formação do sujeito como uma experiência de ruptura e, portanto, dolorosa e traumática.

d) Personagens que parecem objetificar-se - A sinistra sensação de dúvida de um corpo vivo que estranhamente se transforma em objeto é presente em momentos em que os personagens que circundam a vida e o imaginário de Tomás parecem tornar-se autômatos pela forma previsível e repetitiva como se comportam, elemento acentuado na encenação do *El Periférico*, trabalhando com uma atriz que interpretava Tomás e bonecos que representavam os pais, as mães, os irmãos, as amigas... De forma distinta, na Cena 8 de *Câmara Gesell*, cena em que Tomás é torturado pelo dentista, a idéia de um personagem vivo que se objetifica é trabalhada: "Nesta cena, o ator que personifica Tomás é substituído por um objeto, já que deve ser vítima de algumas humilhações e abusos por parte do pessoal atuante".[136]

e) O familiar que se torna estranho - Em todo texto o autor joga com situações do cotidiano (um aniversário, tomar chá, uma discussão de casal) que, pela forma como aquele que narra a história nos conduz, revela lugares que as lentes da realidade comum costumam desconhecer. Somos apresentados à outra face dos acontecimentos ordinários. Como bem coloca Veronese (2000), em *Câmara Gesell* "a aparência de uma família conhecida e tranquilizadora emerge e desaparece continuamente no cenário". O resultado é uma imagem ambivalente, onde imagens ingênuas e infantis, do universo familiar do lar, é convertido naquilo que oprime, perverte e transforma o menino Tomás: "[...] é um menino que busca o *Heimlich* ou o *Heimisch* e cai no *Unheimlich*, no fantástico do terror".[137] Na forma de um conselho banal de uma mãe a seu filho de cinco anos, na Cena 1 a mãe primeira de Tomás lhe diz aquilo que talvez consistirá a gênese da perversão do menino:

> Não é bom desejar a morte à família da gente. Teu pai ou eu, somos os que devíamos sentir-nos invadidos. O teu irmão que veio ao mundo antes que você... Olha para ele... Teria toda a razão do mundo... Porém, ninguém aqui tem esse desejo assassino.[138]

Em *Cámara Gesell* notamos a capacidade de Veronese de trabalhar sobre argumentos simples (um menino que abandona sua casa) e transformá-los em complexos quadros perversos que rompem com várias das nossas expectativas: "O mundo tal qual pensamos ou desejamos é frustrado continuamente com a experiência deste menino" (Veronese, 2000, tradução nossa). Através da repetição obsessiva dos mesmos materiais, da síntese de elementos que se sobrepõem e da instalação de uma atmosfera de crueldade, Veronese alcança um resultado de assombro e estranhamento.

Circo negro – encenado em 1996 pelo *El Periférico* com dramaturgia escrita durante o processo de montagem do espetáculo dirigido pelo próprio Veronese e por Ana Alvarado. A criação de *Circo negro* parte da premissa de investigar um tema já suscitado em trabalhos anteriores do grupo: descobrir se "para representar a morte era preferível utilizar um ator ou um boneco".[139]

O texto se desdobra em dez números de circo (1. Número das mãos / 2. Carrossel de números circenses / 3. Número das colheres / 4. Número da Carlota maga / 5. Número do Tilin / 6. Número dos olhos / 7. Número do conto russo / 8. Número da faca / 9. Número da morte de Carlota / 10. Número do agradecimento) que através do humor negro discutem a essência dos atores e dos objetos e testam suas possibilidades de representação da morte. Apesar de alguns dos números trabalharem com situações parecidas e com os mesmos personagens (como a boneca Carlota que perpassa todo o espetáculo circense) cada uma das cenas de *Circo negro* funciona de forma independente tal como em uma apresentação de circo. Quanto aos elementos do sinistro presentes na peça, podemos destacar os seguintes:

a) Confusão entre atores e objetos - A peça centra-se no jogo entre atores e bonecos, suas possibilidades em cena e a idéia de confusão entre quem domina e quem é dominado. Desse modo, a impressão sinistra de que um boneco ou objeto adquire vida e, inversamente, de que um personagem vivo se torna objeto é uma constante em *Circo negro*. Uma das passagens mais representativas deste jogo entre vida e morte de um corpo é o "Número da morte de Carlota":

> (Começam os aplausos na fita. Carlota saúda. De repente descobre que seu manipulador a segura no braço e na cabeça e que, então, os movimentos que vinha realizando não eram os seus. Ele a estava manejando.
> Tenta seguir com o número, mas sozinha. Seu manipulador se nega. Lutam.
> Logo de interminável troca de empurrões, finalmente, ela consegue se separar dele. Obtém sua independência, ainda que o resultado, paradoxalmente, seja seu desaparecimento como artista. O preço de sua liberdade é se fazer responsável de sua "coisidade" (de coisa). E Carlota o paga)[140]

Veronese arma situações fantásticas como esta, a fim de explicitar com ironia a natureza morta dos bonecos e objetos e a situação perversa dos manipuladores de bonecos em representar a vida por meio "destes toscos objetos".

b) A confusão entre mundo real e fantástico também surge na peça a partir do jogo entre bonecos e atores, já que o trabalho com formas animadas cria possibilidades de situações e imagens fantásticas. Outra cena com Carlota exemplifica as possibilidades fantásticas do texto:

> O ator da primeira parte do espetáculo é posto em transe por Carlota. Carlota o converte em frango. Logo o enforca. Abre sua boca e retorce a língua. Mete os dedos nos olhos, faz cócegas e bate nele até que ele desmaie. Saúda.
> Acorda o ator. Pega seus dedos e os coloca nos orifícios vazios de seus olhos. A partir deste simples, mas efetivo recurso o ator cego adquire visão através de Carlota. Logo de uns segundos, Carlota volta a deixá-lo sem vista retirando os dedos dos olhos. Saúda. Vai embora.[141]

Mesclando elementos do teatro de objetos e do teatro com atores, Veronese encontra possibilidades híbridas para sua cena e, dessa forma, não explicita ao seu leitor/espectador a natureza clara do mundo e dos personagens que representa, bem como Freud aconselha àqueles que pretendem criar situações propícias à manifestação do sinistro.

c) Esta última cena descrita também serve para exemplificar a acentuação da violência como característica proeminente das cenas de *Circo negro*. Mais uma vez se apropriando das possibilidades do teatro de objetos, Veronese trabalha com situações de violência como a mutilação e tortura de corpos que, como vimos, para Freud têm a potência de despertar impressões relativas ao sinistro na medida em que se relaciona e faz reviver complexos primitivos como a castração. No texto *Circo negro*, tal como em *Câmara Gesell*, o autor também joga com situações triviais que inesperadamente se desdobram em atos de brutal violência – tais como uma conversa entre dois homens que discutem sobre o roubo de um cigarro e terminam em uma cena de esfaqueamento.

Em *Circo negro*, Veronese trabalha com um texto que serve como guia para sua encenação dentro do *El Periférico*, mas que ao se colocar separadamente do espetáculo, consiste em um texto de estrutura fragmentada e que se mostra aberto às diversas interpretações de seus possíveis leitores/encenadores. A situação sinistra se instala no texto por sua intensa relação com a morte e suas possibilidades de trazer à luz temores dos quais muitos dos seres humanos jamais se libertaram inteiramente.

Mujeres soñaron caballos – faz parte das criações mais recentes de Veronese, em que busca escrever textos que se voltem ao seu interesse de direção com atores. A estrutura da dramaturgia de *Mujeres...*, diferindo-se dos textos comentados anteriormente e de grande parte dos textos voltados para montagens do *El Periférico*, é muito próxima a uma estrutura dramática tradicional, baseando-se intensamente no uso da palavra, nos diálogos, e tendo uma definição clara de personagem. A principal quebra dramática são os grandes monólogos da personagem Lucera, que muitas vezes descrevem as cenas que compõem a peça sob seu ponto de vista e constantemente ganham contornos líricos, proporcionando ao leitor/espectador o vislumbre de imagens que nos distanciam das convenções lógicas de tempo e espaço.

A peça se passa em um cômodo de um apartamento onde se encontram para jantar três irmãos – Iván, Rainer e Roger e suas respectivas esposas, Lucera, Ulrika e Bettina – depois de tempos sem se reunirem. Considerando as falas de Lucera, que ao início anuncia a hora como 20h15 e mais ao final 22h20, constatamos que o tempo da ficção se passa em um pouco mais de duas horas, o que provavelmente coincide com o tempo real de sua encenação. Nesse tempo em que a peça acontece, nada de grandioso ocorre, acompanhamos os diálogos e os pequenos acontecimentos banais e inconclusos que costuram seu desenrolar – ao longo das conversas descobrimos os diversos pequenos conflitos que permeiam aqueles irmãos e aqueles casais, todas relações desgastadas e quase falidas. O desfecho do texto, contudo, somando toda aquela atmosfera de inflexíveis frustrações e violência, ativa inesperadamente o único ato trágico e irreparável da peça: Lucera, portanto um revólver, mata sem pudores a todos os personagens, salvo seu marido Iván, deixando a dúvida de se logo depois do "FIM" também virá a assassiná-lo.

Quanto às condições que permitem a manifestação do sinistro em *Mujeres...*, selecionei os seguintes aspectos:

a) Tal como em *Cámara Gesell*, aqui o mais proeminente aspecto relacionado ao sinistro é o da constante expectativa de violência. As despropositadas conversas em *Mujeres...* em geral acabam em insultos, revelam as conflituosas relações entre os personagens que compõem aquela família e mais de uma vez parecem prever seu trágico fim. A convenção de cordialidade, que parece ser um acordo primordial deste encontro, não demora muito a se romper, expondo os traumas, as desavenças e as traições que constituem a família. Entretanto, diversas situações que seriam motivo para discussão ou para uma reação mais inflamada (a descoberta de que Bettina roubou um livro de Lucera, a falência de uma empresa familiar por culpa de Rainer, a revelação de que Roger está com um tumor no cérebro, etc) sem qualquer explicação some em uma nova conversa ordinária. A sensação é a de que a todo o momento o encontro está por ruir, mas novamente surge uma onda teatral de cordialidade escondendo todo e qualquer vestígio de discórdia. Aqui, portanto, também aparece a ideia de acumulo; uma série de conflitos e desavenças vão sendo sistematicamente abafados, fazendo com que cada vez mais a pressão e a expectativa de violência cresça e exerça influência sobre a estrutura e sobre cada um dos personagens, emergindo no explosivo e deslocado surto homicida de Lucera. Em entrevista a Óscar Cornago, é mesmo Veronese quem diz: " [...] em *Mujeres...* há um estigma de violência contida, algo escurecido que de repente se ilumina e destrói. Isso é uma relação direta com o sinistro, aquilo que não deveria acontecer e acontece, aquilo que não é esperado e de repente aparece".[142]

b) A idéia sinistra do oculto que se torna presente também aparece em *Mujeres...*, intimamente ligada aos aspectos relativos à violência. Veronese joga com situações familiares, tal como a situação geral da peça (um jantar de família), entretanto, fazendo aparecer "por baixo dos panos", aquilo que no cotidiano dificilmente enxergamos de forma tão nítida: as repressões, os podres, os interesses, etc. E exatamente destas situações tão familiares é que surgem as grandes ações destrutivas e que despertam a sensação do sinistro. A situação vivida pela personagem Lucera explicita esta ideia presente na peça:

> Iván, meu marido, diz que me encontrou em um descampado da província de Córdoba. Eu não tinha nem um ano de idade. Que metros mais adiante encontraram despencados os restos de uma

charrete, o corpo do cavalo e os corpos humanos que
corresponderiam aos meus pais. Tudo dava a entender que o
cavalo se lançou ao vazio enlouquecido e meus pais, para a minha
sorte, puderam me empurrar para fora da carroça antes da queda.
Nunca pude acreditar nessa história, nem quando era criança.
Desde então vejo inimigos em todas as partes.[143]

Descobrimos na relação aparentemente natural de Iván e sua jovem esposa uma história de abuso e coerção. O possível rapto de Lucera é uma incógnita que perpassa todo o texto até ser imprecisamente confessado pelos três irmãos antes de serem assassinados.

c) A confusão entre mundo real e fantástico - Quebrando com as tradicionais normas de um texto dramático, Veronese insere em *Mujeres...* elementos que dialogam com o lírico. As inúmeras referências que aparecem na peça em relação aos animais, mais especificamente aos cavalos, se aproximam do campo do poético, tal como a imagem criada por Ulrika para seu roteiro de cinema (em que descreve uma mulher que observa um grupo de policiais jovens montados em cavalos marrons), na descrição da suposta morte dos pais de Lucera (segundo Iván, os pais de Lucera morreram em uma carruagem cujo cavalo se atirou ao abismo, em um surto de cavalos suicidas) ou na revelação do paradeiro do pônei de Roger e Bettina (os dois mataram o pônei, jogando-o no fundo de um poço de concreto). No entanto, as principais características líricas e que misturam situações reais e fantásticas aparecem nos monólogos de Lucera, onde a personagem narra em primeira pessoa suas impressões em relação à família e às situações que acontecem na peça. Coloco aqui integralmente o último monólogo de Lucera que, em sua alucinação narra o fantástico desfecho da peça:

> LUCERA : Por que você não? Há uma só forma de violência? Há um novo tipo de violência no ar. Obviamente eu nunca mataria. Não sou do tipo de pessoa que faria isto. Não sei bem o que aconteceu mas de repente os dois velhos que me haviam acompanhado antes desde o sótão entraram no quarto. Atraídos, talvez, pelos disparos. Aproximaram-se da mesa. Observaram o

quadro da situação. O velho olhava especialmente uma garrafa vazia que Bettina ainda sustentava na mão; a velha pegou a garrafa. E os dois saíram pelo corredor. Segui eles. Juntos sem falar descemos os três andares. Ao chegar ao térreo descemos mais um andar por uma pequena escadinha de ferro. Pegamos um corredor até o fundo do edifício. No final, uma luz esbranquiçada iluminava a porta de um quarto malcheiroso em ruínas. O velho abriu a porta. Entraram e se sentaram em uma espécie de cama armada no chão com um velho colchão destruído. Em um canto havia alguns bebedouros grandes com água suja. O fundo do quarto estava escuro, não se via nada, mas se poderiam intuir alguns animais corpulentos pisoteando o chão. Voltei a olhar os velhos. O velho apertava a garrafa vazia contra o seu corpo para esquentá-la, enquanto a velha acariciava e beijava um menino ou uma menina inexistente. Acariciava o ar. Beijava o ar. E os dois sorriam como loucos diante do nada que eu via. Seus olhos, então, começaram a me parecer familiares e me reconheci nesse estado. Houve vezes em que eu também senti uma pontada nos rins como uma grande agulha e ainda assim sorri. Foi um gesto que me arrancou a pele do corpo mas me conectou com a vida. Se esses dois anciãos não houvessem colaborado com aqueles sinais, aquelas carícias eu não me asfixiaria. E aconteceu o inevitável, o que estava precisando acontecer se desatou pelo quarto. Agora podia começar a distinguir o que havia no fundo. Impetuosos. Ardentes cavalos. Eram cavalos de diversas raças e tamanhos. Bonitos cavalos. Era uma visão maravilhosa. Vinham até mim. Desejei subir em um deles e escapar para longe. Longe. Mas passavam, ao meu lado sem me ver. Nervosos. Altivos e robustos. Eu só podia atinar olhá-los passar. Embelezada. Suavizada. Ivan...[144]

Em *Mujeres*..., ao tomar como parâmetro o mundo da realidade comum e aliar a este condições que propiciem sentimentos relativos ao sinistro, Veronese consegue alcançar aquilo que Freud nos esclarece quanto a este tipo de composição no campo da literatura. Com base nas experiências sinistras reais, o autor deforma, aumenta, multiplica os efeitos sinistros, guiando seu leitor/espectador a uma experiência própria da ficção que se pretende jogar com a realidade e suas possibilidades do sinistro, "nos ilude quando promete dar-nos a pura verdade e, no final, excede essa verdade".[145]

A experiência sinistra e o espectador de Veronese

Pensar o sinistro implica necessariamente em refletir sobre o plano da recepção, afinal o sinistro se manifesta, como vimos, no momento em que um indivíduo se defronta com algo ou alguém que lhe provoca uma particular percepção. O sinistro de Freud é, portanto, uma propriedade ligada às coisas, pessoas e situações que despertam um específico sentimento emocional, psíquico, permitindo a quem é interpelado por tal presença uma zona de transformação (fugaz ou duradoura) de sua condição cotidiana. E é partindo desta premissa que o psicanalista narra todas aquelas experiências relativas ao sinistro.

Dessa forma, de modo geral, trabalhar com o sinistro como princípio ou meio de uma criação artística, tal como registramos na obra de Veronese, pressupõe, além de uma afinidade estética do artista, uma possível busca direcionada ao receptor desta criação. Através de sua obra, o artista procura propiciar ao seu espectador esta chamada zona de transformação que pode ser traduzida pela palavra experiência. Detenhamo-nos primeiro à visão da experiência relativa ao sinistro explicada por Freud, para depois voltarmos à relação específica com o trabalho do dramaturgo argentino em questão.

Em *O Sinistro*, já de início Freud situa o campo da estética, mais do que como o campo de contemplação da beleza, como "a teoria das qualidades do sentir"[146]. E por configurar-se como uma categoria de sentimento, o sinistro torna-se um interessante assunto da estética que, ao vincular-se aos sentimentos e impulsos emocionais, desperta a atenção daqueles interessados também na vivência e psicologia humanas.

A experiência sinistra como colocada por Freud, portanto, caracteriza-se por um reencontro angustiante com imagens que carregamos em nosso íntimo e que assim tem a potência de nos atingir e nos fazer defrontar com sentimentos obscuros e incertos, tais como o oculto e o misterioso. E é a partir daí que o psicanalista distingue a experiência sinistra em duas procedências: as que se originam de complexos infantis reprimidos (complexo de castração, fantasias de estar no útero, etc) e que se manifestam com menos frequência e aquelas que ocorrem quando uma crença superada parece confirmar-se mais uma vez (seres inanimados que ganham vida, onipotência de pensamentos, etc).

Entretanto, quando Freud se dedica a analisar o sinistro na arte, mais especificamente na escrita ficcional, conclui que a natureza do sinistro na realidade e na ficção é distinta, diferenciando como "o *sinistro* que realmente experimentamos e o que simplesmente visualizamos ou sobre o qual lemos" [147]. A idéia, dessa forma, parece ser a de que na ficção apenas contemplamos ou podemos constatar a presença de algo sinistro e que é experimentado somente no plano imaginário da trama e dos personagens.

Continuando sua reflexão sobre o sinistro na literatura, no entanto, vemos que a idéia de experiência sinistra na análise de Freud sobre o campo ficcional se torna dúbia e contradiz esta primeira impressão, já que fala de efeitos de sinistro que vão muito além da realidade e nas suas palavras fazem com que a ficção ofereça "mais oportunidades para criar sensações estranhas do que aquelas que são possíveis na vida real" [148]. Inclusive as experiências sinistras que provém de complexos reprimidos, ainda que também mais raras, segundo Freud são de possível e poderoso alcance na ficção.

Deste modo, Freud (1976: 313) confere ao escritor ficcional um poder particular sobre nossos sentimentos: "por meio do estado de espírito em que nos pode colocar, ele consegue guiar a corrente de nossas emoções, represá-la numa direção e fazê-la fluir em outra". A ficção para o psicanalista, consequentemente, ainda que inicialmente pareça o contrário, pode comover sensivelmente seu espectador e oferecê-lo uma experiência sinistra tão poderosa quanto em nossas experiências fora do contexto da estética e da arte.

O vínculo entre a *obra artística* e seu possível *espectador* sob a luz da noção de experiência sinistra de Freud, dessa forma, nos conduz a refletir acerca da influência que estas duas instâncias exercem uma sobre a outra. Considerando o espetáculo teatral (voltando mais especificamente ao ambiente do objeto de pesquisa) como um acontecimento que é construído coletivamente por meio do acordo implícito entre atores e platéia, devemos pensar sobre aquilo que torna possível o contato entre a situação teatral e o foro íntimo e social dos espectadores que se propõem tornarem-se parte deste ato.

Ao questionar as relações entre os processos sociais e o espetáculo teatral, Jean Duvignaud nos dá pistas sobre o lugar que o espetáculo ocupa em nossa sociedade atual. O teórico francês reconhece o caráter de representação de nossa vida social, cujos elementos dos gestos, da linguagem, das regras e dos papéis representados, estabelecem um ato coletivo caracterizado por seu signo de dramatização. Neste sentido, coloca:

> Nossa própria existência, ou melhor, a existência da cultura, é uma representação teatralizada dos instintos e das pulsões. A sexualidade, a morte, o intercâmbio econômico ou estético, o trabalho, tudo é manifestado, interpretado. O homem é a única espécie dramática... [149]

E dessa maneira, completando o pensamento de Duvignaud, assim como a vida social se aproxima de uma situação dramática, o espetáculo teatral, a própria situação de representação, também pode ser vista como um ato coletivo social. A noção do teatro como simples reflexo de sua sociedade deixa de fazer sentido, no momento em que as relações entre as estruturas sociais e a criação dramática se complexificam, já que o teatro se coloca como uma cerimônia social e sendo assim "se trata de um segmento da experiência real".[150]

A situação teatral se distingue da atividade cotidiana primeiramente por se tratar de um fenômeno artístico manifestado pelo ato estético que, mais do que garantir uma direta eficácia, representa uma ação que assume um caráter simbólico. Desta forma Duvignaud organiza as diferenças entre as duas situações:

> A verdadeira distinção entre situação social e situação teatral não consiste na oposição superficial entre existência imaginária e existência real, mas sim no fato de que no teatro a ação "se mostra", restituída na forma de espetáculo dá lugar a todas as atitudes e ações correspondentes a esse gênero de experiência.[151]

O ato teatral se coloca como um acontecimento coletivo que se difere da situação cotidiana por estabelecer entre quem atua e quem assiste aquele acordo de que já falamos anteriormente, de construir em colaboração uma cerimônia social com delimitações precisa de tempo e espaço e com a pressuposição de se colocar na situação declarada de representação. E ao assumir seu caráter simbólico, em seu jogo duplo entre ação coletiva e situação dramática, o ato teatral suspende no tempo e no espaço a ação social e histórica e sublima os conflitos reais da atividade cotidiana, fazendo estes perdurarem e anteciparem anseios e sentimentos latentes ainda por vir.[152]

Neste sentido, Duvignaud[153] categoriza a cerimônia dramática como "uma cerimônia social diferida, suspendida", "a arte dramática sabe que floresce à margem da vida real". A situação social e a situação dramática, dessa forma, complementam-se e influem uma sobre a outra. "Ainda que o contexto social apareça como o condicionante fundamental do espetáculo, ele sempre gera forças que vão incidir sobre a realidade que o circunda"[154]. E assim o teatro, através de seus meios, continua e prolonga a vida social, confirmando as relações da experiência do espectador com o espetáculo para além do domínio ficcional.

A experiência sinistra, segundo as observações de Freud, aparecem ao indivíduo como um acontecimento desencadeado por processo internos que dizem respeito a complexos ou crenças individuais mal resolvidos. Este processo, no entanto, também pode ser pensado no âmbito do coletivo e dos sentimentos e anseios de uma sociedade. E ao trabalhar com o elemento do sinistro em uma criação teatral, buscando seu caráter simbólico arraigado na vida social, criam-se possibilidades de dialogar com a realidade de seu público. Antes de tentar refletir a realidade de uma sociedade ou expressar uma visão de mundo, o artista pode conectar-se de maneira simbólica com a atividade cotidiana de seus espectadores, abrangendo seus mal estares, seus medos e suas repressões.

Como o objetivo deste trabalho é refletir sobre o efeito do sinistro no âmbito da dramaturgia, proponho-me pensar acerca desta ideia de experiência a partir da escrita dramática. Pensar experiência no campo teatral supõe refletir desde a atividade do artista, em suas mais diversas funções de criação, até analisar a participação do espectador. Detenhamo-nos, contudo, à proposição de experiência sobre o espectador, considerando o texto dramático como elemento disparador. Pensar como o texto pode incidir sobre a realidade do espectador ainda que sua transmissão seja dada somente na cena, que inevitavelmente o transforma.

A relação entre texto, cena e recepção tem sofrido grandes revoluções desde seu advento, por isso é interessante fazer referência ao pensamento de Aristóteles para realizar uma aproximação ao teatro contemporâneo, onde se situa meu principal foco. Já na *Poética*, de alguma forma, questões relativas ao prazer e à experiência da recepção são alvos de reflexão e questionamento. A idéia de uma participação intelectual e emocional permitia ao espectador grego antigo afetar e alterar seu passivo lugar de observador[155]. E essa ação sobre o espectador, como coloca Aristóteles, dava-se pela incitação do terror e da compaixão da catarse que se baseava na composição do poeta:

> O terror e a compaixão podem nascer do espetáculo cênico, mas podem igualmente derivar do arranjo dos fatos, o que é preferível e mostra maior habilidade no poeta. Independentemente do espetáculo oferecido aos olhos, a fábula precisa de ser composta de tal maneira que o público, ao ouvir os fatos que vão passando,

sinta arrepios ou compaixão, como sente quem ouve contar a fábula de Édipo. [156]

A organização dos fatos, a composição dramática da cena, seria, portanto, suficiente para criar os efeitos de terror e compaixão, segundo Aristóteles. As regras de imitação da natureza e verossimilhança de acordo com a doutrina clássica estariam calcadas basicamente no texto e seria a partir destas que a relação de identificação e conexão com o dispositivo cênico por parte dos espectadores se fazia possível. Aristóteles, desse modo, conectava de uma forma direta a relação entre escrita e recepção, considerando o espetáculo cênico como uma transposição do texto à cena, destinada a instrução e diversão dos vulgos que necessitavam "de toda aquela gesticulação" [157] para se aproximarem da tragédia.

E durante um longo período no teatro ocidental o autor de um espetáculo teatral continuará sendo o dramaturgo, o texto sendo visto como aquilo que precedia e determinava a encenação. A dramaturgia clássica, seguindo os preceitos aristotélicos, seguirá estruturando-se de tal forma a ser transposta à cena, como um sistema formal e autônomo. Desde Aristóteles até as renovações teatrais propostas ao final do século XIX, com raras exceções como manifestações populares como a *commedia dell'arte*, o texto dramático era o regente da encenação. Desse modo, por muito tempo defendeu-se a soberania do texto sobre a realização cênica, estabelecendo-se a chamada cultura textocentrica.

Na primeira metade do século XX é que definitivamente passou a reconhecer-se a figura do diretor como o responsável pela criação e realização da cena, a tentativa clássica de transposição do texto ao palco é descoberta como ilusória. Dessa forma, ao poucos a encenação vai ganhando maior importância na realização teatral e o dramaturgo perdendo seu caráter de ditador da cena. A relação do espectador com o texto passa a ser mediada necessariamente pela transformação da cena, por parte do diretor e agora também dos atores, que encontram no texto um estímulo para criar a teatralidade de sua realização. Sobre a relação entre texto, encenação e recepção no teatro contemporâneo ou teatro pós-dramático, Hans-Thies Lehmann aponta:

> [...] a respiração, o ritmo e o agora da presença carnal do corpo tomam a frente do *lógos*. Chega-se a uma abertura e a uma dispersão do *lógos* de tal maneira que não mais necessariamente se comunica um significado de A (palco) para B (espectador), mas dá-se por meio da linguagem uma transmissão e uma ligação "mágicas", especificamente teatrais. Artaud foi quem primeiro concebeu essa noção. No entanto, já para ele não se tratava da simples alternativa "a favor ou contra o teatro", mas de uma mudança da hierarquia: abertura do texto, de sua lógica e de sua arquitetura opressiva, a fim de reconquistar para o teatro sua "dimensão de acontecimento". [158]

O teatro atual trabalha com textos de qualquer proveniência, deixando ao encenador e ao ator a responsabilidade de criar sua teatralidade e, muitas vezes, deixando ao espectador a tarefa de encontrar objetivo na liberdade de participar deste acontecimento e deixar-se levar por suas próprias escolhas diante deste vários elementos que se dispõem a ele. Em concordância:

> a escrita teatral contemporânea exprime uma desconfiança de todo e qualquer projeto didático, de toda e qualquer intenção declarada de ação sobre o espectador. A tendência para as obras "abertas", a reflexão sobre a liberdade do espectador e sobre seu processo de recepção tornam os autores avaros de declarações firmes sobre suas intenções. [159]

Assim, em uma infinidade de práticas contemporâneas o texto passa a ser visto como apenas mais um dos elementos da composição teatral, mas nem por isso sua importância é diminuída. Nas diversas realizações teatrais atuais o texto é reconhecido como um elemento que está em conflito entre os vários componentes da cena, nem sempre estabelecendo uma relação harmoniosa entre eles. Busca-se a chamada "dimensão de acontecimento" através de uma abertura daqueles elementos que compõem a cena, colocando em conflito a materialidade e o sentido, buscando estabelecer e compartilhar com seu público uma experiência teatral.

E sob este panorama, voltamos a pensar a dramaturgia de Veronese e sua relação com a experiência do sinistro. Como vimos anteriormente, a dramaturgia de Veronese se conecta com o conceito freudiano do sinistro de diversas maneiras e por meio de uma série de abordagens. Refletir sobre o contexto do sinistro dentro de sua obra, de alguma forma permite-nos compreender o vínculo que o autor pretende estabelecer com seu leitor/espectador através de sua escrita.

Tal como estabelecemos, baseando-se no pensamento de Freud, trabalhar com o elemento sinistro em uma criação artística implica na possibilidade de despertar no receptor desta obra um sentimento angustioso que o transporta, mesmo que por poucos segundos, a uma condição distinta a do cotidiano, sem se restringir apenas ao campo da mera contemplação. Chamamos, dessa forma, a essa "zona de transformação" permitida pelo sinistro, de *experiência*. Para que fique mais claro o significado de experiência (que abarca uma série definições e sentidos) pelo qual estamos nos baseando, escolho o conceito estabelecido por Larrosa:

> A experiência, a possibilidade de que algo nos aconteça ou nos toque, requer um gesto de interrupção, um gesto que é quase impossível nos tempos que correm: requer parar para pensar, parar para olhar, parar para escutar, pensar mais devagar, olhar mais devagar, e escutar mais devagar; parar para sentir, sentir mais devagar, demorar-se nos detalhes, suspender a opinião, suspender o juízo, suspender a vontade, suspender o automatismo da ação, cultivar a atenção e a delicadeza, abrir os olhos e os ouvidos, falar sobre o que nos acontece, aprender a lentidão, escutar aos outros, cultivar a arte do encontro, calar muito, ter paciência e dar-se tempo e espaço.[160]

Como Veronese permite uma experiência relativa ao sinistro ao leitor/espectador frente a sua dramaturgia? Em seus trabalhos como diretor, Veronese de modo algum costuma trabalhar a cena como uma simples transposição do texto, preferindo buscar nos textos que trabalha (mesmo no caso de serem de sua autoria) suas possibilidades de teatralidade. Dessa forma, seu trabalho como dramaturgo também é guiado por essa premissa de que o texto dramático não é o fim da realização teatral, mas sim um de seus meios. Sua escrita se dirige aos propósitos da cena e por este motivo o autor chegou ao ponto de escrever apenas textos que tem a pretensão de colocar nos palcos. Veronese caracteriza sua escrita da seguinte maneira:

> Escrevo algo para que seja posto em cena, mas que ainda não é teatro, que necessita uma nova tradução. E essa tradução não necessariamente significa cortar partes e incluir outras... Tomara que não precise de muitas mudanças, mas a verdade da literatura dramática não é a mesma da cena.[161]

Desta declaração podemos concluir que sua obra dramatúrgica coloca-se conscientemente como propositora da cena e que, portanto, os elementos que inclui em seus textos devem funcionar como provocadores de um processo criativo que se converterá em teatro, antes de tentar descrever a cena que, como autor, gostaria de ver no palco. E é dessa forma que o elemento do sinistro pode ser encarado em sua obra, como um componente poético que propõe seu efeito sobre a cena e consequentemente ao espectador que a assiste.

Voltando a considerar a criação relativa à realização dramática como um prolongamento simbólico da vida social e a avaliar a experiência sinistra em sua relação com o contexto coletivo, podemos enxergar o sinistro na obra de Veronese como um ponto de contato sensível entre seu texto e seus possíveis leitores, atores, encenadores ou espectadores. Bem como discutimos previamente, o elemento do sinistro no contexto argentino contemporâneo em muito se conecta com a recente vivência desta sociedade em relação ao período de terror e brutalidade da ditadura militar e ao período posterior de arrependimentos, procura por desaparecidos e luto pelos mortos – e podemos estender esta vivência aos vários países latino-americanos que passaram por um contexto ditatorial semelhante. No entanto, sem se limitar a estas condições, o sinistro dialoga diretamente com um imaginário individual e coletivo amplo próximo aos temas da violência, da assombração, da angústia e da morte.

Teatro e Experiências do Real

O sinistro, portanto, é colocado na obra dramatúrgica de Veronese de modo a dialogar com as várias instâncias da realização cênica, como uma "qualidade de sentir" que se prolonga do texto à cena e da cena ao espectador e, assim, permite algo que se aproxime de um acontecimento, uma zona de transformação, uma experiência. Um elemento que surge além da trama, além do sentido e além das palavras e dessa forma faz com que a situação dramática (a cerimônia social diferida) incida sobre a vida cotidiana, mesmo que sob a forma de uma suspensão no tempo e no espaço, de todos aqueles que participam deste ato coletivo. Por fim, trabalhar com o sinistro e seus componentes de angustia, conectado àquilo que se relaciona ao terrível e ao assustador, para Veronese é uma forma de ser positivo e, a seu modo, acreditar na possibilidade transformadora do teatro sobre o cotidiano:

> Compor uma visão negativa do homem em meu universo dramático não significa promover o pessimismo no espectador: é uma advertência do mundo que virá, não uma apologia da crueldade e da tragédia. Se eu não acreditasse intimamente que com as minhas obras posso modificar algo, não faria teatro.[162]

Como complemento, cabe colocar aqui a categorização de texto de fruição por Roland Barthes em seu livro sobre *O Prazer do Texto* no sentido de relacioná-la à poética da escritura de Veronese:

> Texto de fruição: aquele que põe em estado de perda, aquele que desconforta (talvez até um certo enfado), faz vacilar as bases históricas, culturais, psicológicas, do leitor, a consistência de seus gostos, de seus valores e de suas lembranças, faz entrar em crise sua relação com a linguagem.[163]

Desta maneira, tornar estranho aquilo que costumamos ver como familiar e cotidiano, trazer à luz aquilo que deveria permanecer oculto, mais uma vez parece confirmar-se como a expressão da singularidade de Veronese e de seus textos de fruição, propondo a seus leitores/espectadores uma experiência que pode ir muito além de um reencontro tranquilo e ameno.

Considerações finais

Este trabalho consistiu em pensar a obra dramatúrgica do teatrista argentino Daniel Veronese à luz do conceito freudiano do sinistro. Dessa forma, busquei primeiramente situar o trabalho de Veronese e seu contexto, compreender e delimitar o conceito explicitado por Freud em *O Sinistro*, para finalmente buscar as articulações entre estes dois materiais. Neste sentido, foi necessário refletir sobre a poética do dramaturgo e estudar pontualmente seus textos dramáticos, em busca de elementos e abordagens pelos quais faz possível a manifestação de impressões referentes à categoria do sinistro por parte de quem se defronta com sua obra.

Para Freud o sinistro relaciona-se àquilo que provoca medo e horror por meio do reencontro com imagens conhecidas e há muito familiares, que revivem uma vez mais através de uma impressão; algo que deveria permanecer oculto (crenças, complexos, repressões), mas que por algum motivo é iluminado. Em sua dramaturgia, Veronese frequentemente se interessa pela ideia de manifestar a expressão do mal, do desastroso e do obsceno sobre aquilo que nos aparece como familiar e cotidiano. Assim, a afinidade essencial entre a poética de seus textos e o conceito do sinistro constitui um interessante ponto de partida para pensar a obra dramatúrgica de Veronese, não como forma de explicá-la, mas no sentido de aproximar-se dos procedimentos de escritura deste autor.

Analisando a literatura dramática de Veronese, descobri uma obra extensa e bastante diversificada em sua forma e contextura. Fez-se necessário, portanto, um estudo sobre os caminhos percorridos pelo dramaturgo ao longo de sua trajetória no teatro, considerando principalmente seu trabalho dentro do grupo *El Periférico de Objetos*, cujo projeto cênico constituiu os elementos de base de sua própria poética, e seus trabalhos mais recentes, em que pouco distingue seu trabalho como diretor e dramaturgo. Por este motivo, colocou-se como mais um objetivo notar as transformações sofridas por sua dramaturgia em seus diferentes contextos e ao longo dos anos e descobrir os diferentes meios de irrupção dos elementos relativos ao sinistro.

Minha metodologia de trabalho, portanto, consistiu em analisar a dramaturgia e a poética de Veronese, estudar o conceito de Freud e, a partir desta investigação, buscar pontualmente em seus textos os elementos de composição (trama, personagens, linguagem, etc) e os procedimentos que fazem possível a relação procurada. Analisei – um pouco aos moldes de Freud em sua análise do conto fantástico de Hoffmann – três textos de Veronese (*Cámara Gesell, Circo negro* e *Mujeres soñaron caballos*) de forma a encontrar em suas composições aquelas coisas, pessoas, eventos e situações que Freud descreve como provocadores de uma experiência sinistra. Para esta análise recorri às minhas próprias impressões, às descrições de Veronese sobre suas escrituras e suas montagens em entrevistas e manifestos e a analises de teóricos acerca de sua obra; correlacionando impressões subjetivas e empíricas a questões teóricas e analíticas.

Um questionamento que me ocorreu durante esta investigação – e, que dessa forma, se fez necessário incorporar-se ao corpo do trabalho – relaciona-se aos motivos de Veronese buscar, além de suas afinidades estéticas, trabalhar com o sinistro como elemento constituinte de sua poética. Neste sentido, voltei ao conceito de Freud e compreendi que o sinistro vincula-se ao plano da recepção, na medida em que consiste na experiência de alguém que se defronta com algo que lhe causa uma particular impressão. Agreguei à minha pesquisa o objetivo de refletir sobre a relação entre o texto dramático e sua possível recepção, atentando para o fato de que hoje esta se torna uma investigação mais complexa, já que a cena não é mais uma simples transposição do texto.

Deste modo, nesta última etapa do trabalho busquei ensaiar sobre as relações entre a experiência sinistra descrita por Freud e a experiência do leitor/espectador que se defronta com a dramaturgia de Veronese. Nesta reflexão, o conceito do teórico francês Jean Duvignaud sobre o espetáculo dramático como uma cerimônia social diferida me ajudou a organizar os vínculos entre o espectador e a realização cênica e compreender o sinistro como um elemento que agrega ao sentido simbólico do espetáculo a potência de repercussão individual e coletiva.

Finalmente, constato os objetivos deste trabalho como alcançados, já que através das relações estabelecidas entre a obra de Veronese e o conceito freudiano do sinistro, consegui estabelecer uma discussão que vai além dos procedimentos de escritura deste autor. Em especial a última reflexão do trabalho, sobre as possibilidades de agir sobre o espectador através do texto dramático contemporâneo, mostra-se mais frágil, necessitando maiores aprofundamentos para aqueles que pretendem se adentrar no tema. Dessa forma, apesar de contemplados meus propósitos iniciais, de modo algum os questionamentos levantados se esgotam em minha pesquisa, há muito que refletir sobre as articulações entre a experiência do sinistro e a dramaturgia de Veronese.

É também conveniente acrescentar que, antes de eu me interessar pela obra deste autor enquanto tema de pesquisa, conheci seu trabalho através das posições de leitor, espectador, ator e adaptador, e por isso experimentei suas propriedades *unheimlich* antes de teorizá-las e distinguir suas precisas origens. Meu interesse primordial sobre a obra de Veronese e os objetivos deste trabalho, portanto, estão diretamente vinculados às minhas inquietações enquanto artista e pensador de teatro em formação.

BIOGRAFIAS EM CENA – SOBRE O REAL NO ESPAÇO DA FICÇÃO

Ligia Batista Ferreira

Introdução

O tema sobre o qual me debrucei buscou refletir sobre processos de criação teatral baseados no trabalho com elementos extraídos da realidade, vinculados a biografias ou autobiografias. Partindo desse tipo de abordagem pretendi analisar a criação de espaços de realidade dentro da ficção no teatro.

A intenção de escrever e pesquisar o tema surgiu a partir da minha breve experiência como diretora no espetáculo *A ponto de partir*, resultado da prática de ensino na disciplina de Encenação Teatral I do curso de Artes Cênicas. Neste trabalho me interessou criar aparentes realidades e aparentes ficções, com o propósito de desafiar e confundir o público, colocando-o numa situação ativa que busca desvendar um enigma.

Para tanto, no processo de desenvolvimento do espetáculo, o trabalho esteve voltado para a descoberta de uma possível potência cênica relacionada às histórias pessoais das atrizes. Por outro lado trabalhamos também com um material artístico que era alheio a essas histórias pessoais, mas que ocasionalmente soava como autobiográfico. Desse modo o breve espetáculo pretendia causar esse tipo de sensação descrito acima.

Assim, tornou-se latente em mim a necessidade de desvendar as possibilidades advindas do uso do material biográfico, que, transfigurado em material artístico através do teatro, se faz discurso de ficção.

Os temas aqui discutidos foram se concentrando no decorrer de minha trajetória acadêmica e repercutiram profundamente em minhas produções artísticas e reflexões acerca do fazer teatral. Dessa forma, acredito que a abordagem desses pensamentos neste TCC implica também na possibilidade de uma contribuição substancial para minha formação como diretora e atriz.

A relevância desse estudo se relaciona com reflexões recorrentes sobre esse tema que parece surgir cada vez mais no teatro contemporâneo e que promete trazer novas abordagens para o campo teatral. Estudar a presença dos elementos biográficos no teatro significa estudar o aparecimento de novas hipóteses para o próprio acontecimento teatral, que se revelam como abordagens de aproximação à vida real, como uma aproximação das pequenas histórias vinculadas a cada um dos seres humanos.

Um olhar artístico sobre o cotidiano, sobre o pequeno grupo, sobre histórias ínfimas e infinitas, que dizem respeito a todos. Talvez sejam linguagens que busquem um modo de estabelecer vínculos mais intensos com o indivíduo comum. Este tipo de vínculo estaria inaugurando uma nova teatralidade ou estaríamos de fato buscando raízes?

A partir das experiências adquiridas com o processo de criação do espetáculo acima referido se tornou imprescindível investigar qual é o propósito de se inserir realidade no teatro e até que ponto a realidade é realidade dentro do teatro. Ao desenvolver interesse sobre o tema, descobri uma carência de materiais publicados sobre o que poderíamos chamar de teatro biográfico, sobretudo no Brasil.

Buscando referências, entrei em contato com a noção de biodrama - uma experiência desenvolvida na Argentina pela diretora Viviana Tellas, que se mostra como a principal referência nesse aspecto e merece maior aprofundamento, por ser um conceito ainda pouco explorado no Brasil. A carência de informações sobre estes conteúdos no nosso meio teatral sugere a oportunidade de um estudo que se proponha a analisar as ideias de um teatro biográfico e seus procedimentos, possibilitando a abertura de um campo de diálogo com pesquisadores e criadores interessados na tensão vida/ficção na cena. Para esse primeiro exercício pessoal estabeleço a possibilidade de refletir sobre o espetáculo que dirigi.

O tema posto em pauta diz respeito ao campo de tensão entre realidade e ficção que podemos identificar nas obras teatrais. No teatro existem poéticas que trabalham tanto com afirmação de um ou de outro, como com a negação desses elementos. A partir da percepção das questões relacionadas à abordagem do real, me interessa estudar procedimentos que permitem ao teatro se deixar impregnar por aspectos da realidade, consciente, no entanto, de que tudo que ocorre no fenômeno teatral tem estatuto de irrealidade.

Para estudar as relações entre o teatro e a realidade, investiguei a existência de materiais que abordassem o tema escolhido. Recorri à história teatral a fim de investigar as noções que se criaram sobre esse tema, tentando entender de que forma elas poderiam influenciar no que temos hoje. Assim, estabeleci um breve painel histórico que revisita a mimese de Aristóteles, o romantismo, o naturalismo e mais tarde as estéticas antiilusionistas de Meyerhold e Brecht.

Para estudar essas relações no teatro contemporâneo encontrei fundamentação nos pensamentos de Marco De Marinis, Hans-Thies Lehmann e nas formulações realizadas a respeito da performance. Para Lehmann, a irrupção do real se configura como um dos signos teatrais existentes no chamado teatro pós-dramático. A estética desse tipo de teatro tem como principais características as estruturas oníricas, fragmentadas, a incerteza e o paradoxo, a reunião de variados gêneros (dança, performance, artes plásticas), o corpo como ponto central e sinônimo de presença espetacular, entre outros.

No campo das biografias e autobiografias, o material se configura a partir dos estudos de Rojas (2000) e Lejeune (1994) que apresentam suas contribuições para as definições dos termos estudados. O primeiro defende que o gênero biográfico surgiu como resposta a uma historiografia conservadora, baseada em documentos oficiais e em grandes acontecimentos. A biografia surgiu perguntando-se o papel que os indivíduos têm na história e como suas histórias pessoais auxiliam na compreensão dos contextos nos quais estão inseridos. Lejeune é uma das principais referências quando se trata do tema da autobiografia, e ele a define como um retrospecto que uma pessoa realiza a respeito de sua própria trajetória, colocando ênfase em suas histórias pessoais e na constituição de sua personalidade.

Ambos os autores que tratam do tema das biografias e autobiografias acreditam que as mesmas se constituem como reconstruções do que pode ter sido a vida de uma pessoa, concluindo que intentar reconstruir uma trajetória de vida já é ficcionalizá-la. Chega-se perto apenas de um efeito de real, um efeito de vida real. Assim como na cena impregnada por elementos reais.

Pesquisadores teatrais que são representantes de movimentos que buscam estudar as relações entre realidade e ficção são, por exemplo, Oscar Cornago, Beatriz Trastoy, Julia Elena Sagaseta e Beatriz Catani.

No texto *Biodrama: Sobre el teatro de la vida y la vida del teatro*, Cornago explica que o surgimento de uma aproximação entre teatro e realidade surge como resposta a uma cena intelectualizada onde as ficções parecem insuficientes. A cena contemporânea, impregnada pelos aspectos midiáticos e tecnológicos, começa a buscar uma reaproximação com uma realidade imediata e concreta. Segundo ele, existe a reivindicação da vida humana em bruto, do resgate do indivíduo e de sua subjetividade mais profunda.

Dessa perspectiva surge a noção de biodrama, teatro baseado no uso cênico de histórias biográficas, manifestada no *Ciclo Biodrama: sobre La vida de las personas*, impulsionado por Viviana Tellas. Este ciclo se propôs a provocar aproximações muito concretas entre teatro, realidade e biografias.

O primeiro passo para iniciar esse trabalho de conclusão foi buscar e analisar atentamente a bibliografia existente sobre o tema, a fim de levantar os conceitos a serem utilizados. Após a revisão bibliográfica, foi realizado o estudo do caso específico do espetáculo *A ponto de partir* à luz dos pensamentos existentes sobre um possível teatro biográfico.

O próximo passo foi relacionar os conceitos levantados no referencial teórico com os dados coletados na análise específica, estabelecendo dessa forma uma relação entre teoria e prática. Por fim os resultados obtidos foram analisados, interpretados e organizados, dando origem ao texto do TCC.

Trajetória de relações entre teatro e realidade

Várias foram as propostas teatrais que buscaram a realidade como referente e modelo, buscando criar as mais complexas formas de privilegiar a ilusão de que na cena se via a vida como ela era. O pesquisador francês Patrice Pavis, refletindo sobre a noção de ilusão, afirma que "há ilusão quando tomamos por real e verdadeiro algo que não passa de uma ficção. A ilusão está baseada no efeito do real produzido pelo palco; ele se baseia no reconhecimento psicológico e ideológico de fenômenos reconhecidos pelo espectador"[164].

Podemos destacar da citação de Pavis as palavras 'real', 'verdadeiro' e 'ficção': as duas primeiras colocadas pelo autor em contraposição à última. As formulações feitas a seguir mostram que as linhas divisórias entre essas noções não são tão claras quanto possam parecer a princípio.

A noção de realidade está conectada aos aspectos que circundam as vidas cotidianas, as rotinas, os contextos sociopolíticos, o palpável e visível. O irreal nesse contexto seria tudo aquilo que é construído fora dessa lógica ou que supera essa lógica.

O sociólogo e psicanalista esloveno Slavoj Zizek, no primeiro capítulo de seu livro *Bem-vindo ao deserto do Real!*, formula uma série de pensamentos a respeito daquilo que ele chama de paixão pelo Real, que segundo ele seria a principal característica do século XX. Diferentemente do anterior, o século XX quis "o real em sua violência extrema como preço a ser pago pela retirada das camadas enganadoras da realidade"[165]. Então poderíamos pensar na busca do real como um desvendamento cruel que não contempla pudores e cuidados.

O objeto do real em sua hipótese é transformado em produto espetacular – não seria o real que é revelado, mas o desejo de vê-lo-exposto nas telas das tevês e nos jornais, repetido inúmeras vezes até que ganhe uma textura irreal, assemelhando-se aos filmes de catástrofes. É o caso do ataque terrorista de 11 de setembro às Torres Gêmeas de Nova York, que foi repetido à exaustão nas redes televisivas de todas as partes do mundo. Essa espetacularização faz com que comecemos a tomar por realidade ficcional aquilo que pertence ao real[166], pois os acontecimentos ficam banalizados e distantes da realidade cotidiana e se transformam em narrações esvaziadas.

É um processo que surge em decorrência da constante virtualização das sociedades contemporâneas. A realidade virtual cada vez mais presente na vida dos cidadãos se mostra como uma realidade com uma vida e um funcionamento próprios, porém é totalmente esvaziada do "núcleo duro e resistente do real. [...] A realidade virtual é sentida como a realidade sem o ser. Mas o que acontece no final desse processo de virtualização é que começamos a sentir a própria "realidade real" como entidade virtual"[167].

Para o autor, a constatação de que vivemos numa realidade construída artificialmente faz com que surja a necessidade de uma aproximação da "realidade real". Mas ao mesmo tempo ela também concede um novo semblante para o próprio real: "exatamente por ser real, ou seja, em razão de seu caráter traumático e excessivo, não somos capazes de integrá-lo na nossa realidade (no que sentimos como tal) e, portanto somos forçados a senti-lo como um pesadelo fantástico"[168].

A partir disso, Slavoj Zizek coloca a importância de se perceber a parcela de fantasia e ficção colocada na realidade percebida no dia-a-dia, bem como de se identificar como o real é muitas vezes recebido como produto de ficção. Para ele "muito mais difícil do que denunciar ou desmascarar como ficção (o que parece) a realidade, é reconhecer a parte da ficção da realidade "real"[169].

A necessidade de um resgate da "realidade real" remete ao assunto chave desse estudo, à possibilidade de uma aproximação da vida real de dentro da cena, através do uso de (auto)biografias. A eminência desse fato surge provavelmente em decorrência de um desejo de reafirmação enquanto existência, enquanto vida. O desejo do real, a volúpia do real, parece convocar a todos nos tempos que correm e esse desejo surge provavelmente por conta da constatação de que vivemos numa *Matrix*[170], num meio controlado e irreal. Por isso o anseio pelo "real real"

Se pensarmos a vida em sociedade como resultado das regras de relações e exercício de dominâncias e subalternidades, podemos considerar que a própria noção de realidade também constitui uma construção. Assim, "pensar a realidade enquanto construção sociocultural e histórica requer admitir que a própria noção de realidade fundamenta-se em representações fictícias; isso significa entender por ficção o resultado das construções humanas"[171].

Esse pensamento permite questionar a própria perenidade da noção de realidade e suas entranhas, e entender que a compreensão dos fenômenos que nos circundam depende das representações realizadas sobre eles, depende das construções fictícias a respeito deles, depende dos lugares ocupados pelos sujeitos sociais e muitas vezes estão baseadas na aparência das coisas, em suas superfícies.

Lima (2008) afirma que o filósofo Frederick Nietzsche via na arte o caminho para essa compreensão da realidade e da verdade: Para ele, a arte ensina a *mentira* necessária à vida: por meio das metáforas poéticas e das encenações dramáticas, percebe-se a criação como o principal atributo da realidade. A perspectiva artística traduz a melhor maneira de enxergar que o mundo se reduz a representações sem fundamentos ou consolos possíveis de serem estabelecidos.[172]

É assim que se percebe a linha muito tênue existente entre as noções de realidade e ficção e como elas se interligam tanto no terreno das vidas cotidianas como no campo da arte.

Observando a história do teatro podemos notar diferentes momentos referentes à relação do teatro com a realidade. Em alguns as poéticas que predominavam eram aquelas nas quais o teatro buscava se aproximar da realidade como substância essencial. Em outros momentos esse foco teve menos importância. Por isso é essencial estudar o conceito de mimese entendido primeiro por Platão e depois por Aristóteles, e posteriormente discorrer sobre algumas das repercussões desses pensamentos que foram consolidadas a partir do século XVIII, com o romantismo, o naturalismo/realismo, o advento do diretor e o teatro político de Meyerhold e Brecht.

A questão da mimese é um assunto recorrente no campo da arte, e no teatro, particularmente, localiza-se no âmago dos processos artísticos. Ela pode ser entendida como imitação da natureza ou da realidade e está fortemente vinculada à ideia de relação entre o ser e o mundo.

Platão acreditava na existência de uma realidade verdadeira superior, a qual os seres humanos jamais poderiam alcançar; intentar imitar essa realidade, pois, seria apenas produzir cópias que sempre estariam aquém do que seria a verdadeira realidade. Para Platão os processos artísticos deveriam estar a serviço da origem divina e as aproximações possíveis entre arte e realidade eram aquelas que diziam respeito à busca pela essência das coisas e não da imitação das mesmas. Na visão desse pensador a mimese é falsa e ilusória e não deve ser utilizada no campo da arte [173].

Aristóteles acreditou que a mimese na arte poderia se constituir como um processo autônomo de reinvenção da natureza. Dessa forma, a intenção da arte para esse pensador não era ser real, mas sim buscar uma interpretação do real: "a arte passa a ter com ele [Aristóteles], uma concepção estética, não significando mais imitação do mundo exterior, mas fornecendo possíveis interpretações do real através de ações, pensamentos e palavras, de experiências existenciais imaginárias"[174]. A partir dessas ideias Aristóteles afirmou que o caráter imprescindível da mimese em relação à arte estaria contido em sua capacidade de ser verossímil, ou seja, de se aproximar o máximo possível da realidade.

A pensadora contemporânea Josette Feral (2003) estabelece relações entre a mimese e a teatralidade e afirma que a teatralidade é o ponto de partida e o ponto de chegada na arte teatral. Segundo Feral, existem aproximações latentes entre a noção de teatralidade e a noção de mimese. A primeira delas é que as duas noções trabalham com as possíveis relações entre a arte e o real; além disso cobram um posicionamento do sujeito, ou seja, trabalham sobre a subjetividade; e são processo e resultado.

Feral aponta que na poética de Aristóteles é possível identificar dois tipos de mimese: a primeira pode se denominar como mimese restringida e se configura como reprodução, cópia ou reduplicação do que é dado pela natureza. A segunda é a mimese em sentido amplo, que se mostra produtiva, como uma imitação da natureza como força produtiva, como arte [175]. A natureza, ou melhor, a realidade seria para essa forma de mimese a referência que dá impulso à construção do produto artístico.

A autora diferencia os dois tipos de mimese para melhor caracterizar a mimese teatral em relação ao segundo tipo; aquele que produz uma representação daquilo que foi dado, aquilo que produz um teatro: "o teatro não pode pensar-se fora da representação, apesar de todos os esforços feitos por artistas (performers, por exemplo) para desligar-se dela. A representação é o ponto de partida do teatro e seu horizonte"[176]. Dessa forma a arte teatral se estabelece como a arte da imitação e por consequência da representação.

As ideias de Aristóteles alimentaram o teatro ocidental e europeu e as questões ligadas à mimese e a verossimilhança foram interpretadas de forma literal. Uma de suas principais obras no campo das artes, *A Poética*, foi resgatada no século XVI e o italiano Castelvetro foi um de seus primeiros comentadores. O conteúdo da obra de Aristóteles foi distribuído e estudado pela Europa e passou a ser modelo de estética teatral, principalmente na França do século XVII. O aristotelismo francês entendeu A *Poética* como um conjunto de leis que eram capazes de conceder à obra artística a perfeição necessária para sua plenitude. Assim, o que fugisse dessas leis era considerado errado e distante do belo[177].

No teatro ocidental e europeu do século XVIII, depois de mais de cem anos de subordinação à doutrina aristotélica, houve o surgimento de duas correntes, em função dos questionamentos que começaram a surgir a respeito dessa estética. Uma das correntes sustentava os preceitos de Aristóteles, o gênero trágico, mas aceitava renovar alguns aspectos do mesmo; a outra pretendia uma ruptura total com tais preceitos, abandonando a estrutura suntuosa proposta pela tragédia, em detrimento de um teatro que colocasse em cena as experiências cotidianas dos homens comuns. Isso representou a supressão da tragédia pelo drama ocorrida a partir do século XVIII.[178]

Segundo Roubine, o trânsito entre esse dois gêneros ocorreu porque o teatro parecia estar longe de seus espectadores, a estética neo-aristotélica com seus personagens nobres e seus caracteres majestosos não condizia mais com o momento político da época e com as transformações que estavam ocorrendo nas sociedades. A burguesia, classe em ascensão, passava a dar importância a seus próprios interesses, sua própria realidade, e as grandes paixões das tragédias pareciam estar longe disso.

Para que a burguesia pudesse se reconhecer nos palcos era necessário uma estética que apelasse a um mimetismo integral, pautada na verossimilhança das obras artísticas. O verossímil se tornou critério para o belo, buscou-se a perfeição da imitação. Diderot foi um dos pensadores que acreditaram na utilização do mimetismo como ferramenta para a ilusão do público. O segredo da arte para ele era ser capaz de assemelhar-se ao verdadeiro, de ser verossímil. Para isso a capacidade de iludir, de criar ilusão, era seu melhor instrumento.

O teatro de Diderot pretendeu que o público se envolvesse de tal forma com a obra teatral que chegasse perto de confundir ficção de realidade. Para Diderot:

> Ele [o poeta] semeará sua narrativa de pequenas circunstâncias tão ligadas à coisa, de traços tão simples, tão naturais [...] que sereis forçado a dizer convosco: por minha fé, isto é verdade: não se inventam essas coisas. [...] É assim que resgatará o exagero da eloquência e da poesia; que a verdade da natureza cobrirá o prestígio da arte; e que ele satisfará as duas condições que parecem contraditórias, ser ao mesmo tempo historiador e poeta, verídico e mentiroso[179].

Dessa forma, o teatro deveria estar balanceado entre o verídico e o mentiroso, entre o comum e o incomum, sendo verossímil e ao mesmo tempo aparentado ao maravilhoso; para esse pensador, dessa combinação entre a "verdade da natureza" e o "prestígio da arte" nasceria o verdadeiro teatro.

As intenções desse tipo de teatro e sua perpetuação não se materializaram na cena do teatro do século XIX "pela impossibilidade cênica de cumprir as exigências cênicas [sic] de um realismo integral"[180]. E também pelo fato de o próprio público não ter conseguido se desvencilhar das tradições herdadas das estéticas aristotélicas.

As propostas estéticas que discutiam as relações de realidade e arte retornaram com o romantismo, afirmando que a literatura e o teatro deveriam estar a serviço de uma representação histórica de acontecimentos reais. Este tipo de proposta tinha a intenção de fazer com que o público, através da visão da representação de um acontecimento histórico, conseguisse entender os encadeamentos que o levavam a viver o presente real. Para isso era necessário que os artistas se utilizassem de uma exatidão mimética, possibilitando uma representação verídica. No entanto, a representação romântica da história ficou presa entre duas aspirações nem sempre fáceis de conciliar: um realismo mimético que mostraria os acontecimentos como efetivamente se passaram e uma liberdade poética recentemente conquistada sobre o dogmatismo neoclássico que legitima vários desvios em relação à verdade dos historiadores [181].

O naturalismo herdou dessas estéticas anteriores o mimetismo exacerbado, e assim como o teatro que Diderot almejava, foi buscar a imitação perfeita. Emile Zola foi precursor dessa estética e acompanhando o advento da fotografia e o avanço das ciências, pregou um rigor científico na observação do real e em sua transcrição para cena.

O teatro deveria ser a máquina fotográfica que captaria os meios sociais tais como estes eram, sem estilizações ou fantasias, criando uma cena extremamente realista, baseada no mimetismo radical. Para Zola esse tipo de teatro era a única saída entre duas fórmulas "a fórmula naturalista, que faz do teatro o estudo e a pintura da vida; e a fórmula convencional, que dele faz um puro divertimento do espírito, uma especulação intelectual, [...] regulada segundo certo código"[182]. Assim, para este pensador, apenas a fórmula naturalista era capaz de dar conta da totalidade do real e da vida.

No final do século XIX Andre Antoine e um grupo de amadores formaram o Teatro Livre na França. A partir das experiências com esse grupo, Antoine buscou colocar em prática as ideias naturalistas propostas por Zola, tais como a observação e a imitação perfeita da realidade. Para tanto inovou no uso da iluminação e da cenografia, tratando de fazer com que seus espetáculos parecerem os mais reais possível. Neste sentido o diretor dedicou especial atenção ao trabalho sobre o ator, pois este deveria se desprover de aspectos artificiais e buscar uma "cotidianidade", um efeito natural. Apesar de se identificar e utilizar uma lógica naturalista, Antoine reconhecia suas dificuldades e era seduzido, na verdade, por outros aspectos que poderiam surgir a partir de um confronto com tal estética. Estes aspectos eram oriundos justamente da combinação do real em estado bruto com o campo teatral. Antoine sabia que a confusão do fictício e do real e que o mimetismo integral no teatro definem uma utopia. Que o próprio da utopia é nunca se realizar. O problema é que ao misturar as fronteiras, ao injetar na imagem cênica, o real em estado bruto, ele expandia o campo referenciado da teatralidade e oferecia ao espectador algo como uma nova vertigem, a perturbação excitante da incerteza[183].

Antoine foi um dos encenadores que deram início às experiências que estabeleceram de forma clara a função da direção no contexto do teatro. Este acontecimento do começo do século XX proporcionou uma renovação na arte da representação: o diretor seria a figura que trabalharia centralmente no plano semântico da peça, na construção dos sentidos da mesma, interferindo de forma direta no eixo destinador – destinatário. Como a relação entre realidade e ficção remete ao plano semântico da encenação, a figura do diretor desempenha uma função fundamental. A busca da verdade – o exercício básico do naturalismo – deve ser vista de forma imbricada com o surgimento da função da direção.

A direção se constituía a partir da busca pela relação entre três elementos: texto, diretor e atores. O texto dramático se fez o elemento central das produções teatrais e a fidelidade a ele era a tarefa do diretor que tinha que traduzi-lo para a "língua" da representação teatral, sendo-lhe fiel ao máximo[184]. A função direção contribuiu para o fortalecimento do naturalismo e seus procedimentos afirmaram a possibilidade do real na cena.

Constantin Stanislavski, atualizou a teoria realista-naturalista e desenvolveu um método de interpretações para atores, pautado na memória emocional e nas ações físicas, além de refletir sobre o papel do diretor. Stanislavski mostrava grande preocupação para com a figura do ator e suas possibilidades de criação, tendo por base sempre suas experiências reais. Para ele, a interpretação que buscava a realidade não nascia de um modelo a ser copiado, um gênero a ser repetido, mas deveria estar vinculada à experiência real dos atores, suas trajetórias biográficas e seu contato – experiência concreta – com o material dramatúrgico.

Fundador do Teatro de Arte de Moscou com Nemirovitch-Dantchenko, representou um marco importante na história do teatro ao pesquisar e transformar profundamente os procedimentos padrões das artes cênicas. O diretor e sua companhia buscaram a naturalidade como uma forma de protesto "contra a forma de se atuar no palco, contra a teatrada, o *pathos* afetado, a declamação e as representações exageradas"[185]. A estética do realismo foi entendida por eles como a melhor forma para atender tais desejos, buscando a realidade em cena através da a obra teatral.

A fórmula realista utilizada por Stanislavski e seus atores não diferia do realismo tradicional já explorado pelo teatro. Consistia em acreditar na cena como fatia de realidade. No entanto, o diferencial no trabalho desse diretor foi justamente voltar as atenções para o trabalho do ator e as formas de se conseguir a naturalidade desejada. O processo criativo possuía uma estrutura mais aberta e flexível que

> buscava [...] todos os elementos da figuração e comunicação do ator no interior de uma fonte sobretudo emotiva, situada na subjetividade mesma do intérprete. Tratava-se já de dotar [...] cada ato de uma motivação genuína e "real", profundamente personalizada, psicologicamente articulada no contexto do próprio sujeito-ator[186].

A cena de Stanislavski consistia num universo fechado, com estatuto de vida própria, como se o palco fosse um buraco de outra realidade que estivéssemos observando. Nesse sentido, o diretor pretendia remeter o público a um real que pertencia a outro mundo. Um mundo vazado pelo olhar do espectador: "a impressão que devia suscitar era a de um fluxo contínuo de vida que fosse recortado no quadro de cena pelo vislumbre casual de uma testemunha ou eventualmente pelo olhar curioso do indiscreto"[187].

Em meados do século XX a cara do teatro se transformou: o contexto da Revolução Russa deu início a uma nova abordagem teatral. Discípulos de Stanislavski como Nicolai Evreinov e Vsevolod Emilievic Meyerhold se preocuparam em buscar uma teatralidade que se associasse de forma mais orgânica com a vida. Diferentemente da estética naturalista pesquisada por Stanislavski, essa nova vertente de vanguarda russa via um elemento de verdade não na reprodução fiel daquilo que representaria a verdade, mas na necessidade de levar ao palco as tensões verdadeiras que acossavam o país.

Meyerhold teve parte de sua formação artística no Teatro de Arte de Moscou, mas abandonou o mesmo por discordar dos princípios naturalistas-realistas de Stanislavski. As discordâncias antecipavam o interesse de Meyerhold por um teatro desvinculado da ilusão, que se baseasse justamente nas relações entre palco e plateia. Ele acreditava que "o teatro não deveria descrever a totalidade do real, mas sim estabelecer uma fala sobre esse real"[188], evitando pretender ser um reflexo da realidade.

As experimentações desse encenador estavam voltadas para as descobertas de meios de se aliar a cena à vida, ao contexto político. Seus desejos artísticos e políticos eram indissociáveis. O palco deveria ser espaço para uma experiência concreta que propiciasse uma ligação diferenciada com o público. O objetivo do teatro

> era mostrar ao público um quadro "real", como também discutir esse real mediante os procedimentos da teatralidade. Assumindo a prática teatral como uma re-leitura da realidade, Meyerhold enfatizava o compromisso político que recaía, cotidianamente sobre os teatristas[189].

Com o teatro como uma experiência real e com as profundas preocupações sobre as relações entre arte e sociedade, Meyerhold inovou a cena teatral. Estruturou cenografias montadas com metal, usou projeções e jazz em seus espetáculos para quebrar com a estética realista, quis o antiilusionismo e foi o precursor dos efeitos de distanciamento que mais tarde Brecht retomaria[190].

O teatro de Brecht também propôs uma estética antiilusionista, o público não deveria ser envolvido numa ilusão alucinante, mas pelo contrário, deveria ser empurrado à constatação de que o que se passava em cena era teatro, produto de ficção. E isso tinha um intuito bem definido: despertar o espectador de sua situação passiva e colocá-lo a par dos contextos políticos que o circundavam. Para Brecht "manter distância é o primeiro mandamento, tanto para o ator, como para o público. Não é permitido que se forme um campo hipnótico entre palco e platéia. O ator não deve despertar emoções no espectador, mas provocar sua consciência crítica"[191].

Para Brecht a utilização de aspectos do real em cena estava sempre vinculada à ação real do espectador desde um terreno racional no qual ele refletia sobre o visto na cena. Brecht acreditava que o teatro se tornava uma vivência concreta na medida em que estivesse em consonância com a vida, mediante o processo de racionalização. Ele afirma que "só poderemos descrever o mundo atual para o homem atual na medida em que o descrevermos como um mundo passível de modificação"[192].

Com as estéticas desenvolvidas a partir do trabalho desses encenadores, é possível perceber uma abordagem diferenciada do real na cena, não a da realidade obtida por meio da mimese imagética, mas a realidade posta enquanto discurso político, a realidade das entranhas sociais do contexto da época. Nestas experiências predomina uma noção de real que remete ao exercício do teatro como prática social – não apenas pelo discurso politizado – mas, sobretudo pela necessidade de deixar claro que o ator é um sujeito real, inserido na vida real, sob a condição de que o espectador o possa perceber como tal e vê-lo exercendo uma ação crítica real frente a realidade. Uma ação que poderia ser assimilada por ele, espectador, nas mesmas condições de vida social.

A partir das abordagens descritas, podemos observar o momento em que se nega a ilusão no teatro e se passa a afirmá-lo como arte da ficção: exposto como ficção e como produtor de ficções. Essa afirmação se materializa no combate contra o ilusionismo que passou a ser entendido como uma falsificação da realidade e não a realidade em si. Nas estéticas antiilusionistas de Meyerhold e Brecht havia a existência de um discurso político na cena, ou seja, a cena era vista como lugar de vida política real, na qual o público também estava incluído. Elas pretendiam causar um novo tipo de percepção que possibilitasse que o público fosse mobilizado em prol das lutas políticas necessárias naquele momento histórico.

O teatro é um discurso, é uma fala sobre algo e "tudo que ocorre em cena tem o toque de irrealidade.[...] Ainda que houvesse representação de um fato real, esse real, uma vez teatralizado, assumiria o estatuto de não-realidade, tornando-se aparentado ao sonho"[193]. Seja teatro naturalista, stanislavskiano, brechtiano: teatro é ficção. Porém, as renovações da cena contemporânea mostram que as imbricações entre realidade e ficção são capazes de conceder uma textura diferente ao teatro, impulsionando a formação de novas abordagens. A cena contemporânea percebe a ação real do sujeito como ponto de conexão básico entre ficção e realidade.

Teatro contemporâneo e a questão do real

O teatro contemporâneo está impregnado pelas transformações ocorridas a partir do advento do Novo Teatro, denominação utilizada por Marco De Marinis, para delimitar o teatro que começou a se desenvolver no começo da década de 50 do século XX. Podendo chamar-se ainda de experimental, de investigação ou de vanguarda, a formação desse movimento está ligada à "busca de uma renovação profunda e radical do modo de fazer e conceber o teatro em relação às convenções estereotipadas da cena oficial"[194].

Esse teatro de experimentação é um reflexo da crise do drama que se iniciou no final do século XIX, crise a partir da qual se questionou fatores como a forma textual em diálogos, o sujeito interpessoal, a ação no presente absoluto.

Um dos elementos que influenciaram na crise do drama foi o surgimento do cinema, uma nova forma dramática. A partir desse momento o teatro teve que descobrir suas especificidades enquanto arte. Daí sua reteatralização, que constitui em uma abertura do teatro a outros âmbitos, outras formas culturais, políticas, espirituais, ritualísticas, propiciando o surgimento de novas compreensões a respeito da arte teatral [195].

As tentativas vanguardistas que se iniciaram na década de 1950 revolucionaram a cena da época e repercutem no teatro que é feito hoje. Isso fica evidenciado pelo fato de que, a partir das ações desses artistas, os vínculos do campo teatral com a realidade se tornam mais estreitos e isso também repercute na procura de um contato diferenciado com o público. A partir das renovações propostas nesse período pode-se observar uma irrupção mais intensa da realidade no teatro, um maior atravessamento do real na cena.

Os grupos, movimentos e pessoas que englobam o Novo Teatro – entre outros, o Living Theatre, o movimento do happening, performances, Jerzy Gortowski, Odin Teatret – têm grande significação para o campo teatral por terem inaugurado formas inéditas de enxergar e realizar suas obras artísticas. Apesar de ideias e propostas de renovações muito diferentes entre si, eles possuem em comum o "esforço ininterrupto e cada vez mais intenso pela superação dos limites impostos historicamente à cena ocidental, de suas convenções já desvirtuadas e de suas conclusões [196].

Na década de 1950 o modelo da Broadway prevalecia no cenário teatral estadunidense com seus espetáculos suntuosos fabricados em série. Neste contexto surgiu o Living Theatre, de Julian Beck e Judith Malina, e já ressoavam as experiências do happening, que tiveram início com o artista Alan Kaprow.

O Living Theatre buscou um teatro vivente, que fugia da lógica do espetáculo como mercadoria, cujo exemplo máximo era o modelo da Broadway. Em sua trajetória passou por três fases; a primeira, de 1951 a

1955, pode ser denominada de teatro da palavra, na qual buscaram a verdade através da palavra poética. Naquele momento o grupo supunha que a poesia poderia servir como um meio para a renovação da linguagem cênica, pois seria capaz de dizer a verdade sobre as coisas, a poesia seria capaz de ser honesta. Essa fase não teve grande repercussão junto ao público, o que fez com que o grupo buscasse outros horizontes, entrando na segunda fase: teatro dentro do teatro, que durou de 1955 a 1959[197].

Essa fase possuía um caráter metateatral que pretendia discutir o teatro e a vida de dentro do mesmo; para isso utilizaram, entre outras, as peças de Pirandello, que estabeleciam relações ambíguas entre realidade e ficção. Julian Beck e Judith Malina buscavam "textos que estivessem em condições de conferir um caráter imediato ao modo de fazer teatro, desejando diminuir as distâncias [...] entre cena e realidade, e favorecendo assim o advento de um teatro vivente nos feitos e não só no nome"[198]. As características dessa fase são o metateatro, a improvisação em cena, e as mesclas entre realidade e ficção.

Um exemplo de espetáculo nestes moldes é *The Connection*, montado em 1959. Na trama, um grupo de drogados espera em um apartamento o contato que lhes proporciona a droga. Neste trabalho o grupo leva ao extremo a "confusão entre verdade e ficção, mesclando improvisações autênticas com outras falsas"[199].

Apesar deste ter sido um período de grande prestigio para o grupo, com significativa repercussão junto ao público e crítica, o grupo considerou que não havia encontrado aquilo que mais queria: um teatro de verdade, vivo e vivente. Isso porque a conexão com o público se dava pelo uso de mecanismos de confusão e não por uma verdadeira entrega à experiência cênica por parte do espectador. Julian Beck afirma que "o teatro dentro do teatro termina por ser somente um recurso, fundamentalmente desonesto: uma fraude"[200]. As improvisações e relações entre realidade e ficção se mostraram para eles como um simples recurso e não como uma fórmula para se chegar à verdade no teatro. Eles perceberam que estavam criando mecanismos de confusão da verdade e não a verdade em si. Eles desejavam um contato mais profundo com o público.

A partir desse anseio o grupo enveredou em sua terceira fase, que acontece entre os anos de 1959 e 1963. Acreditando que uma entrega sincera do público deveria provir de um entrega sincera dos próprios artistas, De Marinis afirma que o grupo chegou à conclusão de que

> não se trata já de fingir a vida, mas de sê-la, vivê-la de verdade, com todos os riscos e perigos que isto pode implicar [...] para o ator; e sobre a base desse oferecimento completo e autêntico de si mesmos [...] buscar a adesão do espectador"[201].

O grupo norte-americano realmente acreditava que o ator deveria sentir todas as coisas que pretendia transmitir ao espectador, a transmissão seria uma espécie de contágio automático.

O ambiente no qual o Living Theatre desenvolvia suas experimentações com um teatro vivo era propício, pois em vários campos da arte se discutiam esses temas. Um exemplo contundente é o dos happenings, um modelo artístico que também trouxe grandes renovações para o fazer teatral e principalmente para relações entre público e artista. O primeiro acontecimento assim chamado, *18 Happenings in 6 Parts,* foi realizado pelo artista Alan Kaprow e "colocava o público numa situação completamente nova: não frente a um espetáculo, mas dentro dele" [202]

Essa manifestação não deve ser entendida como um gênero teatral, mas sim como uma forma artística que engloba vários gêneros como música, pintura, dança e teatro, numa estrutura fragmentada, irrepetível e imprevisível. Ele nega estruturas narrativas fixadas e preestabelecidas, possui um caráter não-verbal e abandona os modelos de tempo, lugar e personagem.

Essas atitudes conversavam com a intenção de colocar o artista num contato maior e mais íntimo com a plateia, proporcionando uma intensificação das percepções de ambos participantes do evento artístico.

Nas abordagens dos happenings havia variadas situações, como a estimulação sensorial do público, ou situações nas quais os espectadores eram inseridos na cena, ou ainda situações de agressão e violência, nas quais o espectador sofria um choque emocional, causado por determinado evento.

Esse meio de atingir o espectador, de assustá-lo a ponto de o mesmo não saber ser real ou não aquilo que propõe um performer, é uma maneira radical de se relacionar realidade e ficção. Essas práticas foram alvo de críticas de Peter Brook que afirmou:

> o happening se limita a provocar choques violentos (cujo único, mas não pequeno inconveniente é que desaparecem com rapidez) sem ter a menor ideia de como aproveitar construtivamente a disponibilidade perceptiva e emotiva que podem chegar a criar no espectador durante um tempo breve [203].

Para Brook, a pretensão de provocar emoções fortes nos espectadores deveria se servir a alguma finalidade criativa mais contundente, à qual, segundo ele, aos artistas propositores dos happenings não interessava.

Os limites entre vida e arte foram profundamente visitados pela performance que, assemelhada aos happenings descritos, possui uma estrutura muito flexível e caráter indefinível. Um dos traços da performance que chama a atenção é seu caráter autoral, pois ela não recorre a um texto, a um enredo, a personagens e traços psicológicos, mas se baseia em um script criado pelo próprio performer que "não pretende representar um outro e habitar um espaço e tempo fictício"[204] mas sim utilizar suas próprias referências como foco para a construção da performance; nesse contexto o corpo se torna lugar de representação e os elementos autobiográficos se transformam em material de cena.

A performance se baseia na individualidade de quem a produz sem, no entanto se transformar num discurso encerrado em si mesmo, num discurso pessoal e intransferível. Pelo contrário, a autora Ana

Bernstein, em seu texto *A performance solo e o sujeito autobiográfico* (2001), afirma que as performances com abordagens autobiográficas, criam um espaço para o discurso sobre as minorias, encontrado na experiência pessoal, criando um forte paralelo entre público e íntimo. Dessa forma, a performance e o corpo de quem a produz se configuram como pontos de mediação "entre uma série de relações binárias de oposição, tais como o interior e o exterior, sujeito e mundo, público e privado, subjetividade e objetividade" [205].

A autora discorre sobre a multiplicidade de vozes que são incorporadas ao relato pessoal, fazendo com que o discurso performático se faça como uma reinvenção das histórias e experiências do performer. O foco não está contido na vida pessoal, mas sim nos limites entre autobiografia e ficção. É assim que para muito artistas performáticos o trabalho autobiográfico só procede se puder conectar as experiências pessoais do artista com as experiências de outras pessoas.

As aproximações possíveis entre esse novo teatro que sofre interferências e as performances teatrais estão contidas no fato de ambas as manifestações tornarem-se cada vez mais preocupadas com a busca de uma experiência real através da arte, uma experiência compartilhada entre artistas e público[206]. Essas práticas de hibridização dão origem a um teatro que não se preocupa tanto com os desdobramentos psicológicos dos personagens, mas está mais interessado numa aparência de vida potencial dos mesmos e na possibilidade dela ser capaz de provocar uma diferente percepção no espectador.

Aproveitar a disponibilidade perceptiva do espectador causada pela representação foi um dos temas centrais do teatro desenvolvido pelo diretor Jerzy Grotowski, tomando a ideia de encontro. Ele acreditava que o teatro em sua essência resumia-se a atores e espectadores e por isso dedicou seus trabalhos às reflexões a respeito dos possíveis vínculos entre essas duas figuras do fazer teatral, bem como explorou as formas de criar e intensificar tais conexões.

Os alcances possíveis da realidade no âmbito da obra teatral estavam, para Grotowski, relacionados com o encontro potencial entre a presença do ator e o público, pois o estabelecimento de uma relação concreta vislumbrava uma experiência real entre seres humanos. O interesse pelo ator em Grotowski estava profundamente ligado ao interesse pelo homem, e mais ainda nas relações interpessoais. O ator Ludwik Flaszen, que fundou com o diretor o Teatro-Laboratório, relata no texto *A Arte do Ator* os sentidos da atuação para o grupo: "A atuação – para nós – é um ato solene de autoconhecimento coletivo. A sua essência apoia-se na criação de uma viva ligação inter-humana. Essa ligação é a matéria prima do teatro"[207]. Grotowki e seu grupo preocupavam-se com a busca pela verdade do homem e o resgate do sagrado. O teatro se servia a isso.

A formação do ator não seria vinculada sempre a projetos de encenação específicos, mas ao desenvolvimento de uma presença cênica. Daí a palavra laboratório de seu Teatro-Laboratório, que pressupõe a ideia de aprendizado, formação, aperfeiçoamento. A exploração de uma expressividade física total permitia a viagem ao íntimo, o trabalho sobre si mesmo, a descoberta dos entremeios da precisão e da espontaneidade, do processo orgânico e do processo artificial.

O real na cena de Grotowski surgia a partir da constante tentativa de tornar evidente a vida interna do ator, a experiência contida no seu interior. O ator era um artista que buscava em si mesmo os sentidos da interpretação e do teatro através do processo de autopenetração. Esse processo consistia num desnudamento no qual o ator partia para uma viagem ao íntimo e buscava dar-se por inteiro, deixando transparecer toda sua intimidade[208].

Os desafios desse procedimento estavam relacionados com a capacidade de unir algo tão pessoal quanto o íntimo de um ator à artificialidade da cena; o pessoal do ator, com o tornar público próprio da cena. Era dessa relação extrema entre pessoal e artificial, que nascia a composição cênica:

Não se trata de um desencadeamento amorfo das emoções. Aqui a drasticidade fisiológica une-se à artificialidade da forma, a literalidade do corpo à metáfora. A massa orgânica, tendendo a transbordar de qualquer forma, de vez em quando tropeça na convencionalidade da matéria e se coagula na composição poética. Essa luta entre a organicidade da matéria e a artificialidade da forma deveria dar a arte do ato, assim entendida, uma tensão estética interior.[209]

Compreendemos então que as tensões entre o pessoal e o artificial, ou entre o real e o ficcional, eram um dos pontos cruciais do trabalho desse diretor e de seu grupo.

De Marinis afirma que as motivações que levaram Grotowski ao teatro não eram especificamente teatrais. Como dito anteriormente, suas aspirações estavam ligadas muito mais ao estudo do homem em sua verdade e das relações entre os homens. Pode-se pensar que Grotowski iniciou seus trabalhos teatrais com o intuito de conhecer a si mesmo e isso implicou desde a primeira hora num teatro no qual o real era um elemento central:

> Diria que minha linguagem foi formada pelo teatro. Mas não busquei o teatro.[...] Jovem, eu me perguntava qual seria a melhor profissão para tentar buscar o outro e a mim mesmo. [...] No fundo foi esse interesse pelo ser humano, pelos outros e por mim mesmo, o que me levou ao teatro[210].

Seu interesse pelo sagrado e pelo ritualístico também se servia a essa intenção. Tanto o teatro como o ritual para esse diretor se vislumbravam como possibilidades de se desvendar o ser humano em suas entranhas e colocá-lo em profunda conexão com o outro. Para Grotowski há em ambas as práticas "uma dimensão orgânica, pertencente ao fluxo vital, e uma dimensão artificial relacionada com a forma, com a estrutura, a organização, a convenção e a codificação"[211].

É por força de seu projeto pessoal e de sua experimentação com atores, performers e não-atores que esse diretor se torna uma importante referência em se tratando das tensões entre o real e o ficcional, entre orgânico e artificial, entre o biográfico e a cena.

O trabalho do diretor Eugenio Barba possui laços estreitos com as ideias de Grotowski. Barba passou três anos em contato com o trabalho no Teatro-Laboratório do diretor. Segundo De Marinis (1988) Barba não participou das atividades práticas, mas sim se ocupou em observar, descrever e comentar o método de trabalho do mestre Grotowski.

Barba e seu grupo são responsáveis pelo estabelecimento do processo de treinamento, que consiste na prática cotidiana que o ator executa em relação ao seu corpo, que está desvinculada da montagem de espetáculos. Apesar de já ter sido utilizada por Grotowski, esse grupo e seu diretor levaram a ideia ao seu ápice, acreditando que o treinamento seria um processo de autodefinição e de autodisciplina.

A ideia de treinamento em Eugenio Barba remete-nos novamente ao problema do real e ficcional. Sua prática de treinamento favorece o aparecimento de elementos pessoais nas partituras e procedimentos dos atores que depois serão levados a cena como material cênico e ficcional.

Os grupos, pessoas e movimentos aqui mencionados se relacionam a partir do fato de representarem uma ruptura marcante no modo de ver e fazer teatro. O questionamento central do Novo Teatro estava ligado ao próprio modo de produção artística baseado na ficção, na divisão e na passividade.

As experiências desses artistas nesse período específico dão início a um movimento de transformações e hibridizações no teatro ocidental, que passa a sofrer interferências de diversos campos. Uma tentativa de definição desse novo momento na arte teatral parte do estudioso alemão Hans-Thies Lehmann. O autor levanta a hipótese de um teatro pós-dramático, afirmando que o teatro dramático, ao passar por um período de autorreflexão, decomposição e separação de seus elementos, teria sido conduzido a uma etapa que é posterior ao drama, ou seja, onde o caráter dramático do teatro possui menos força, perto de outros elementos que passam a compor os processos criativos.

Segundo Lehmann, o teatro pós-dramático abandona a ideia de desdobramento de ação e de enredo e se caracteriza por ser uma arte de estados voltada para as imagens e composições. Ele é "a substituição da ação dramática pela cerimônia, com a qual a ação dramático-cultural estava intrinsecamente ligada em seus primórdios"[212].

O autor estabelece alguns aspectos que podem ser definidos como signos teatrais do que ele acredita ser o teatro pós-dramático. O primeiro deles é denominado de imagens de sonho, com discursos cênicos que se assemelham à estrutura onírica, na qual não existe necessariamente lógica entre as imagens e sequências, e que se configura como uma composição assemelhada a uma colagem, montagem, fragmento.

Existe o estabelecimento do teatro como espaço de comunicação e interação, em busca de uma nova percepção. Daí o uso de elementos como a simultaneidade de imagens e acontecimentos, que propiciam múltiplas interpretações e apelos à percepção do espectador.

Um dos signos do teatro pós-dramático defendido por Lehmann que merece especial atenção seria a irrupção do real. A representação cênica é uma realidade com lógica e funcionamentos próprios, uma realidade emoldurada. No entanto, o autor coloca que, se por um lado o teatro é incumbido de criar novas realidades, pertencentes somente a ele, no momento em que decorre a ficção montada, há realidade em tudo: na existência real dos atores, nas irrupções ocasionais da realidade, no tempo. É dessa maneira que se torna inevitável assumir as interferências possíveis das lógicas do real nas lógicas da cena. Sobre este signo o autor afirma: "o teatro pós-dramático explicitou o campo do real como permanentemente "co-atuante", tomando-o de modo factual, e não apenas conceitual, como objeto não só da reflexão [...] mas da própria configuração teatral"[213].

O autor afirma que, se olhada mais de perto, a arte sempre possuirá intromissões não-estéticas no campo de sua constituição, pois ela é uma junção estética de muitos elementos não-estéticos. No teatro ocorre o mesmo: existe uma materialidade real nos elementos que o compõem e não há como desvincular essa realidade durante o processo criativo. Assim, Lehmann conclui que,

> sem o real não há o encenado. Representação e presença, reflexo mimético e atuação, o representado e o processo de representação: essa duplicação, tematizada radicalmente no teatro do presente, tornou-se um elemento essencial do paradigma pós-dramático, no qual o real passa a ter o mesmo valor do fictício[214].

A percepção de um teatro que se faz a partir das relações entre essas duas realidades existentes de fato - realidade teatral e realidade de vida - faz com que se abram as portas para uma abordagem teatral diferenciada, aquela que assume as interferências do real no espaço da ficção. Então se vislumbra uma cena que relaciona as duas realidades, deixando incerto o que pertence a uma e a outra: "O essencial não é a afirmação do real em si [...], mas sim a incerteza, por meio da indecibilidade, quanto a saber se o que está em jogo é realidade ou ficção. É dessa ambiguidade que emergem o efeito teatral e o efeito sobre a consciência"[215].

Em muitas encenações contemporâneas é possível identificar um desejo de autenticidade que não está mais ligado aos antigos efeitos da ilusão, mas sim a possibilidade de criar condições de não-representação que se prestem a provocar uma diferente percepção, que propicie uma aproximação entre cena e público. Dessa maneira a "percepção do espectador vira o elemento central: não se coloca mais a questão se algo é imediato ou encenado, mas que impressão de imediatez é produzida"[216]. Nesses contextos, os atores por vezes abrem mão das personagens dramáticas e passam a utilizar suas situações de vida, seus cotidianos como formas de (auto)representação.

Esse tipo de encenação entrecruza teatro e performance ao buscar os efeitos de aproximação de plateia e público, através de uma experiência real e próxima aos espectadores, mas sem negar o caráter representacional inerente ao teatro.

As representações contemporâneas que trabalham com as fronteiras do real e do ficcional assumem a autenticidade no palco como uma construção, e não escondem o caráter de jogo construído que pretende descobrir estratégias de autenticidade, de aparência cotidiana: "a encenação se transforma em arranjo experimental que brinca de modo consciente com o fracasso na representação: a atenção se desloca da capacidade artístico-representacional dos atores para suas capacidades de auto-encenação"[217].

A utilização de materiais biográficos como dramaturgia para obras teatrais entra nesse contexto como um dos elementos que possibilitam esse tipo de estranheza e aproximação do teatro com a vida, com os efeitos do autêntico, do real. O biodrama seria uma forma de teatro biográfico que tomaria esses elementos como ponto de partida para o processo criativo.

O projeto artístico teatral de Viviana Tellas em Buenos Aires buscou o trabalho com biografias em consonância com os procedimentos de vários diretores da cidade, dando origem ao *Ciclo Biodrama: Sobre la vida de las personas*.

Biografias, Autobiografias e Autoficções

A abordagem de aspectos da realidade se mostra como possibilidade para inovações de procedimentos na cena contemporânea. Neste contexto os fatos e histórias reais passam a servir de material para composição de obras artísticas. Diferentemente de outros momentos históricos, o interesse agora são as vidas individuais, as trajetórias pessoais explicitadas como material real e que adquirem mais valor justamente por serem reais.

Essas novas abordagens se constituem como práticas de criação que se utilizam de materiais biográficos como ponto de partida para processos artísticos. Nesse novo contexto a questão da realidade é colocada de forma clara: a audiência que prestigia obras com esse feitio tem conhecimento da origem real/pessoal do material artístico. O real em cena é colocado de forma declarada.

Para localizar o conceito do termo biografia, utilizarei as definições de Lejeune, em seu *O Pacto Autobiográfico:*

> 1) A história de um homem (em geral célebre) escrita por outro (é o sentido antigo e mais corrente). 2) A história de um homem (em geral desconhecido) contado oralmente por ele próprio para outra pessoa que suscitou este relato para estudá-lo (é o método biográfico utilizado em ciências sociais) 3) A história de um homem contado por ele mesmo a outra ou outras pessoas, que o ajudam com sua escuta a orientar-se na vida (é a biografia formativa) [218].

Aqui interessa estudar o segundo tipo. A historiografia dominante na Europa do final do século XIX era ligada a acontecimentos pontuais e espetaculares da história. Preocupava-se em estabelecer os trajetos históricos dos grandes homens e a biografia se servia a isso. No século XX, as vanguardas atentas a estudar a história social provocaram rupturas nessa forma de estudo e buscaram uma compreensão histórica a partir dos coletivos e dos processos macro-estruturais. A nova forma de estudar a história social propunha analisar "as estruturas econômicas, sociais, políticas e culturais que definiam as tendências evolutivas fundamentais dos grandes grupos e das grandes classes sociais dos distintos conglomerados humanos"[219].

Em função dessa tendência, a biografia passou a ser entendida como ultrapassada, do ponto de vista do relato histórico, visto que se utilizava da vida de personalidades importantes como forma de exaltação, sem uma intenção sociológica.

No entanto, uma pergunta recorrente permanecia questionando o papel que os indivíduos tinham na história e como suas histórias pessoais auxiliavam na compreensão dos processos mais amplos. Dessa questão destaca-se a importância de procedimentos historiográficos que consideram as histórias de vida como ferramenta auxiliar.

Assim, as ciências sociais acabaram por adotar como instrumento de pesquisa, as histórias de vida, para, através da análise interpretativa da constituição de um determinado sujeito, compreender que as relações entre sujeito e sociedade se fazem de maneira recíproca e se constroem em simultaneidade.

Nesta perspectiva e buscando relações com um contexto mais amplo, a tarefa biográfica consiste em intentar reconstruir a vida de um indivíduo, analisando seus caminhos e suas escolhas, e os impactos que estes causaram nele próprio e no ambiente no qual estava inserido. Uma tarefa árdua visto que para construir a trajetória de um individuo é necessário considerar as evoluções do seu processo de individualização, "num avanço que está longe de ser linear e plenamente acumulativo" [220] (ROJAS, 2000, p.19).

Diante da complexidade da noção de individualização e, logo, de indivíduo, o campo da biografia se divide em dois caminhos. Um caminho possui pensadores que defendem que o contexto é secundário na formação de um indivíduo, visto que muitos compartilham o mesmo contexto e, no entanto, se vê a formação de destinos individuais totalmente diferentes. No outro caminho existe a superestimação do contexto histórico, na qual se afirma que é o mesmo que impulsiona e produz a necessidade da formação de certos homens e mulheres.

O importante da biografia é entender como a dinâmica do contexto pode ser reconhecida nas dinâmicas de vidas singulares e o que as dinâmicas de vida dizem sobre o contexto. O mesmo ocorre com as autobiografias nas quais quem fala é o próprio indivíduo sobre sua existência.

Lejeune (1994) define a autobiografia como "relato retrospectivo em prosa que uma pessoa real faz de sua própria existência, colocando ênfase em sua vida individual e, em particular, na história de sua personalidade"[221]. Esse gênero se baseia nos entendimentos pessoais e intransferíveis de quem o cria, resultando num relato do indivíduo em relação com o mundo. As biografias e autobiografias se constituem como diferentes meios para compreensão cultural e histórica.

Para Burke (2005) o movimento da Nova História Cultural busca métodos não-tradicionais de construção histórica que se interessam justamente por documentos pessoais, relatos autobiográficos, diários íntimos, etc. Eles se mostram como formas de entendimento de uma determinada cultura e seus aspectos cotidianos. Para a abordagem da Nova História Cultural defendida por Burke não interessa tanto se as autobiografias são verdadeiras ou mentirosas, mas sim leva em conta "as convenções ou regras de auto-apresentação de uma dada cultura, a percepção do "eu" em termos de certos papéis e a percepção das vidas em termos de certos enredos [222].

A autobiografia não necessariamente contém um compromisso de fidelidade aos fatos da vida, o narrador pode se deixar levar pela fantasia e pelos caminhos tortuosos da memória e reinventar acontecimentos e sentimentos. É um gesto de autorreferência no qual o autor parece se referir à sua própria vida:

> O que chamo autobiografia pode pertencer a dois sistemas diferentes: um sistema referencial "real" (no qual o compromisso autobiográfico [...] tem valor de ato), e um sistema literário no qual a escritura já não aspira transparência, mas pode perfeitamente imitar, mobilizar, as crenças do primeiro sistema [223]

A definição de Lejeune coloca a autobiografia entre dois referentes: o real e o ficcional. Essa colocação permite que se estabeleça uma relação com a ideia de autoficção, que aparece como uma variação da autobiografia. Nesse tipo de criação biográfica, o ficcional toma uma dimensão maior e os elementos extraídos da realidade de vida se mostram apenas como pontos de referências passíveis de serem totalmente reinventados.

A auto-ficção é um tipo de "escrita de si, descentrada, fragmentada, com sujeitos instáveis que dizem "eu" sem que se saiba exatamente a qual instância enunciativa ele corresponde"[224]. Ela consiste em colher acontecimentos reais da própria vida e reorganizá-los como parte constituinte de uma nova construção talvez totalmente alheia à construção da vida real:

> A auto-ficção [...], seria "uma variante 'pós-moderna' da autobiografia na medida em que ela não acredita mais numa verdade literal, numa referência indubitável, num discurso histórico coerente e se sabe reconstrução arbitrária e literária de fragmentos esparsos de memória"[225].

A partir das noções aqui tratadas e das formulações relacionadas com o campo das biografias e autobiografias, pode-se dizer que estas formas narrativas oferecem uma reconstrução, um efeito de verdade, pois são decorrência da memória dos indivíduos que as criam. Visto que são produtos advindos da vivência dos indivíduos e que pertencem irremediavelmente ao passado, as biografias e autobiografias estão fadadas a serem reinvenções de histórias de vidas.

A ideia de vincular criações (auto)biográficas a criações teatrais significa unir dois campos que criam efeitos de verdade, mas que se assumem como reproduções, como reconstruções. Do vínculo entre esses dois campos nascem experiências como o Biodrama.

O Biodrama

O biodrama é uma experiência teatral relacionada com o teatro biográfico desenvolvida na Argentina no começo do século XXI pela diretora Viviana Tellas, que buscou um meio de relacionar biografias e ficções. A referida diretora impulsionou o ciclo *Biodrama: sobre La vida de las personas* em Buenos Aires e convidou pessoas de teatro para trabalhar com o biográfico na cena. A ideia era explorar temas biográficos ou autobiográficos em consonância com os métodos teatrais utilizados por cada um dos diretores. Viviana Tellas pretendia colocar em cena objetos espetaculares que propunham cruzamentos do real transbordando no plano da ficção. A diretora discorre sobre o projeto da seguinte forma:

> Em um mundo descartável, que valor tem nossas vidas, nossas experiências, nosso tempo? Biodrama se propõe a refletir sobre essa questão. Trata-se de investigar como os feitos da vida de cada pessoa – feitos individuais, singulares, privados – constituem a História. É possível um teatro documental? Testemunhal? Tudo o que aparece no cenário se transforma irremediavelmente em ficção? Ficção e verdade se colocam em tensão nesta experiência[226]

Como podemos observar a posição da diretora condiz com os anseios do gênero (auto)biográfico e sua intenção de se tornar um mecanismo de compreensão do contexto sociopolítico, através do pequeno grupo, das histórias individuais.

O desejo de se debruçar sobre a realidade, sobre vidas humanas reais, é um elemento que vem surgindo na contemporaneidade; não só no teatro, mas em vários meios de comunicação e de cultura, como no cinema, através da ascensão dos documentários, ou na propagação dos reality shows. Essas produções pressupõem um espaço do real pronto para apreciação.

A ideia de se trabalhar a vida em bruto é defendida por Cornago (2009) como uma forma de restabelecer o indivíduo. Segundo o autor, frente à sociedade contemporânea, com os bombardeios midiáticos e o constante esforço de generalização das culturas, o trabalho sobre a vida pessoal surge como uma reivindicação em prol da subjetividade dos indivíduos, que utilize a vida humana como expressão e presença, como um enigma que pede definição.

Segundo Cornago, o ciclo *Biodrama: Sobre la vida de las personas* fez com que os criadores mais originais do teatro argentino da atualidade colocassem em confronto de maneira direta o teatro à vida, a ficção à realidade. O autor afirma que o ponto de partida em comum – o trabalho sobre (auto)biografias – não se tornou um fator de renúncia às formas estéticas adotadas por cada um dos criadores, mas pelo contrário, pôde-se notar a "variedade de maneiras de confrontar o teatro com a realidade, a cena com a vida ou o personagem com a pessoa, as distintas possibilidades de citar a realidade de dentro da cena, para abrir espaço a isso que chamamos vida"[227].

Os biodramas possuem diferentes níveis de relação com as referências à realidade. Julia Elena Sagaseta (2006) exemplifica essa questão ao colocar que o espetáculo *La forma que se despliega* de Daniel Veronese possui apenas um ponto de partida autobiográfico (um temor pessoal do diretor), mas que de resto sua constituição é toda ficcional. Em contrapartida espetáculos como *Barracos Retratos de una papa* possuem uma abordagem biográfica mais direta. O trabalho se utiliza da vida da pintora Mildred Burton como material dramatúrgico e coloca a própria artista em cena, através de um vídeo no qual ela comenta a encenação e o trabalho dos atores.

Outro exemplo utilizado por Sagaseta para exemplificar a diversidade de formas e possibilidades de se utilizar a vida em cena é o espetáculo *Budin inglês*, de Mariana Chaud, que se utiliza da realidade através do uso de relatos feitos por entrevistas a diversas pessoas; no momento do processo criativo esses fatos de vida foram totalmente transformados e reconfigurados. Mariana Chaud afirma que: "[...] os textos produzidos por eles nas entrevistas foram utilizados para criar uma ficção e para isso foram deliberadamente deslocados do contexto"[228].

O olhar teatral sobre elementos extraídos do real consiste numa operação que transforma as referências à realidade em material de trabalho, em produto teatral, de ficção. As biografias e autobiografias são os materiais brutos sobre os quais o trabalho cria sua base. No processo artístico essas informações são reestruturadas em função da encenação e dos anseios dos artistas que a produzem. Assim se enxerga a "construção de um plano simbólico no qual estes componentes materiais vão adquirir uma dimensão poética, situando-se numa ontologia do poético diferente da ontologia do real"[229].

O biodrama propõe a observação da vida real de dentro da cena e ao mesmo tempo investiga como o teatro, produtor de ficções, responde aos elementos reais inseridos em sua estrutura. É uma experimentação "que parte do teatro para voltar a ele e que oculta [...] o profundo sentimento de crise da realidade e, portanto, das formas dominantes de representação com as quais a convertemos em ficção"[230]. É, portanto um caminho que coloca em questão a própria realidade e suas formas de representação.

Nesse tipo de proposta muitas vezes a base da criação está voltada para as vidas e experiências pessoais dos próprios atores e diretores envolvidos na produção, que se colocam em confrontação direta com suas concepções. A cena se torna impregnada pelo tom confessional e autobiográfico.

É possível relacionar esses anseios de colocar o íntimo e pessoal na cena com o paradigma do ator desnudado proposto por Jerzy Grotowski. Um ator que busca em si, em suas referências físicas, emocionais e biográficas as formas de transbordar isso e alcançar o espectador. Ao se desnudar, esse tipo de ator acredita que causará um impulso de desnudamento também no espectador. A confrontação do privado com o público, do ator com o outro e consigo mesmo, criam possibilidades latentes de alcance do encontro desejado por Grotowski. As tensões estabelecidas pelos biodramas entre vida e teatro, público e privado, também parecem se prestar a esses propósitos.

Oscar Cornago destaca dos biodramas alguns elementos característicos, além dos fatos biográficos já descritos. Os mecanismos que concedem à cena certa incerteza entre real e ficcional, se configuram como um dos principais elementos, que são realizados através de oposições entre representação e não-representação. Na verdade se trata de efeitos de cena, efeitos de atuação e de não-atuação que se prestam a confundir aquilo que é posto no trabalho. Assim se forma um "sistema de oposições entre os mecanismos de representação – espaço de teatro – e os princípios da não-representação – espaços da vida citados em cena"[231]. Dessa maneira se constitui um modelo de teatralidade que se utiliza dos limites advindos da oposição de realidades distintas, vida e cena, acreditando com isso causar um estranhamento que conceda uma textura diferenciada ao evento teatral.

Beatriz Catani, uma das diretoras convidadas do ciclo, responsável juntamente com Mariano Pensotti, pelo biodrama *Los 8 de Julio*, acredita que a crise que assola o teatro atual, sobretudo argentino, onde atua, está relacionada à incerteza sobre o que falar hoje, pois "parece que já provamos de tudo, já vimos tudo, já ouvimos tudo [...] e tudo isso se torna cenicamente insuportável, porque parece que em tudo que se vê há algo de não só velho, mas de fissurado, incapaz de dar resposta"[232]. A inserção do real nas ficções do teatro se mostra para a diretora como um meio de causar certa desestabilização na cena, causando uma confusão e irritação que para ela possuem a capacidade de inovar as fórmulas teatrais.

A diretora Viviana Tellas se mostra profundamente interessada nas perturbações que a utilização da irrupção da realidade através de uma abordagem pautada no caráter (auto)biográfico, podem causar na cena contemporânea. Outro experimento da artista nesse sentido é o *Ciclo Teatro Documental* desenvolvido em 2003, onde a diretora levou ao extremo a utilização dos elementos (auto)biográficos, apostando numa estética hiperrealista. No primeiro espetáculo deste ciclo a diretora coloca em cena sua mãe e sua tia no trabalho denominado *Mi mamá e mi tia*, onde as referidas pessoas/personagens se utilizavam de suas vidas como material bruto para a representação.

Outro espetáculo deste ciclo, *Cozarinsky e seu médico*, também sob a direção de Viviana Tellas, mostra o escritor Edgardo Cozarinsky e seu médico e amigo de muitos anos, discutindo o passado em comum e temas de interesse. Nessas abordagens existe a colocação de pessoas reais no espaço da ficção, pessoas desvinculadas do contexto teatral. No entanto, surge a questão: uma vez postas nesse contexto, todas as suas ações não passam a se configurar como ficção? Sagaseta afirma que em espetáculos como *Cozarinsky e seu médico*

> a carga auto-referencial, autobiográfica é bem clara. O espectador assiste ao encontro de dois amigos. Mas [...] ainda que a experiência queira expandir os limites do teatro até introduzi-lo na vida, o teatro volta a aparecer como a estrutura que contém. Esse encontro se repete todas as semanas durante vários meses [...]. Inevitavelmente o jogo e a repetição se impõem e vêm negar a intenção de vida e autobiografia em sentido total na cena[233].

Para a autora a importância dessas abordagens não é colocar vida e autobiografia em sentido total na cena, pois isso parece impossível. A relevância desse tipo de trabalho está ligada às suas intenções de expandir os limites do teatro, de desarticular o conhecido em busca de novos caminhos.

Os temas teatro e vida se conectam nessas propostas por suas características efêmeras. A ideia de um tempo em contínuo transcorrer se coloca a esses dois elementos tão distintos: no teatro, na ideia da representação como algo que só é vivo no espaço de tempo a que se propõe e depois deixa de existir. E na vida como um acontecer ininterrupto, de momentos que estão constantemente virando passado [234].

Teatro e vida lidam com ausências e presenças, coisas que foram e não são mais, coisas que estavam e não estão mais. Daí a necessidade de resgatá-las e fazê-las presentes novamente através da representação. Para Viviana Tellas "o teatro é uma experiência estranha. [...] Algo inerte que de repente vive, um lugar onde o cotidiano se torna estranho, onde você se vê, mas não é você. Isso está muito presente em todo feito teatral e mais ainda numa experiência como Biodrama"[235].

Ao falar sobre vidas, as formas de teatro biográfico tocam em assuntos muito humanos, abordando temas como a capacidade de sofrer e seguir adiante, de se reestruturar enquanto vida a partir dos embates da própria vida, assuntos relacionados às recordações e reflexões sobre o tempo. Essas propostas direcionam o olhar para o cotidiano, com a intenção de ressaltar dele o que existe de tocante, emocionante e surpreendente em relação às vidas comuns.

A utilização da vida e da realidade como material bruto em cena parece conceder uma carga vital ao espaço da ficção. Falar sobre vidas reais parece ter o poder de chacoalhar o campo teatral e fazer com que ele sugue desses elementos, certo vigor, certo frescor, certa presença, existentes nela: na vida real.

Essa carga vital aproxima o ator do processo criativo, deslumbrado que este fica diante da possibilidade de reconstruir sua trajetória de dentro da cena. A temática comum, histórias de vida, e o jogo estabelecido entre possíveis realidades e ficções, também aproximam o espectador que ora se pergunta se o que acontece em cena é real, ora se deixa levar pelo material que lhe parece tão próximo e acessível.

Dessa maneira é possível perceber que o importante não é a colocação e afirmação do real como totalidade, como verdade ou mentira. Mas sim sua utilização como forma de experimentação e busca por novos horizontes. Assim, Cornago conclui que

> na cena tudo é verdade e mentira, tudo é fingido (preparado para sua interpretação frente ao público), mas também, por isso mesmo, vivido enquanto interpretação; todos são inevitavelmente atores, mas por isso mesmo também pessoas reais[236].

Teatro e realidade se alimentam e se transformam nas propostas teatrais aqui descritas e fazem parte de um movimento que clama por uma cena mais imediata e viva. Nesse sentido, também se integra a esse movimento, o espetáculo *A ponto de partir*, dirigido por mim e objeto de estudo da próxima parte.

Pensando o espetáculo *A Ponto De Partir* sob a perspectiva de um Teatro Biográfico

O espetáculo *A ponto de partir* surgiu no contexto de sala de aula como prática de ensino na disciplina de Encenação Teatral I do curso de Artes da UDESC[237]. No entanto posteriormente extrapolou as fronteiras da universidade sendo apresentado em festivais e eventos na cidade de Florianópolis e no Estado de Santa Catarina. Uma das questões centrais do espetáculo desde seu processo de desenvolvimento foi o estudo das possibilidades de suscitar no público a sensação de encontro e compartilhamento no âmbito da obra teatral; sempre acreditando que o teatro se faz através das trocas entre seus realizadores e seus apreciadores.

Pensando nessa possibilidade, desde o começo o projeto esteve preocupado em identificar meios de se chegar a esse objetivo. O primeiro passo nesse sentido foi descobrir um tema capaz de se relacionar com uma ampla gama de espectadores. O texto *Epílogo*, uma escrita em prosa poética encontrada no livro *A teus pés*, da escritora Ana Cristina Cesar, veio de modo muito adequado ao encontro desse propósito, pois trata de lembranças, de tudo que se viveu e que ficou para trás, da relação passado/presente/futuro, memória e saudade. Ele é a base do espetáculo, no qual foram inseridos durante o processo artístico, relatos pessoais, trechos de cartas e outros trechos da autora.

A escritora, um dos principais nomes da literatura marginal brasileira dos anos de 1970 do século XX, tem uma obra que se caracteriza pelo formato de correspondências e diários íntimos. Trata-se de uma literatura que causa confusão no leitor entre o que é autobiográfico e confessional e o que é fictício e artificial.

As relações possíveis do espetáculo com a ideia do biodrama se solidificam primeiro através da utilização de material autobiográfico por parte das atrizes e segundo pela operação de um mecanismo de oposição entre representação e não-representação, que se materializa através dos diferentes níveis de interpretação utilizados pelas atrizes.

O que atribui ao espetáculo a condição de experiência dúbia que navega entre realidade e ficção são os três níveis de interpretação que serão descritos posteriormente e que trazem à cena a incerteza própria dos biodramas e dos modelos que se utilizam do real na cena.

A escrita de Ana Cristina Cesar

Ana Cristina Cesar, nossa referência textual, nasceu no Rio de Janeiro em 1952 e ganhou destaque dentre o grupo de poetas marginais surgidos na década de 70. Este período foi de grandes mudanças e traumas no cenário brasileiro e a literatura respondeu a eles com produções de vanguarda que inovaram o modo de entender a escrita. Segundo Maria Lucia Camargo, o que regia os escritos na década de 60 era a ideia de que a palavra poética possuía um poder revolucionário, auxiliando no engajamento político de quem a lia. No meio dessa década as intenções revolucionárias da poesia e da literatura sofreram o impacto do golpe de 64 e o aumento da repressão e da censura da ditadura militar. [238]

Desde essa perspectiva apareceram manifestações como a literatura marginal. Começaram a surgir contaminações entre a cultura de elite e a cultura de massas, as fronteiras se tornaram cada vez difusas. De acordo com Camargo, o que marca o debate cultural e artístico na virada da década de 1960 para a de 1970 é o "experimentalismo vanguardista aliado ao tropicalismo, a atuação política, a opção existencial; as atitudes em vez das representações, a vida em vez da arte, ou a arte colada à vida." [239]

Segundo a autora, a contracultura trouxe ao cenário cultural brasileiro as publicações de fora do sistema editorial, a poesia de mimeógrafo, a imprensa nanica como modos de resistência política. Nesse contexto a literatura marginal prezava pela fala do cotidiano, utilizando uma linguagem coloquial e informal que se referia às experiências vividas, propondo dessa forma uma aproximação maior com o leitor.

Dentre os poetas marginais, Ana C. se estabelece como uma escritora preocupada com um discurso de si, quase sempre em primeira pessoa. Sua escrita transita entre as fronteiras do íntimo e do público, ao se utilizar de gêneros confessionais como correspondências e diários íntimos. Cria assim um texto com cunho confessional, que se utiliza da autobiografia para anuviar os limites entre a confissão e a literatura.

> Ao tocar os limites entre literatura e confissão, Ana Cristina Cesar o faz completamente. De um lado, cria os pastiches de correspondência e diário íntimo, a suposta abertura para a exposição total da intimidade, que finge deixar-se devassar. Como Fernando Pessoa, finge fingir que finge [240].

Para Maria Lucia Camargo o livro *Luvas de pelica*, publicado em 1980 numa edição independente e em 1982 no livro *A teus pés*, consolida as questões relacionadas às tensões entre literatura e vida. Trata-se de um conjunto de 33 fragmentos e um *Epílogo* com aparência de diário e/ou correspondência. Assim, *Luvas de Pelica*, como nenhum outro se situa

> no limite da literatura plena com aparência de confissão. Nas fronteiras entre o ficcional e o autobiográfico, entre o "botar tudo" e o "olhar estetizante". Nessa perigosa zona fronteiriça, nesse limiar em que a arte corre o risco de diluir-se na vida, Ana Cristina se insere e busca plasmar a vida em arte, limiares que produzem a força e a tensão de sua obra.[241]

Analisando a biografia da escritora, é possível perceber que de fato muitos dos relatos que se encontram nos fragmentos são extraídos de sua vida real, com referências a pessoas e situações específicas, porém eles são totalmente reinventados pela linguagem da poeta.

No processo de construção do espetáculo, o texto-referência, *Epílogo,* se configurou como o fio condutor dos acontecimentos da peça. No texto uma pessoa mostra aos seus interlocutores uma mala com muitos cartões postais e em seguida distribui os mesmos para que todos possam ver:

> I am going to pass around in a minute some lovely, glossy-blue picture postcards.
> Num minuto vou passar para vocês vários cartões postais belos e brilhantes.
> Esta é a mala de couro que contém a famosa coleção.
> Reparem nas minhas mãos, vazias.
> Meus bolsos também estão vazios.
> Meu chapéu também está vazio. Vejam. Minhas mangas.
> Viro de costas, dou uma volta inteira.
> Como todos podem ver, não há nenhum truque, nenhum alçapão escondido, nem jogos de luz enganadores.
> A mala repousa nesta cadeira aqui.[242]

A personagem mostra, comenta e lê alguns cartões postais e em seguida se retira. No espetáculo essa figura foi duplicada e tomou a forma das duas personagens idosas que figuram em cena. No meio dessa linha narrativa que se constitui na simples passagem dos cartões que estão na mala para o público, inserimos histórias e diálogos que foram criados nos ensaios com base nas referências pessoais das atrizes - trechos de cartas, relatos de vida – e em outros trechos retirados da obra de Ana Cristina Cesar.

O espetáculo

O espetáculo se configura a partir das personagens Adelaide Silva e Adelaide Vieira, duas senhoras idosas que são interpretadas por duas atrizes jovens. As personagens possuem temperamentos muito distintos, mas demonstram compartilhar uma amizade intensa, além de muitos segredos.

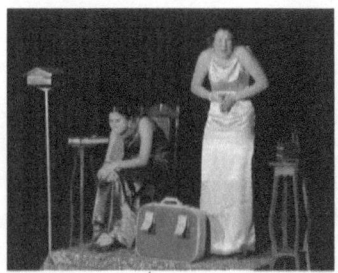 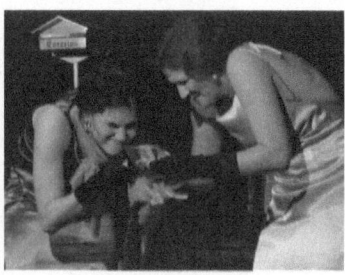

Elas iniciam a encenação mostrando a mala que contém uma coleção de cartões postais. No meio das tentativas de abrir a mala e distribuir os cartões, elas acabam resgatando várias lembranças e histórias e as compartilham com o público. Quando a abertura finalmente acontece, o peso da lembrança contida em todos aqueles cartões recai sobre as personagens. A partir daí passam acontecer os momentos em que as atrizes abandonam as personagens idosas e assumem a postura, ora das versões jovens das mesmas, ora daquilo que aparenta ser as atrizes. O espetáculo segue dessa maneira com outras histórias, diálogos e comentários sobre os cartões, mas agora com a interferência dessas duas novas figuras. Finalmente as personagens idosas se retiram e o trabalho se finaliza.

Adelaide Silva:
Vão lendo, vão lendo, a maioria está em branco mesmo.
Adelaide Vieira:
Com licença. Eu preciso ir...
Adelaide Silva:
... Mas volto logo. Um cisquinho...
Adelaide Vieira:
...Um pequeno cisco no olho...
Adelaide Silva:
...Depois eu volto e continuo a passar os cartões...

Adelaide Vieira:
...E quem sabe, eu conto mais algumas histórias...
Adelaide Silva:
...Mas antes de sair, tiro a luva...
Adelaide Vieira:
E deixo aqui no espaldar desta cadeira. [243]

Esses momentos de quebra procuram criar uma situação dúbia, fazendo o público estranhar tais procedimentos e, dessa forma, acabam por colocar em questão o próprio ato ficcional, sobrepondo a realidade – ou sua aparência - ao ato teatral.

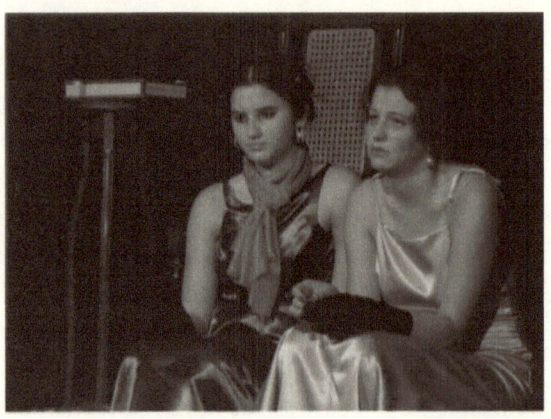

Essa confusão estabelecida entre real e ficcional - entre texto literário e texto retirado de fatos reais, entre personagem e aparência de atriz - foi utilizada por nós como mecanismo de estranhamento e ao mesmo tempo como instrumento de aproximação do público e de nós mesmas com o trabalho.

Em relação a isso constatamos que as histórias pessoais, à medida que eram transformadas em material dramatúrgico e misturadas com o texto de referência, deixavam de ser pessoais e íntimas e passavam a ser ficcionais, pois ao serem trabalhadas artisticamente no processo criativo, passaram a figurar num novo contexto. Ao mesmo tempo, para suas intérpretes, esse material de configurou de maneira mais orgânica, pois já pertencia ao seu imaginário e à sua história. Quanto a isso a atriz Maria Carolina Vieira comenta:

> Na medida em que fomos montando as histórias, misturando ficção e realidade, senti que aos poucos a minha própria história sofreu uma espécie de deslocamento de um âmbito pessoal para outro, cênico. As repetições traziam a necessidade de criar subtextos que aliassem o material criado e mixado nas improvisações para um universo pessoal novo, que era o da minha personagem, da "minha velha" que ia sendo construída. No entanto, sempre existiu e existirá um princípio real nas criações, que pode ser acessado a qualquer instante - uma memória inesquecível que é intrínseca a mim e que pode vir à tona a qualquer momento.

Na fala da atriz é possível notar que as referências pessoais, os aspectos reais, foram incorporados ao trabalho e passaram a ser considerados como uma ficção, figurando num novo âmbito. Apesar disso, a matriz pessoal foi capaz de fornecer um caráter afetivo ao todo da ficção, fazendo com que esta se tornasse mais "real", na medida em que englobava os aspectos biográficos das atrizes.

Nesse sentido é possível resgatar a questão do desejo do real sobre o qual refleti no começo do trabalho, colocando-o na perspectiva da cena. O real incorporado na concepção do espetáculo fez com que as pessoas envolvidas no processo sentissem este de maneira mais verdadeira, dado que o espetáculo possuía aspectos oriundos da "realidade real". O resgate dessa realidade, ou seja, o desejo de uma afirmação enquanto vida e experiência, aparece como um sintoma nesse espetáculo, e ao mesmo tempo reflete os sintomas de uma cena que procura mais vivência e imediatez.

Foi dessa maneira que a utilização da vida das atrizes na composição cênica do espetáculo auxiliou na aproximação com o processo artístico e com a obra de Ana Cristina Cesar. A atriz Heloisa Marina da Silva comenta a experiência da seguinte forma

Trazer alguns materiais oriundos da minha história pessoal (cartas, diários, relatos e reflexões minhas) para o espetáculo significou, num primeiro momento, aproximar o meu universo do universo do texto (*Epílogo*). Quero dizer, significou transformar o texto de Ana C. em meu, me apropriar dele, dar a ele um sentido que fosse meu.

Assim, a utilização de elementos biográficos colocados em consonância com o texto poético de Ana Cristina Cesar fez com que se criasse uma intimidade com o tema proposto e uma aproximação com o processo artístico que se tornava para as atrizes também experiência e vivência. É ainda interessante ressaltar que a busca de referências pessoais pesou mais na ambiência do processo criativo do que na construção de um texto que se explicitaria como biográfico.

A interpretação

O primeiro nível de interpretação é localizado nas duas personagens idosas, Adelaide Silva e Adelaide Vieira. A composição das senhoras foi resultado de uma pesquisa corporal muito específica. Foram investigadas as principais características de um corpo idoso com ênfase na busca de uma consciência corporal particular das atrizes, de modo que elas compreendessem e dominassem as dinâmicas de um corpo com mais idade.

Dessa forma, o trabalho procurou meios de transportar características de um corpo idoso a um corpo jovem, evitando clichês e superficialidades. Observou-se que a rigidez, o peso, os movimentos densos e lentos e uma deformação de algumas partes do corpo eram os elementos principais dessa corporalidade. As atrizes experimentaram transfigurar seus corpos incluindo esses elementos, compondo assim uma nova estrutura corporal.

A observação de figuras idosas no cotidiano das atrizes e as referências pessoais de seus amigos e parentes próximos, foram fatores que contribuíram para um trabalho com maior substância. Esses procedimentos de composição foram fundamentais para o desenvolvimento de personagens críveis tanto para as próprias atrizes como para o público. De acordo com a atriz Maria Carolina esses elementos foram essenciais para que ela conseguisse descobrir a verdade própria de sua personagem. A referência de sua avó teve importância crucial nesse processo:

> A figura da minha querida avó Herondina, de 92 anos, me trouxe verdade em cena. Ela foi a forma física na qual me baseei na construção do corpo e voz da personagem; mas é além disso, além da referência imagética, ela é quem e o que eu me sinto em cena, eu tento ser ela durante o momento da representação.

Em contraposição a esse tipo de interpretação, surge o segundo nível, esse com características mais realistas, e que se faz presente nos momentos em que a peça exige a presença das versões jovens das personagens, tratando do universo da juventude das mesmas. A construção dessa outra versão das personagens foi inspirada essencialmente nas telas da artista plástica Tamara de Lempicka, onde figuram mulheres elegantes e altivas, trajando vestidos de gala.

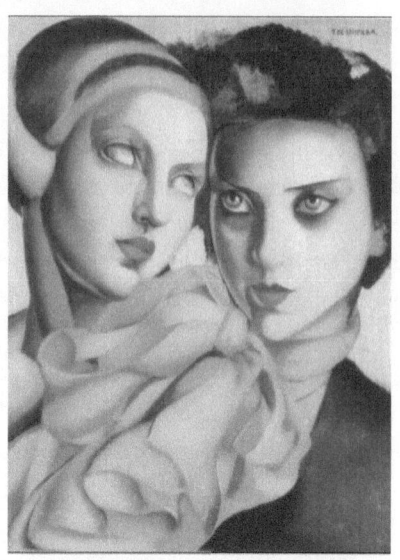

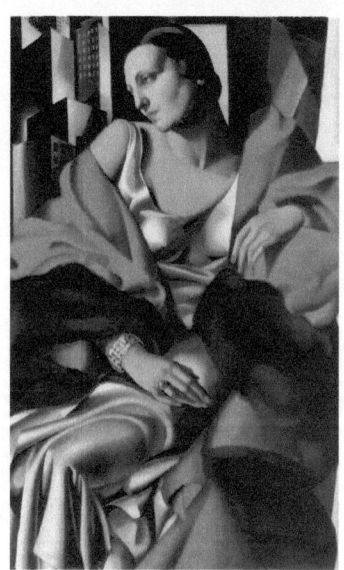

O terceiro e último nível de interpretação surge quando as atrizes também abandonam as construções corporais das personagens idosas, mas assumem uma postura que se distingue da anterior, por ter um caráter mais informal, cotidiano, aparentado à realidade, como se fossem as próprias atrizes. É esse nível que causa a maior sensação de confusão entre a realidade e ficção, no qual as atrizes parecem assumir um relato pessoal e autobiográfico.

É um nível de interpretação que exige um esforço de não-interpretação, buscando um tom mais íntimo e confessional entre as atrizes e o público. Sobre esse momento do espetáculo a atriz Heloisa Marina da Silva comenta:

> A dificuldade não é parecer natural, e sim falar com naturalidade em cena, algo que eu falo e penso fora de cena. Sempre tenho a sensação de estar nua, ou sem um apoio. No final das contas ter um personagem é ter um apoio, um 'pra onde ir'. A busca de representar-se a si mesmo gera um desconforto, uma incerteza de como colocar-se e um medo de expor demais algo que de alguma forma era íntimo.

No entanto, a atriz acredita que esse representar a si mesma gera algo diferente na recepção do público, algo que para ela parece fazer valer a pena a exposição do íntimo na cena:

> Uma vez uma espectadora[244] me disse que havia tido dúvida se nessa hora [no momento de quebra da personagem idosa para a personagem-atriz] eu tinha parado com a peça e começado a falar qualquer coisa improvisada. Esse efeito de confusão me interessa muito, de mistério e dúvida, é quando penso que vale a pena esse tipo de exposição.

A intenção do estabelecimento desses três níveis de interpretação e as recorrentes passagens de um para o outro no decorrer do espetáculo acontecem no sentido de causar um impacto na recepção do espectador. A ideia é fazer com o público acredite nos três níveis, acredite na veracidade cênica das personagens idosas, da versão jovem das mesmas, e daquilo que aparenta ser as atrizes, porque cada um dos níveis é tratado de forma a ser acessível ao espectador que pode sistematizar o que está assistindo.

Esse deslocamento na atenção do espectador intenciona retirá-lo de uma situação passiva e colocá-lo diante de algo estranho, um enigma que requer pensamentos e formulações para ser decifrado. Participar de uma experiência teatral não deve ser fácil. É preciso pedir algo do espectador e o que se pede nos métodos que inserem a realidade na ficção - ou que dizem fazê-lo – é que ele seja desafiado a descobrir o funcionamento desse misterioso mecanismo.

O pensador Jacques Rancière em seu texto *O Espectador Emancipado* discorre sobre a necessidade de transformar a participação no evento teatral numa experiência ativa, tanto para quem faz, como para quem assiste. Dessa forma, ele afirma:

> O espectador é ativo, assim como o aluno ou o cientista. Ele observa, ele seleciona, ele compara, ele interpreta. Ele conecta o que ele observa com muitas outras coisas que ele observou em outros palcos, em outros tipos de espaços. Ele faz o seu poema com o poema que é feito diante dele. Ele participa do espetáculo se for capaz de contar a sua própria história a respeito da história que está diante dele[245].

Nesse sentido, tanto o tema do espetáculo *A ponto de partir* – cartas, recordações, relação com o passado – como a sua composição enquanto trabalho cênico – as histórias pessoais combinadas com o texto de Ana Cristina Cesar, as imbricações de realidade e ficção - foram os meios através dos quais procuramos pesquisar a relação do espetáculo teatral com o público. Queríamos descobrir como aproximá-lo da experiência cênica, como fazê-lo conectar o que ele via em cena com suas próprias referências, lembranças e memórias.

Como pudemos observar, as intenções dos modelos de teatro biográfico estudados nesse trabalho também pretendem essa aproximação do espectador através de um apelo ao comum, ao cotidiano, a essa impressão de real, de vivo.

Talvez resida nesse ponto a maior aproximação entre o trabalho aqui descrito e os modelos de Biodrama estudados anteriormente. É nesse desejo de aproximação, de encontro, onde fica evidente que o teatro busca se reinventar para si e para os outros, a fim de estabelecer de forma mais concreta e real, aquilo que parece ser sua razão de ser: seu contato e troca com o outro.

Também é possível resgatar o quanto esse desejo de aproximação foi se desenvolvendo no decorrer da história do teatro de diferentes formas, isto é, os diferentes modos do teatro de se relacionar com a realidade e alcançar seu público.

Considerações finais

Esse trabalho representou uma aprendizagem para mim, pois me possibilitou realizar um estudo mais completo sobre as relações entre realidade e teatro. Dessa maneira eu pude localizar melhor os momentos da história teatral, sob a perspectiva que eu pretendia estudar, ou seja, sob a perspectiva de um olhar sobre o real na cena. Assim eu descobri que é uma relação que se dá há muito tempo, mas de maneiras diversas.

Pesquisar esse tema fez com que eu retomasse alguns períodos da história do teatro, ampliando meus conhecimentos sobre os mesmos. Além disso, eu pude pesquisar e desenvolver mais profundamente as minhas ideias sobre a questão da realidade/ficção, das biografias e autobiografias, do biodrama e das formas de teatro biográfico.

A partir desse estudo posso relacionar de forma mais clara a inserção de elementos pertencentes ao real na cena contemporânea como uma repercussão de um desejo de realidade, e de afirmação enquanto vida, que se manifesta em nossa vida cotidiana e contamina o teatro e suas aspirações.

Relaciono essas abordagens com um desejo de renovação do próprio ato teatral, que se vê saturado em suas convenções e que busca fugir do tradicional, do já conhecido, procurando descobrir novas formas de desafio a ele próprio, o teatro, e àqueles a quem se oferece.

Essa pesquisa fez com que surgisse em mim um desejo de maior aprofundamento na questão da recepção do espectador, que, como coloquei, pode ser amplamente reconfigurada através dos modelos que se prestam a relacionar realidade e ficção. Dessa maneira o trabalho possibilitou a abertura de interrogações e anseios para uma futura pesquisa voltada para a questão da recepção.

As minhas maiores dificuldades estão ligadas principalmente ao material bibliográfico escasso ou inacessível que não permitiu que esse trabalho alcançasse um maior aprofundamento. No entanto, abordar esse tema foi de crucial importância no meu processo de formação como atriz e diretora que vem experimentando as fronteiras tratadas nesse TCC.

Também cabe mencionar que o fato de eu não ter presenciado um espetáculo do *Ciclo Biodrama*, me obrigou a trabalhar com essa noção a partir da referência de outros autores. Isso, certamente, representou um obstáculo para uma melhor confrontação do espetáculo *A Ponto de Partir* com a idéia do Biodrama. Mesmo assim considero que trabalhar com o marco das ideias foi estimulante para a reflexão sobre meu próprio projeto de direção.

Nesse sentido foi muito interessante relacionar as referências do biodrama - um modelo que está sendo desenvolvido num contexto diferenciado do meu - com um trabalho pessoal, desenvolvido dentro da academia e parte integrante da minha formação enquanto artista.

Como consequência disso o trabalho foi capaz de relacionar diversos temas que surgiram como perguntas e anseios no decorrer de minha carreira acadêmica, fazendo com que eu pudesse aprofundar-me em alguns deles e sem dúvida adquirir novos objetos e anseios para as futuras pesquisas.

Este trabalho representa uma pequena e inicial referência sobre os temas colocados em pauta, tanto para mim como para possíveis pesquisadores e acadêmicos futuros que se interessem por uma pesquisa nessa vertente.

UMA REFLEXÃO SOBRE A EXPERIÊNCIA DA INTERPRETAÇÃO A PARTIR DE ESTADOS EMOCIONAIS

Vinicius Pereira

> *Pra onde vão os trens*
> *meu pai?*
>
> *Para Mahal, Tamí,*
> *para Camirí, espaços*
>
> *no mapa, e depois o pai*
> *ria: também*
>
> *pra lugar algum meu*
> *filho, tu podes*
>
> *ir e ainda que se mova o*
> *trem*
>
> *tu não te moves de ti.*
>
> Hilda Hilst

Introdução

    Este Trabalho de Conclusão de Curso resulta da continuidade de meu trabalho desenvolvido com base na experiência como bolsista de iniciação científica no grupo de pesquisa *ÁQIS - Núcleo de estudos sobre processos de criação artística* liderado pelos professores André Carreira e Antonio Vargas[246]. As bases deste projeto foram construídas a partir de discussões teóricas e experiência prática desenvolvida desde o início de 2008. Abaixo, explicarei como a pesquisa que desenvolvi no projeto orientado pelo professor supracitado veio a se conformar neste Trabalho de Conclusão de Curso. Assim sendo, é primeiramente necessário explicitar o tema no qual meu trabalho se inscreve: a interpretação através de estados e suas possibilidades de jogo do real em zonas de ficção a partir de minha experiência prática no grupo de pesquisa.

Além de participar do projeto integrado *Teatro de Grupo: conformação de modelos de ator*[247], coordenado pelo professor Carreira, também trabalho no Laboratório Experimental, pesquisa prática vinculada ao ÁQIS na qual se aborda uma reflexão sobre o grotesco através de uma interpretação de estados, visando à construção de um espetáculo.

No teatro, o grotesco se evidencia frequentemente pelo trabalho com personagens cômicos, inspirados nos bufões da idade média, e representações que exploram distorções do aspecto real assumindo deformidades, tanto em acepções cômicas quanto trágicas. Desse modo, parece comum se associar o grotesco no teatro à distorção física, em detrimento às referências reais, ao que se espera normal e harmônico.

Seguindo a oposição entre comédia e tragédia definida por Aristóteles, Vitor Hugo coloca o grotesco em oposição ao sublime, aquilo que satiriza a realidade e aquilo que a eleva: "*se passa do mundo ideal ao mundo real, aqui desenvolve inesgotáveis paródias da humanidade*"[248]. Considera o grotesco como criador do disforme e do horrível, e outrossim do cômico e do jocoso.

Da mesma forma, o pesquisador alemão Schneegans traça uma reconstrução histórica e teoriza acerca do grotesco. Segundo Bakhtin, Schneegans "ignora a *ambivalência* profunda e essencial do grotesco, no qual percebe apenas uma exageração denegridora, realizada com finalidades estritamente satíricas".[249] O corpo é evidenciado em seu estado de incompletude, sua constante criação, corpo e mundo estão mutuamente ligados, comunicam-se em suas aberturas e excrescências.

No Laboratório Experimental, consideramos como abordagem grotesca a relação entre contradições, a composição de uma pilha de elementos que dão estrutura à construção cênica. A interpretação através de estados (cansaço, euforia, depressão, riso, etc.) nos foi proposta como jogo, no qual induzíamos um estado de nossa escolha e o mapeávamos fisicamente, como procedimento técnico para encontrarmos "chaves" para este tipo de interpretação.

Pelo enfoque do pesquisador e diretor argentino Guillermo Cacace, "o grotesco não é portador de sentido, não remete a nada, é uma encarnação do sentido. Não admite máscaras porque é justamente sua desconstrução ou bem, a potência que habita detrás da máscara emergindo por suas gretas".[250] Ou seja, o grotesco aqui carrega consigo o aspecto de algo oculto que se força a aparecer por trás de outros elementos mascarados. O grotesco provém de instâncias contraditórias no mesmo corpo, ou no entre corpos. A contradição se dá pelo choque de elementos variados, a tentativa de encaixe das partes da composição cênica (figurino, espaço, texto, personagem, ação, intenção, etc.).

Dessa forma, o espetáculo que construímos não é só um produto em si, mas também matéria para discussão e experimentação. Como elucida Kayser, é "válido o fato de que o grotesco só é experimentado na recepção. Mas é perfeitamente concebível que seja recebido como grotesco algo que na organização da obra não se justifica como tal."[251] Ainda que se defina uma estrutura grotesca (o empilhamento de elementos contraditórios, no caso), há uma dependência da recepção, pois é nela que se dá a sensação de desencaixe e a tentativa de organização e mesmo o olhar teatral.

O grotesco é visto nesta experimentação como relação entre elementos contraditórios: o empilhamento de elementos que se contrapõem gerando uma matriz, "personagem". O estado – de tristeza, euforia, asco, alegria, cansaço, etc. – é induzido pelo ator, que o mapeia fisicamente e, então, experimenta-o no jogo. O estado emocional escolhido por cada participante do processo é uma das camadas que compõem a matriz de interpretação que sustenta a pesquisa.

O teatro de estados, expressão cunhada pelo ator, autor e psicanalista argentino Eduardo Pavlovsky, trabalha com uma intensidade que transborda a personagem. De fato, não há neste tipo de teatro uma unidade de personagem oriunda de um texto dramático prévio que seja completamente predominante sobre o trabalho e a presença do ator; a criação se dá pela coexistência de uma multiplicidade de níveis que dão textura e dimensão da personagem e, sobretudo permitem que o ator recorte a cena através de interferências não regidas pela dramaturgia.

Assim como Pavlovsky, Ricardo Bartís é também um expoente que se refere sistematicamente neste tipo de teatro em Buenos Aires, buscando que os atores experimentem texto através de estados dramáticos. A materialidade do corpo do ator e seus devires são base para experimentação, potência teatral anterior ao próprio teatro.

É a partir dessas ideias que desenvolvemos nosso trabalho de atuação no Laboratório Experimental, onde de fato não concentramos nosso trabalho em uma pesquisa fundamentalmente conceitual. Fizemos uma pesquisa empírica da interpretação de estados, sem nos atermos profundamente nos conceitos e nas experiências de Pavlovsky e Bartís, o que nos faz reconhecer certa particularidade a esta experiência em relação às argentinas. Partimos de uma premissa empírica, que consistia em colocar em funcionamento uma proposição simples para averiguar como o estado poderia ser construído e como o mesmo operaria segundo novas tensões. Dessa forma, cada ator e atriz pesquisou esse procedimento de acesso a um estado emocional, buscou como induzir o corpo a produzir sensações específicas de um estado em uma condição deslocada do eixo pessoal do ator. Com algumas semanas de trabalho, o prof. Carreira nos propôs a montagem de um espetáculo que exploraria a silhueta urbana. Durante o primeiro ano, trabalhamos em sala o procedimento para chegar ao estado e jogos de interação com essa técnica de interpretação. No início do terceiro semestre de pesquisa, já com as cenas definidas, passamos a ter encontros na rua. A partir dessa experiência, identificamos uma grande questão: tendo em vista o desgaste físico e os desafios reais que o público nos lança nos espaço da rua, como manter o estado emocional durante toda a apresentação? Buscamos, então, trabalhar com modulações do estado, fazer com que esteja sempre presente no corpo do ator, mas em diferentes níveis durante o jogo teatral.

Para melhor delimitarmos nosso foco de pesquisa de interpretação, decidimos qualificar como "emocional" o termo *estado*[252]. Compreendemos as emoções como reações subjetivas a experiências associadas a variações fisiológicas e comportamentais, comunicando a condição interna da pessoa aos outros, provocando uma resposta. Identificamos estados emocionais não somente por suas expressões faciais, outrossim, pela atividade motora, linguagem corporal e mudanças fisiológicas. Não desenvolvemos uma pesquisa teórica conceitual do termo *emoção*, trabalhamos com um conceito empírico – iniciamos a pesquisa com o estado a partir de mudanças fisiológicas, trabalhando qualidades da atividade motora e linguagem corporal. Não me aprofundarei em um desenvolvimento teórico sobre as emoções neste Trabalho de Conclusão de Curso. Uma revisão sobre o conceito de emoção nos campos da filosofia, da psicologia, da psicanálise e da fisiologia é desenvolvida no primeiro capítulo da dissertação de mestrado de Heloíse Baurich Vidor, *A emoção do ator: Stanislavski, Brecht e Grotowski na perspectiva do ator e sua formação*. Utilizo as reflexões de Vidor para relacionar a pesquisa empírica do Laboratório com conceitos teóricos sobre o trabalho do ator e pensar no jogo teatral (em seu amplo sentido) como elemento que possibilita uma zona lúdica, onde transitam elementos reais e ficcionais para a composição artística.

Para tratar do tema proposto, desenvolvo na primeira parte deste trabalho um relato de minha experiência prática no Laboratório Experimental, aliando a isso reflexões sobre referentes teóricos, discutindo conceitos utilizados no grupo de trabalho para melhor estabelecer os aspectos da interpretação através de estados, e assim compreender esses procedimentos lúdicos como mecanismos criadores de zonas de ficção. Igualmente, trago vozes de participantes do grupo, bem como o pensamento do prof. André Carreira sobre nosso processo de criação com os estados emocionais no Laboratório. Para melhor entender as especificidades do trabalho prático, principalmente ao que concerne o procedimento de interpretação (o acesso ao estado emocional através de estímulos físicos e encadeamento de imagens mentais) relaciono conceitos de Constantin Stanislavski, como *memória emotiva*, *"se" mágico* e *tempo-ritmo*, discutidas por Raúl Serrano, Eugênio Kusnet e Heloíse Vidor.

Na segunda parte do presente trabalho, a referência principal que utilizo para pensar no jogo com os estados como uma zona lúdica, onde elementos reais e ficcionais coexistem e se difundem, consta nas ideias de Lev Semenovitch Vigotsky sobre arte e imaginação, o mecanismo da imaginação criadora e o conceito de brinquedo. São conceitos e ideias que relaciono com o trabalho que desenvolvi como ator, bem como minha experiência enquanto professor e diretor de teatro. Além disso, este trabalho refere-se a questões da atualidade teatral, como a necessidade de se fazer teatro, abordada por Denis Guénoun, o jogo real entre atores e espectadores e o nível de vivência dessas instâncias no acontecimento teatral.

Em minha trajetória enquanto graduando em Artes Cênicas, diretor, ator e professor iniciante, venho trabalhando com esse tema, buscando material criativo a partir de elementos autobiográficos e reais dos atores para a criação teatral. Pesquisar um tema vinculado à minha experiência e com o qual tenho afinidade, associa a este trabalho de conclusão de curso o meu prazer em estudar teatro relacionado à minha vontade de elaborar pensamentos e refletir sobre meus conhecimentos e meu percurso acadêmico, no sentido de apontar caminhos para outras pesquisas além da graduação. É pertinente, ainda, destacar que não pretendo com este trabalho de conclusão de curso elaborar uma teoria sobre o trabalho no Laboratório Experimental, mas tomá-la como ponto de partida para a discussão e a reflexão de ideias propostas por grandes pensadores e pesquisadores. Penso que este trabalho de alguma forma constituirá em uma interface com o grupo do Laboratório, pois traz uma reflexão teórica de uma experiência vivida por todos, aliada a leituras e discussões que fizemos no grupo. A importância deste estudo não se restringe a tal grupo fechado, mas considero sua relevância no campo teatral por tratar de temas intrínsecos à arte, não trazendo um novo olhar (pois seria quase impraticável, mais ainda em um trabalho deste porte) senão uma apreciação atenta à solvência entre fantasia e realidade no sentido da imaginação e criação do ator.

Início do trabalho no *Laboratório Experimental* - Relato de primeiros exercícios e questionamentos

No primeiro semestre de 2008, integrei-me ao *Laboratório Experimental*, projeto vinculado ao ÁQIS, com encontros semanais onde trabalhávamos de forma prática com a interpretação através de estados emocionais, sob orientação do Prof. Dr. André Carreira, visando à construção de um espetáculo de abordagem grotesca como um procedimento para desenvolvimento do trabalho prático de pesquisa. O grupo já existia (com um número menor de integrantes) desde 2007, cujo foco era pesquisar uma interpretação a partir da ideia do grotesco através do procedimento de "empilhamento" de elementos contraditórios como eixo do processo criativo do ator, resultando no espetáculo *Das sobras de tudo que chama lar.*

Para a nova montagem de espetáculo à qual me integrei em 2008, também partimos de elementos aleatórios para a construção de uma estrutura criativa de atuação: bem como os estados emocionais, os figurinos foram escolhidos segundo a vontade pessoal de cada ator e atriz (antes mesmo de definirmos um texto), e decidimos que encenaríamos o espetáculo na rua. Neste sentido, o grupo tinha como proposta trabalhar a composição do ator através de um empilhamento de elementos.

Para o melhor entendimento do leitor, descreverei como eram nossos encontros no processo de trabalho do *Laboratório* de forma que seja mais compreensível nosso percurso de criação durante esses três semestres[253], aproximadamente.

Encontrávamo-nos uma vez por semana, em um período de três

horas, na Sala de Dança 1 do Centro de Artes (CEART) da Universidade do Estado de Santa Catarina (UDESC). A primeira das proposições que tivemos foi a escolha do figurino, que deveria seguir o seguinte critério, como sugestão do Prof. André: "Eu, por exemplo, sempre quis usar um figurino de militar da Segunda Guerra, verde e de feltro... Seria interessante se vocês pensassem nos seus figurinos da mesma forma, a partir de uma vontade pessoal." Essa proposta era muito instigante, pois mexia com nossos "sonhos", seria o figurino desejado independentemente por cada ator e atriz. O próprio figurino já carregaria um capital emocional para cada participante, um vínculo de caráter lúdico parecido com a realização de uma criança ao se fantasiar do que quer ser, ou parecer ser. Com isso, os figurinos escolhidos foram os seguintes: motoqueiro (Vicente Concílio), médica-cirurgiã (Adriana Santos), bailarina (Lara Matos), colegial (Patrícia Barrufi), cavaleiro de hipismo (André Felipe), mulher disfarçada (Ana Luiza Fortes Carvalho), dançarina de flamenco (Gabriela Giannetti), *cowgirl* (Heloisa Marina), vestido de época (Ligia Ferreira), camponesa medieval (Naiara Bertoli), noiva (Tama Ribeiro) e roupa típica escocesa (Vinicius Pereira).

Como ponto de partida da pesquisa empírica, conforme a orientação do Prof. Carreira, buscamos explorar uma interpretação através de estados emocionais. Cada ator e atriz escolheu um estado para pesquisar, identificando procedimentos físicos para chegar a tal estado emocional escolhido. Para isso, foi-nos solicitado o seguinte: uma vez escolhido e experimentado o estado, fazer uma "decupagem" – perceber que estímulos físicos melhor funcionavam para alcançar o estado, e então, codificar e repetir o procedimento.

O primeiro estado que escolhi foi *angústia*. Busquei trabalhar este estado a partir de tensões do corpo, começando pelos pés, passando pelas pernas, glúteos, abdome, peito, ombros, braços, pescoço, maxilar e olhos. Identifiquei que chegava ao estado fazendo um "jogo" com as tensões físicas: com meu corpo todo tensionado, relaxava bruscamente alguma parte. A tensão e o relaxamento, em si, modificavam meu fluxo de respiração. Testei caminhar com o corpo neste estado, e às vezes tinha um ímpeto de cair no chão e gritar, como se estivesse com dor. Vinham-me à cabeça imagens de cansaço físico, uma pessoa em fuga que precisa continuar correndo e cai e tenta levantar-se, alguém que se afoga e tenta chegar à superfície para respirar, ou ter que falar algo de muita importância e não ter palavras, estar prestes a me jogar de um prédio. Com isso, sentia minhas pernas e minha face adormecerem, provocava espasmos do abdome e a coluna se curvava, a cabeça pesava, eu ia ao chão e depois me levantava com certa dificuldade.

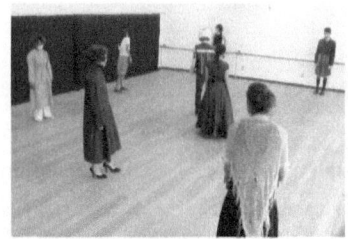 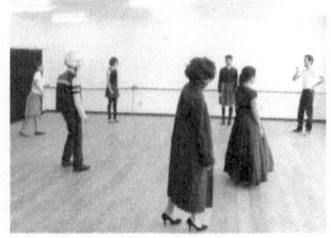

[Foto 1 e 2: primeiras experimentações com figurinos e estados emocionais – acervo ÁQIS]

Dando continuidade à experimentação, reduzimos o espaço físico do exercício, a área de circulação propriamente dita, onde estavam as atrizes e os atores. Dessa forma, tínhamos de trabalhar com energias equivalentes de movimentos mais expansivos para outros mais contidos; buscar a mesma potência do estado encontrada anteriormente. Assim, percebi que o que mais me interessava na queda era a sensação de desfalecimento e languidez em contraposição à sustentação do corpo, sem precisar cair de fato. Também passei a não mais gritar, modulando essa energia para um fluxo de contração das mãos espalmadas. Percebi que desse modo chegava mais rapidamente ao estado.

Após trabalhar individualmente o estado, houve uma necessidade de experimentá-lo em interação com os estados dos outros atores e atrizes. Foi proposto um exercício no qual pela primeira vez utilizamos um texto. Então, André Carreira propôs um breve diálogo, com o qual fizemos jogos de interação numa área ainda menor que a do exercício anterior. O texto, definido rapidamente pelo professor, era o seguinte:

> A: - Quanto custa a água?
>
> B: - Dois reais.
>
> A: - Não dá para fazer mais barato?
>
> B: - Não, são dois reais.
>
> A: - Mas eu 'tô com sede...
>
> B: - Desculpa, não vai dar mesmo.

As falas não tinham importância alguma; o foco estava em como interagíamos através de um texto banal, motivados por estados tão diversos e figurinos tão estranhos uns aos outros. Mesmo sem a preocupação de compor uma personagem para o diálogo acima, tanto o texto quanto a interação com outros atores e atrizes e seus estados tornaram-se um obstáculo para o meu estado no jogo. Existia inconscientemente uma contaminação de um estado pelo outro, e eu me sentia buscando um sentido para o texto. Dessa forma, o estado do ator ou da atriz com quem eu interagia parecia me demandar uma resposta, como se eu tivesse que reagir àquele estado de raiva ou desprezo, por exemplo; e assim, o meu estado se permeava pelo significado dos outros estados. Esse foi um embate que iniciou naquele momento e me acompanhou durante outros encontros do *Laboratório Experimental*. Após este jogo, finalizamos este encontro com uma conversa sobre o trabalho. Ainda sobre o exercício acima descrito, André Felipe, participante do grupo de pesquisa, destaca o seguinte:

> Lembro que minha maior dificuldade com o jogo do 'diálogo da água' foi o de interagir com outro ator. Vínhamos de exercícios muito introspectivos e solitários, buscando o estado no próprio corpo, alcançando seu extremo. Botar-se em jogo exigia deixar-se permear pela interação do outro e, dessa maneira, não demorava

muito para que o estado fosse embora como lógica interna. Falar um texto também não foi fácil, estava acostumado com a ideia de deixar que o meu estado guiasse completamente meu corpo. Um texto que vinha como um 'comando exterior', portanto, não era simples de ser dito. Enfrentei a dificuldade (que depois apontaríamos como o desafio de interpretação do espetáculo *Circus Negro*) de comportar estado, texto e interação – acabei muitas vezes caindo na 'máscara' do estado, em seus resultantes mais externos (o corpo calculadamente tenso, o berro ensaiado, o olhar artificialmente amedrontado, etc.). Por fim, cheguei à conclusão de que o ideal seria um equilíbrio entre estes três materiais, manter o estado influente sobre o meu corpo e deixar-se interagir e jogar com o texto e meu companheiro de cena. Após muitas tentativas, posso dizer que em alguns momentos me aproximei desse equilíbrio, mas sempre como um acontecimento frágil e oscilante, que surgia, escapava diante de um novo obstáculo para depois voltar a aparecer.[254]

Conforme nossa proposta de montagem, trabalhamos com uma abordagem grotesca pela relação entre contradições, como se a construção cênica fosse estruturada por camadas empilhadas aleatoriamente (figurino, espaço, texto, interpretação, etc.) e a relação contraditória entre tais aleatoriedades constituiriam o aspecto grotesco. Primeiramente, eu enxergava o estado como uma das camadas que compunham a matriz de composição cênica. Durante o processo de trabalho e pelas discussões que fazíamos, passei a perceber o estado como um elemento que transpassava a todas as outras camadas da estrutura cênica que criávamos.

Experimentar o trabalho com os estados trouxe algumas questões ao grupo de pesquisa, principalmente em relação à intensidade do estado e sua repetição, uma vez que montaríamos um espetáculo e a volatilidade dos estados trazia certa inquietude em relação de como seria isso nas apresentações. Como coloca Ana Fortes, integrante do grupo, em texto postado no *blog* do Laboratório, "o trabalho com os estados exige um envolvimento emocional, vivencial, algo próximo de uma não-interpretação. Como fica esse trabalho ao ser levado para a cena? Como a repetição modifica a relação vivencial do estado?"²⁵⁵ Heloíse Vidor²⁵⁶, até então integrante do Laboratório, acrescentou discussões semelhantes e pertinentes:

> Outra questão que para mim ainda é confusa é a proposta dos estados, estado não como dilatação energética como me parece ser a proposta do Barba, Lume, etc., mas o estado vinculado à uma determinada emoção e sua repetição. No cinema me parece mais fácil concretizar esta proposição, mas no teatro...
>
> Segundo o que estudei a emoção é involuntária e a perseguição por ela resulta falso, mecânico. A ação física é o caminho para que você cerque, estimule, provoque, mas ainda assim não garante nada. A ação física ou psicofísica gera um estado, isso sim, mas não necessariamente aquele que você deseja ou pré-supõe.
>
> No âmbito terapêutico psicodramático, até onde eu experienciei, o reviver é rápido e até certo ponto fácil porque o sentimento e a emoção foram reais e intensas. A proposta é trazer este sentimento/emoção real para a cena? Uma ou duas vezes, vá lá, mas como repeti-la? Ou a cada espetáculo colocar uma emoção relacionada ao seu estado de espírito naquele dia ou naquela semana...? Seria isso?

Estava claro que tais questionamentos partiam da experiência de um procedimento de interpretação não comum às atrizes e aos atores. Questionávamos para compreender o que fazíamos ou mesmo o que iríamos fazer, buscando nas discussões em grupo formas de entendimento do trabalho. Percebo agora que a "solução" para a problemática do esvaziamento do estado pela repetição das apresentações só pôde ser mais facilmente encontrada ao montarmos cenas de fato. O início para tal "resolução" era encontrar o melhor caminho para se acessar ao estado emocional de interpretação, cujo valor consiste na relação entre o desgaste físico e a qualidade interpretativa.

Durante o primeiro semestre de trabalho, experimentamos diferentes estados até cada um dos participantes definir o que gostaria de pesquisar mais profundamente. Nesse processo, passei pela experimentação de alguns estados, tais como *raiva, excitação, cansaço, euforia*, até chegar ao qual me senti mais instigado a trabalhar: *tédio*. Não cheguei a este estado pelo nome, ou pelas qualidades do substantivo. Só pude nomeá-lo, de fato, após certo tempo de trabalho, porque fui acumulando elementos de sua composição no decorrer dos encontros do Laboratório. Ao perceber que dado estímulo me provocava algo significativo no âmbito das emoções e que eu conseguia manter tal estímulo e consequentemente a forma do estado como material de interpretação, eu passava a repetir e combinar com outros estímulos, o que resultou no procedimento de alcance do meu estado de interpretação neste processo. Conforme as emoções que me passavam exercitando esse estado, pude nomeá-lo segundo a primeira entrada do substantivo *tédio* presente no Dicionário Eletrônico Aurélio: "aborrecimento, fastio, nojo, desgosto".

Portanto, não pensei formalmente no *estado de tédio* para, então, compô-lo. O meu estado partiu de estímulos físicos; e é claro que eu tinha alguma idéia do que determinados estímulos podiam me provocar, fazia um jogo de verificar hipóteses: "se fizer isso, chego naquilo". Dessa maneira, construí meu mecanismo de acesso ao estado, e também procurei imagens (estímulos mentais aleatórios) que me auxiliassem a chegar a tal zona do estado.

Fisicamente, posso descrever a forma de acesso ao meu estado da seguinte maneira: corpo parado, em pé; olho para um ponto ao longe, tranco a respiração por um tempo, e depois até o limite. O fluxo de respiração muda, torna-se mais curto. Enquanto isso, meu peito está como que fechado; os braços cruzados (primeiro à frente, depois atrás), solto um dos braços, seguro o outro. Mudo o eixo de equilíbrio do meu corpo. A respiração curta traz uma sensação de cansaço nos músculos, com isso (e a mudança do eixo de equilíbrio) transito do plano alto para o médio e baixo. Quando estou no plano baixo, me faço levantar com os braços, e crio uma oposição com certo relaxamento das pernas. Esta atividade de querer levantar e não conseguir, também muda o fluxo da minha respiração e dos batimentos cardíacos (cansaço). Por vezes meu abdome se contrai, e faço sair quase todo o ar dos pulmões pela boca, criando uma tensão entre barriga, peito e garganta.

Além disso, como estímulos mentais, penso em situações nas quais desejo ir embora, mas não posso ou não consigo; estar preso em uma multidão sem querer ser tocado (carnaval, ônibus lotado); perder tempo esperando por coisas inúteis (elevador demorado, alguém fura a fila, impressora com defeito, sistema fora do ar, faixa de pedestres); ter os sapatos molhados em um dia frio. Estas imagens mentais não têm ordem fixa, nem mesmo lógica, são estímulos que me impõem um ritmo peculiar de pensamento e me modificam sensorialmente conjugados aos estímulos físicos, fazendo-me permanecer no estado.

> Desta forma, se pode supor que o primeiro elemento que irá condicionar o processo de construção da personagem não será a abordagem que racionaliza uma série de porquês. Então, o foco se desloca para o plano das imagens, imagens que nascem de jogos de improvisação sustentados pelos estados vivenciados pelos atores. E já não de um raciocínio que se estrutura de forma planejada para cumprir objetivos previamente estabelecidos segundo a demanda da personagem.[257]

A interpretação através de estados potencializa o jogo com as imagens, possibilita uma experiência lúdica de imaginação e criação, onde não é a memória da imagem (suas circunstâncias e emoções vividas) que tem caráter principal, mas a própria construção de imagens a partir de estímulos físicos que sustenta o jogo. Penso que o aspecto de vivência do estado emocional "preenche" uma personagem com mais consistência por valer-se de elementos palpáveis ao ator, pelo menos em comparação a outras formas de atuação que experimentei, nas quais simplesmente "vestia" a personagem a partir de materiais alheios ao meu corpo, sem qualquer relação com minhas referências e material criativo pessoal. Estou longe de afirmar que toda forma de interpretação tenha de ser com estados emocionais, ou que esta é a melhor das técnicas. Mas acredito que um processo de criação em que o ator busca em si próprio a "matéria" para jogar aliado ao caráter de experiência que a interpretação por estados se propõe, traz certo frescor e até mais prazer ao jogo do ator.

Primeiros encontros e discussões com referenciais teóricos - Stanislavski – *como se fosse*, *memória emotiva* e *tempo-ritmo*

Durante o processo de criação no Laboratório Experimental, os exercícios que fazíamos geralmente se assemelhavam a situações que vivi quando criança, momentos de brincadeira onde minha imaginação se misturava com minhas emoções. As imagens mentais que buscava tinham profunda ligação com o arsenal fantasmagórico que eu acessava em minha infância naqueles momentos de brincadeira, como a vontade de sair imediatamente de um lugar, a inquietação de ser observado (por um monstro ou um ladrão, por exemplo). Esses tipos de imagens não se limitavam ao meu pensamento, mas funcionavam como estímulos que me inseriam em uma situação de peculiar carga emocional, combinavam-se com os estímulos físicos que eu produzia, trazendo ações específicas e ativando todo o meu corpo, fazendo-me experimentar um estado de emoção induzido. A partir dessa experiência e das minhas referências vividas durante a infância, passei a experimentar a relação entre realidade e fantasia, de forma que percebo certa difusão dessas duas instâncias nessas vivências citadas.

Em relação ao trabalho do ator, essas brincadeiras de criança, mais precisamente as de faz-de-conta, podem ser comparadas ao que o ator, diretor e teórico russo do início do século XX, Constantin Stanislavski[258] chamou de "mágico *se fosse*", o *como se fosse* ou o *SE mágico*. É pertinente retornar ao referente de Stanislavski porque é inevitável pensar o *SE mágico*, pois o estado pesquisado no Laboratório Experimental produz um espaço lúdico, conforme mencionei, e abre um lugar de jogo onde transitam imagens criadas a partir de experiências, ou melhor, de referências próprias ao ator. Logo, no que se difere (ou será que se difere) a interpretação através de estados daquela desenvolvida por Stanislavski?

Sobre esse procedimento "mágico *se fosse*", Vidor afirma que "a alavanca para sair do real e ingressar no plano do imaginário pode partir da pergunta: 'O que eu faria se fosse...'. O ator identifica-se com a personagem, sem perder a sua identidade, provocando em si mesmo reações internas e externas. Ele acredita na possibilidade, naquilo que não é, mas poderia ser".[259] Dessa forma, o "mágico *se fosse*" despertaria a *vontade de agir* do ator representando a personagem dentro das *circunstâncias propostas*. Para isso, Kusnet, introdutor do Método de Stanislavski no Brasil, cita um exemplo no qual o ator deve pensar em proposições como as seguintes para fazer uma cena em que a personagem tem de roubar dinheiro do caixa para ajudar a um amigo:

> Uma vez estabelecidas, analisadas e selecionadas as CIRCUNSTÂNCIAS PROPOSTAS, como no nosso exemplo, o aluno se perguntaria: '*E se eu fosse aquela pessoa?* Se a *minha mãe* estivesse à morte? Se o *único lugar* onde eu pudesse arranjar dinheiro *na hora* fosse a caixa do banco? Etc., etc., etc.,... *como eu iria agir?*[260]

Assim a partícula condicional *se* traz uma potência "mágica" à ação do ator, carrega consigo uma potência imaginativa. Kusnet[261] afirma que "esse condicional [*se*] é muito significativo. Ele presume a aceitação simultânea da realidade – *eu, o ator que sou*, e do imaginário – *o personagem que eu, o ator, poderia ser.*" O ator então recorreria ao seu imaginário para compor a ação do personagem, ainda que não tenha vivido de fato determinada situação em que a personagem se encontra.

Além de imaginar-se em determinada situação, para se fazer crer nela, seria necessário ao ator participar emocionalmente das circunstâncias imaginadas. Daí o conceito de Stanislavski de *memória emotiva* que, segundo Vidor, propõe "que o ator deliberadamente tente resgatar momentos de intensa emoção de sua própria vida, na tentativa de se aproximar destas emoções e de usá-las na sua criação".[262] Para Stanislavski[263], a *memória emotiva* é um instrumento para a compreensão das circunstâncias propostas pela peça através de uma analogia acessível ao ator, sem pretender reviver a experiência real da emoção. Nesse caso, a ação é o resultado de um estado emocional da personagem pré-determinado pela dramaturgia, o que não está de acordo com nosso processo de criação do *Circus Negro*.

Percebo que em minha primeira experimentação para acessar o estado emocional procedi pela via circunstancial, busquei produzir o estado pensando *como estaria meu corpo se eu estivesse no estado de angústia*, como descrevi no início deste primeiro capítulo. E de fato eu cheguei a um estado interpretativo de angústia com este procedimento, mas no decorrer dos encontros, com a repetição do estado, identifiquei que ficava mais difícil chegar ao estado se eu não me concentrasse nos estímulos físicos. Era necessário entender quais mudanças biofísicas eram necessárias para eu chegar a tal estado emocional, pois só as imagens mentais acabavam me levando a outro estado dependendo do meu ânimo naquele dia. Então passei a pesquisar o acesso a um estado emocional partindo de estímulos físicos, modificando meu corpo de tal forma chegava a determinado estado de maneira mais precisa e constante.

Lara Matos[264], integrante do grupo, relata em texto postado no blogue do Laboratório alguns aspectos de seu processo de experimentação com os estados:

> No terceiro dia e pesquisa queria trabalhar sobre as descrições de uma outra pesquisadora [do grupo, Adriana Santos], que acessa o choro através do relaxamento das articulações. Mas o que consegui foi passar a sentir uma incrível leveza, e calma, rapidamente embarquei no que estava acontecendo, chegando a um estado de calma profunda.

No Laboratório Experimental, partimos da forma para chegar ao conteúdo, ou seja, de uma forma física que remetesse a um estado emocional. Para acessar determinado estado emocional, além dos estímulos físicos, utilizo imagens mentais não como suporte do *SE mágico*, mas como abertura de um espaço lúdico; as imagens são materiais de preenchimento, de jogo interno, para a sustentação do estado emocional. Não existiu em nosso processo de criação um *como se fosse* circunstancial, uma situação dramatúrgica propriamente dita, mas a produção prévia de um estado emocional de interpretação dissociado de uma personagem dramática. Então, o estado emocional possibilita um espaço de jogo, tanto interno quanto externo, pessoal e com os outros atores e atrizes. Aspecto que se relaciona de certa forma com o conceito de tempo-ritmo composto que Stanislavski desenvolveu ao final de seus últimos anos de trabalho, já com o Método das Ações Físicas. A respeito disso, Kusnet cita o seguinte exemplo:

> proponho que imaginem uma vendedora de feira, num dia de muito calor, vendendo sua mercadoria, digamos, frutas.
>
> A sua 'realidade objetiva' é essa: sol impiedosamente quente, sonolência, fraqueza, apatia. São esses fatores que originaram o seu 'tempo-ritmo interior' muito lento.
>
> Mas a sua 'realidade subjetiva' é a absoluta necessidade de vender, quanto antes, suas frutas. Por isso ela tem que gritar alto e alegremente os nomes das frutas que vende, para chamar a atenção e provocar a simpatia dos fregueses. É isso que forma o seu 'tempo-ritmo exterior' muito agitado.
>
> O tempo-ritmo composto resultante da fusão dos dois deve dar o resultado procurado – a contradição humana.[265]

Nesse sentido o tempo-ritmo interior se manteria pelas ações físicas, no trabalho com o corpo e seu comprometimento nos níveis físico, intelectual e emocional, para isso o ator deveria deslocar sua atenção ao que tem de fazer. A reação entre a instância interior e a exterior possibilita uma zona lúdica onde o ator opera ao jogar. Dessa maneira, considerando o estado como impulsionador de um "tempo-ritmo interior" e a condição dramatúrgica como originária de um "tempo-ritmo exterior", tem-se o conflito que move o espetáculo *Circus Negro*. Ou seja, um estado emocional interior sobreposto pela obrigação de apresentar um número de circo, ou de simplesmente dizer um texto, cantar e dançar uma música, fazer uma reverência ao público; o estado se mantém no corpo do ator como uma força que se acumula ou encontra brechas para se dissipar.

Certamente há de se levar em conta que o método de Stanislavski tem base em um contexto específico; naquela época não existia outra forma de se fazer teatro senão a partir de um texto dramático. Segundo os escritos de Stanislavski, conforme afirma Serrano, o trabalho do ator começa pelo estudo e compreensão profunda do texto dramático, portanto "o método das ações físicas não é uma receita, nem uma invenção: é tão somente a descrição de algo que nós atores conhecemos bem, a improvisação. Tão somente há que precisar que se trata de improvisar nos limites do texto e das condições da cena e da obra."[266] (1996, p. 124, tradução nossa). De fato, fizemos o processo inverso no *Laboratório Experimental*, onde iniciamos a pesquisa de interpretação através de estados sem ter idéia de qual texto montaríamos. Claro que ao criarmos as cenas juntando o texto ao estado, passamos a construir algum sentido para o jogo entre as personagens; sentido que, vale à pena frisar, sempre foi posterior à criação das cenas, nunca predeterminado. Sobre a produção de um sentido na interpretação através de estados, Carreira afirma que:

> Os *estados* representam singularidades e não unidades em uma linha estrutural. O efeito produtor de sentido será um devir, pois certamente não há ator separado de seus atos. Seguindo uma orientação horizontal dos acontecimentos, que não está preocupada centralmente como o eixo vertical de causa e efeito, veremos os signos como entidades que ensinam algo, onde os *estados* importam mais pelo que representam factualmente do que pelo sentido racional que motivaria sua busca em relação com a personagem.[267]

Assim, as cenas foram criadas a partir dos estados, atribuindo matizes às personagens, dando carga à relação das atrizes e dos atores em cena. Logo, esse "processo inverso" que realizamos no Laboratório, primeiro trabalhar a forma de interpretação e buscar *como* antes de *o que* representar, possibilitou maior densidade criativa, mas também demandou que os atores estivessem seguros com essa forma de interpretação. Isso porque se levada pelo caráter volátil das emoções, a potência imaginária do estado poderia se dissipar muito facilmente com a repetição da interpretação, uma vez que não se teria uma referência precisa de "quem sou eu e o que faço".

De fato, o vínculo biofísico e emocional é explorado de tal maneira nesse processo de interpretação, que o trabalho de pesquisa dos estados me modificava tanto em cena, enquanto trabalho de interpretação, quanto após os exercícios que fazíamos. Não que o estado tomasse conta de mim completamente, mas sempre me senti diferente antes e depois do jogo com os estados. Geralmente eu ficava com a sensação de como se o meu ouvido estivesse tapado, meus batimentos cardíacos ficavam ainda acelerados por aproximadamente dois minutos, o fluxo de respiração um pouco ofegante; o desgaste físico era evidente. Ao mesmo tempo eu sentia como se tivesse esvaziando, uma sensação interior que se esvaía e dava lugar a certa euforia, ou mesmo prazer.

Apesar de eu ter controle do procedimento, de certa forma, o estado me tocava de fato; eu não tinha como sair do exercício com a mesma sensação que havia entrado nele. O cansaço também foi um dado importante em nossa pesquisa: sentíamo-nos muito cansados para repetir os jogos por muitas vezes; era como se o estado se esgotasse vencido pelo desgaste físico, por trabalharmos muito com o extremo do estado emocional. Com isso, passamos a buscar modulações dos estados e encontrar maneiras de "descansar" durante o jogo, transitar entre o mínimo e o máximo do estado trabalhado. Nesse ponto, pudemos dar um salto de qualidade na concentração e na densidade dos estados emocionais com o desenvolvimento dessas nuances na interpretação.

O processo de criação de *Circus Negro* - Confronto do estado emocional com o texto, a repetição e o espaço cênico

Após um semestre de trabalho, já tínhamos passado por

improvisações do texto realista de Ibsen, *O Pato Selvagem*, com os estados trabalhados, chegando à decisão de montar um espetáculo com base no texto *Circo Negro*, do dramaturgo e diretor argentino Daniel Veronese. O texto é basicamente constituído por pequenas cenas como números circenses, de forma que nos dividimos em duplas para trabalhar cada cena. É importante lembrar que cada um já havia decidido seu figurino antes mesmo da escolha do texto, e que não pensamos em lógica alguma para a divisão das cenas e personagens.

Para a criação da estrutura do espetáculo, o Prof. André Carreira tomou o papel de diretor e nos propôs situações incidentais, que não provinham do material dramatúrgico. Assim como os atores e as atrizes, o professor não tinha claramente definido como iríamos montar a peça, suas proposições partiam de sua observação sobre o que produzíamos em sala. As cenas do texto de Veronese são constituídas como números de circo, o material que dispúnhamos era então dividido da seguinte forma: 1) *Número das mãos*; 2) *Carrossel de Números Circenses*; 3) *Número das colheres*; 4) *Número de Carlotta maga*; 5) *Número do TILIN*; 6) *Número dos Olhos*; 7) *Número do conto russo*; 8) *Número da faca*; 9) *Número da morte de Carlotta*; 10) *Número da saudação*. Cada participante do grupo escolheu uma cena, a partir daí nos reunimos em duplas para trabalhar com as cenas. É relevante esclarecer que o texto *Circo Negro* foi escrito originalmente para uma montagem de teatro de animação. Além disso, a escrita de Veronese possibilita abertura suficiente para se interpretar uma frase como rubrica ou como fala mesmo. Para o nosso trabalho, decoramos o texto inteiro de uma cena, tudo virou fala ora de um, ora de outro ator, onde a lógica para essa divisão do texto em réplicas foi simplesmente "a primeira fala é sua, a segunda é minha...".

Começar a jogar com o texto através dos estados para compor uma cena, tornou-se um obstáculo para a sustentação do próprio estado. A indicação dada pelo Prof. André Carreira era de que decorássemos o texto de forma "neutra", pois segundo ele:

> Se o texto não é improvisado, o ator poderá melhor observar, de forma clara, como o *estado* (e seu excesso) dá novos sentidos ao

material textual.

A própria interpretação do texto deverá emergir da leitura ativa que se fará mediante a posta em funcionamento de improvisações que respeitam as falas dando ampla liberdade às propostas dos atores.

Improvisar implicará em experimentar infinitas modalidades interpretativas e sobre tudo, deixar que as energias impostas pelos *estados* conduzam os atores e abram espaços de interação na cena.[268]

Ainda que não pensássemos em construir uma cena a partir da dramaturgia, da lógica textual, e sim do estado emocional de interpretação, a matéria do texto, mesmo sua sonoridade, criava um confronto com o estado, desestabilizava os estímulos físicos e as imagens perdiam-se. Então, passamos a usar esse "confronto" como material de jogo, trabalhando cada vez mais a potência do estado e sua sustentação, buscando sua manutenção no decorrer da cena. Neste processo, foram surgindo novas idéias, como estabelecer maior conexão entre as cenas e os nomes das personagens (todos se chamam Rubens ou Doralice), também estabelecemos que uma atriz e um ator seriam narradores e apresentariam as cenas, bem como fariam uma cena inicial de apresentação do espetáculo, como um chamamento ao público que passa. Então o texto base foi sendo reformulado a cada ensaio, com inserção de excertos de outros textos. Como relata o integrante do grupo André Silva, quem foi o responsável pela adaptação dramatúrgica:

> Trabalhar com o texto e cena foi difícil, lembrar do texto e criar a situação da cena desviava a concentração e o foco para o jogo corporal e lúdico do estado. Algumas vezes funcionava, minha voz e minhas ações eram modificadas pela condição do estado, mas foram poucas as vezes em que consegui acessar o estado na cena com a mesma intensidade que vinha conseguindo nos exercícios da busca por ele. Com o tempo, nos ensaios do espetáculo, percebi que eu tinha achado uma forma artificial do estado, que praticamente se resumia na forma superficial, na casca

do que seria o estado. O texto *Circo Negro* não nos dava uma situação clara, dessa forma pedia que buscássemos o que era a cena, no que consistiam aqueles números de circo, qual era a relação entre os personagens e, de repente: 'como o estado está influenciando a cena?' No fim o que me ajudou foi jogar com a idéia de máscara, defini que na cena meu personagem tem um intuito de ser um palhaço de circo, mas para sua desgraça está em um estado de medo e apreensão. Então tomo a forma de um palhaço de circo como a máscara e o estado como a condição real do personagem, a idéia final é uma tensão entre a máscara e a emoção 'real'. Muitas vezes, entretanto, na dificuldade de acessar o estado na cena, este também acaba se transformando em máscara.[269]

Uma preocupação do grupo era não apoiar o trabalho de interpretação na "caricatura" do estado, de modo a ter em cena uma forma vazia, e assim ficar somente com a máscara do estado como uma "bengala" para o espetáculo. Com isso, procuramos mais nuances dos estados, não só o seu extremo. Uma vez levado ao extremo, o estado provocava grande desgaste físico, chegando a tal nível de esgotamento em que restava só uma "casca" do estado, uma interpretação vazia, sem os matizes que o constituíam. Com isso, o Prof. André Carreira nos propôs exercícios que pudessem nos auxiliar na manutenção do estado através de seu excesso, visando a identificarmos seu melhor funcionamento.

O tema do excesso como mecanismo do estado pode ser observado segundo dois aspectos. Primeiro, o excesso torna claro o modo de construção e de interferência no texto. Segundo, o excesso não permite uma maior durabilidade sem a completa deformação da estrutura dramática. Discutindo essas questões o grupo percebeu que era necessário fazer com que o estado preenchesse as cenas, construindo-as a partir de seu jogo. Sobre isso, Carreira afirma que:

> O excesso ainda ajudará a verificar se o *estado* está de fato bem articulado de acordo com seus elementos constituintes. Se os impulsos físicos que estão funcionando representam um

'repertório' de estímulos consistentes. Se o ator construiu algo que o enlaça e o conduz no jogo. O trabalho no nível extremo deverá ser posteriormente modulado no momento de composição da personagem e das cenas. Isso implica dizer que quando o excesso ofereceu ao ator todas as informações para o aprofundamento da experiência e jogo com o *estado*, começará a funcionar um mecanismo de regulação que deve permitir que o *estado* opere como substrato da cena.[270]

A partir disso, num de nossos encontros, após fazermos exercícios de aquecimento envolvendo ritmo e escuta de grupo coordenados por Lara Matos, trabalhamos um exercício proposto pelo Prof. Carreira que consistia em entrar e sair rapidamente do estado emocional e buscar como "descansar" durante a interpretação. Juntamo-nos num pequeno círculo, e cada um iniciou seu processo de acesso ao estado através de estímulos físicos, quando todos tivessem chegado ao extremo, saíamos do estado. Repetimos esse procedimento mais duas vezes, e cada vez visando chegar mais rapidamente ao estado; na terceira vez, agrupamo-nos nas duplas de cada cena e jogamos com o texto.

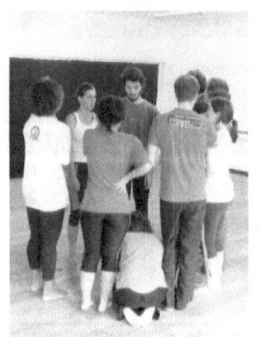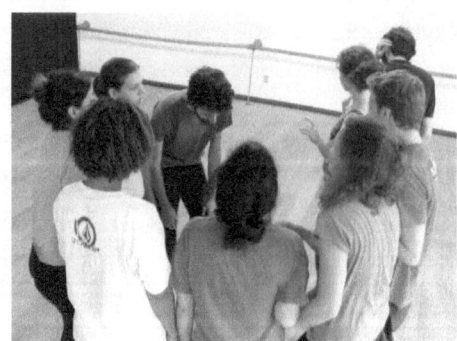

[Fotos 3 e 4: exercício de modulação do estado emocional – acervo André Carreira]

Então, trabalhamos as cenas em duplas e posteriormente assistimos uns as cenas dos outros, para discutir o trabalho de cada um.

Nesses momentos, quando não entrava em cena logo após esse exercício prévio de sair e entrar no estado, sentia-me falseando o estado, e o jogo não fluía como na primeira parte do trabalho. Esse exercício de fato me ajudou na manutenção do estado durante a cena, com isso consegui mantê-lo como parte fundamental da condição de representação. A qualidade que se alcançou ao fazer tal exercício antes de entrar em cena foi muito maior do que quando não o tínhamos experimentado. Essa dificuldade também aconteceu quando montamos a estrutura da peça e havia um tempo em que eu não estava de fato em cena.

Percebi que o exercício descrito acima se tornou necessário previamente à cena; é impossível, para mim, jogar com a mesma qualidade sem ter o tempo necessário para acessar ao estado e trabalhá-lo antes de fazer a cena de fato. A qualidade que eu alcançava ao fazer esse exercício de modulação do estado antes de entrar em cena era muito maior do que quando não o fazia. Assim como ocorreu em nossa última apresentação na cidade de São Paulo, cujo ritmo e densidade do espetáculo foram comprometidos por não termos realizado esse jogo anterior à cena. Não posso desconsiderar que tivemos poucos ensaios, e mesmo eventuais desentendimentos que desestruturaram o grupo de certa forma, mas creio que o grau de comprometimento e seriedade do grupo ultrapassa essas dificuldades. Tanto é que após a segunda cena já se tinha atingido o nível de jogo que fazemos normalmente. Não é mesmo necessário exercitar essa modulação em grupo, basta trabalhá-la individualmente, visto que é, para mim, um jogo interno e não um exercício de interação.

Nesse sentido, o trabalho com o "descansar" no estado foi imprescindível. Eu tinha que manter o estado durante toda a peça (assim como nos ensaios) e não somente durante as minhas cenas. A partir de discussões em grupo, passei a modular os estado para uma energia mais baixa durante estes momentos de "descanso". O mecanismo para "descansar o estado" permanecendo em cena consiste em quase deixar o estado emocional se esvair, relaxar o corpo e jogar com imagens mais leves, permitir-se "distrair" com algum aspecto da cena que ocorre ou com o ambiente (multidão, trânsito, etc.), e então voltar a impulsionar o estado novamente, mantendo-o em diferentes níveis. Pode-se comparar isso a uma situação da vida real, por exemplo: quando uma pessoa está triste não fica o tempo todo chorando, esgotando-se na tristeza, mas passa por momentos em que o sentimento é extremamente profundo, e em outros períodos tem naturalmente uma baixa dessas emoções; continua-se com o mesmo estado, porém com uma força energética reduzida.

Ensaiamos e montamos muitas das cenas na rua. Eu, como a maioria do grupo, nunca havia feito teatro de rua. E o espaço aberto certamente nos impôs trabalhos específicos, para os quais a experiência no trabalho de rua do Prof. André Carreira[271] foi indispensável. Primeiramente, eu me sentia de certa forma desconfortável naquele espaço de tanta exposição e possibilidades de situações imprevistas. Com o passar de algum tempo, vi que o estado me permitia estar e tomar aquele espaço de forma diferente, e me dava oportunidade de me relacionar e explorar aquele ambiente. Assim compomos uma estrutura de marcações e um circuito do espetáculo que se apropria de elementos da rua e se adapta à característica urbana de cada local.

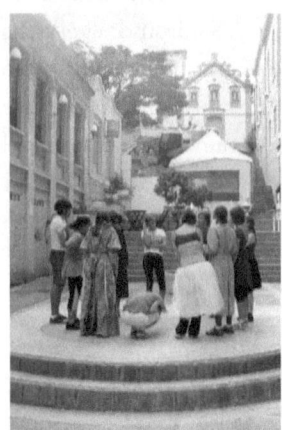 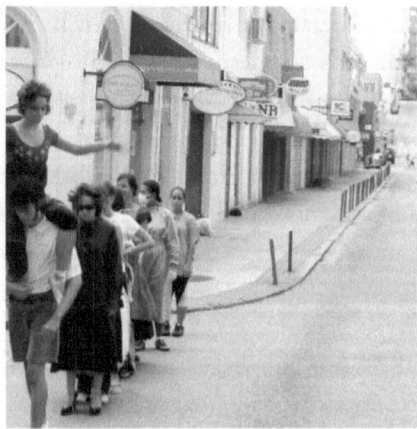

[Foto 5: roda dos estados em ensaio na rua; Foto 6: criação de transição de cena – acervo André Carreira]

Chegamos ao seguinte roteiro de cenas do espetáculo *Circus Negro*[272]: iniciamos o espetáculo dispostos numa linha em frente um grande painel com fotos e imagens elaborado pelo Prof. Antonio Vargas, nesse momento se dá o jogo interno de modulação do estado (geralmente nos dirigimos a esta posição inicial já com os estado emocionais). Naiara (camponesa) toca uma música com a flauta; avançamos em linha em direção ao público. Quando a primeira música acaba, nós paramos, ainda em linha; em seguida, Naiara inicia uma música alegre, como uma marchinha de circo; então formamos um semi-círculo e fazemos uma reverência ao público. Os apresentadores, Vicente (motoqueiro) e Patrícia (colegial), fazem um chamamento ao público e solicitam que os artistas André (cavaleiro de hipismo) e Tama (noiva) entrem para a primeira "atração": Número da Faca – parte 1. Após um comentário de Vicente sobre a cena que acaba de acontecer, o apresentador chama Naiara e eu (traje escocês) para continuarmos a segunda parte do Número da Faca, entrando em cena e fazendo uma reverência ao público. Antes de começar o número, eu saio correndo para outro ponto da rua; logo em seguida os outros artistas me seguem, deslocando consigo o público, e lá me encontram deitado na sarjeta com a faca no abdômen. Ao final do número, enquanto agradecemos ao público, Heloisa (*cowgirl*) cruza a cena apontando uma arma para Tama, as duas fazem o Número dos Olhos em outro lugar. Também durante a reverência ao público, Ligia (vestida com roupa de época) corre para uma parede ao extremo da cena que acaba de acontecer; nesse lugar Ligia e eu apresentamos o Número das Colheres. Então o apresentador chama o público para outro local onde apresentará, juntamente com Patrícia, Lara (bailarina) e André F., o Número das Mãos. Em seguida, o público, convidado pelo apresentador, dirige-se a outro ponto para assistir ao Número do Conto Russo, realizado por Ana Luísa (mulher disfarçada), Naiara, André e eu. O espetáculo segue com a repetição do Número das Colheres, seguido da apresentação de Adriana (médica-cirurgiã) e Gabriela (dançarina de flamenco) do Número da Morte de Doralice. O espetáculo parece finalizar com aquele número, quando os artistas carregam o corpo de Doralice, mas o apresentador os chama para a última cena, o Número do *tilin*, no qual os artistas são vendados e têm de seguir um som feito por um artista, mas acabam se perdendo e se dispersam pelo espaço.

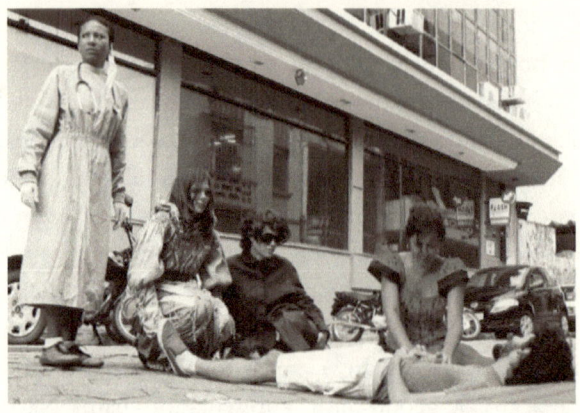

[Foto 7: ensaio na rua, número da faca – parte 2 – acervo André Carreira]

É importante ressaltar que o estado de interpretação de cada ator permanece durante toda a peça, não somente durante os "números circenses". Se a marcação é "sair da praça e correr até a esquina", o estado compõe textura nesta movimentação; bem como agradecemos aos aplausos após a apresentação de um número, criando-se por vezes uma contradição entre o estado emocional interno e a máscara da postura externa da reverência circense.

A estreia do espetáculo foi em abril de 2009, no 1º Festival de Teatro de Rua de Porto Alegre. Com as apresentações pude experimentar o jogo com o público e algumas das inúmeras situações que poderiam ocorrer naquele espaço que tomávamos conta, pude experimentar o espetáculo. Em relação a isso, a interpretação através de estados era o que ligava os atores e as atrizes, que fazia o jogo entre nós e o público acontecer de forma verdadeira. Enquanto apresentávamos a peça, percebi que a relação com o público, com os espaços e com os diversos elementos que compunham aquele lugar (trânsito de carros e pessoas, comerciantes, ruídos, animais, o fluxo da rua em si) tornavam mais complexo o meu jogo com o estado. Durante a apresentação, essas relações comunicavam-se com os meus estímulos físicos e mentais de produção do estado, trazendo em mim novas sensações e experiências com aquele mesmo estado.

Ao final da peça, dispersamos em várias direções com os olhos vendados, essa situação foi diferente em cada apresentação, ora oferecendo ajuda para conduzir o ator "cego", ora dificultando a locomoção ou mesmo só continuaram a assistir a peça, sem praticamente reagir à cena. Estas diferentes reações me provocavam diferentes imagens e sensações em relação ao meu estado. Não que eu "perdesse" o estado, muito pelo contrário, o estado permanecia, mas de diferentes formas, provocando-me diferentes vivências dentro daquele estado.

De acordo com Pavlovsky[273], o teatro dos estados "significa uma ruptura da psicologia da personagem: a irrupção, não somente de estados de exaltação, mas sim de outros matizes, como a expressão da intensidade do silêncio." Esse tipo de composição cênica parece trazer uma concepção peculiar da relação entre corpo e sensação/emoção do ator. Como o compreendemos em nossa pesquisa prática, de acordo com Carreira[274], este é um teatro em que há "a idéia de uma conexão estreita entre o ator e o material cênico e a experiência no palco". Esse tipo de interpretação carrega consigo uma noção peculiar de personagens e de jogo cênico. É um tema que faz pensar a corporeidade como meio de construção da pessoalidade, e das relações interpessoais.

O jogo com o estado em uma zona lúdica - Aproximações entre o jogo teatral e a imaginação criadora infantil

Como foi dito na primeira parte desse trabalho, explorei a interpretação através de estados a partir de estímulos físicos (modulação do fluxo de respiração e contrações musculares) e mentais (busca de imagens significativas que me remetessem ao lugar do estado emocional escolhido).

Pensando na esfera do jogo, compreendo a interpretação através de estados como mecanismo criador de zonas de ficção. Entendo como zona de ficção o ambiente transitório entre o que é fantasia e o que é realidade. Percebo no trabalho com os estados esse aspecto dúbio, em certo momento os dados factuais e os ficcionais tornam-se dissolvidos, difíceis de serem distinguidos.

Para encontrar imagens mentais que me fizessem entrar nessa zona de ficção do estado, primeiramente recorri ao jogo mental que fazemos quando crianças: pensar em imagens que me provocassem emocionalmente. Conforme Vidor,

> o jogo dramático infantil é nada mais que a concretização do como se fosse que possibilita o estado de desdobramento do ator. E a força de convicção, tanto do ator como da criança, está na dependência da capacidade de acreditar, que é determinada pela necessidade de convencer. A isto, Stanislavski chama de fé e sentimento de verdade.[275]

Uma criança entra e sai dessa zona de faz de conta com muita facilidade, e não raro provoca diferentes sensações durante esse jogo: seu fluxo respiratório e batimentos cardíacos mudam quando briga com a "filha" (boneca) que desobedeceu, por exemplo. A partir de referências de sua vida, a criança age *como se fosse* uma mãe brigando com sua filha; podendo "voltar à realidade" e responder a um adulto que acaba de chamá-la para almoçar. Logo, a criança tem capacidade e autonomia para rapidamente sair da zona de faz de conta e responder a uma situação real e em seguida retornar à atividade lúdica.

Porém, como em nosso processo de criação com os estados emocionais não existiu de fato (ou pelo menos não se manteve) um *como se fosse*, pois esse procedimento desenvolvido por Stanislavski não possibilitou densidade suficiente para jogar com o estado emocional durante toda a apresentação do espetáculo. Em questão de durabilidade e alcance do estado por repetidas vezes, tal procedimento tornou-se impraticável e bastante frágil para a composição cênica trabalhada no Laboratório Experimental.

Ao proceder *como se estivesse* em determinado estado emocional, obtive somente uma casca/máscara do estado, não conseguia ultrapassar sua superfície e jogar com nuanças, bem como percebi que o estado se perdia muito facilmente. Por outro lado, o resultado que obtive ao operar partindo de estímulos físicos e identificar a que estado aquela forma me remetia possibilitou-me maior densidade e jogo de interpretação. A implicação desse procedimento foi o desgaste e o cansaço físico, o que nos demandou o trabalho com imagens mentais, como meio de manutenção do jogo com o estado emocional, possibilitando descansar durante o jogo sem recorrer à máscara do estado.

Em meus estágios desenvolvidos durante a graduação, trabalhei com crianças de cinco a seis anos e com pré-adolescentes de dez a doze anos. Nessa minha breve experiência como professor de teatro, percebi que as crianças e mesmo os pré-adolescentes têm muita capacidade de jogo, mas pouca (ou quase nenhuma) consciência do funcionamento dessa atividade lúdica.

Como coloquei em meus projetos de estágio, as crianças, principalmente, entram muito facilmente nessas atividades, pois estão muito ligadas às brincadeiras e ainda ao prazer de brincar. Segundo Peter Slade[276], o sentido original da palavra *drama* é *"eu faço, eu luto"*, proveniente do termo grego *drao*. "No drama, i.e., no *fazer* e *lutar*, a criança descobre a vida e a si mesma através de tentativas emocionais e físicas e depois através da prática repetitiva, que é o jogo dramático."

De acordo com Flávio Desgranges, não obstante a compreensão de Slade de que o jogo dramático infantil seja exclusivamente uma atividade pertencente ao próprio brincar da criança, descartando-o como atividade teatral, a presença do adulto como coordenador desse processo promove um passo para o Jogo Dramático (*jeu dramatique*), da prática francesa. Tal prática surgiu naquele país "nas primeiras décadas do século XX, sendo utilizado em vários contextos, desde como atividade que animava encontros de grupos de escoteiros até, e principalmente, nas escolas, enquanto instrumento cada vez mais reconhecido por seu valor educacional",[277] tendo como principal autor Jean-Pierre Ryngaert e, no Brasil, Olga Reverbel e Maria Lúcia de Souza Barros Pupo. Outrossim,

Ingrid Koudela aborda tal assunto em suas diversas obras, partindo do pensamento de Spolin.

Voltando às reflexões de Desgranges, "o salto de qualidade do Jogo Dramático está inscrito, justamente, no caráter artístico que o constitui. Sem perder o prazer de próprio do jogo espontâneo, almeja-se que os participantes conquistem a capacidade de criar, organizar, emitir e analisar um discurso cênico"[278]. A partir de minhas experiências enquanto professor de teatro, percebo que a potência imaginativa da criança pode ser trabalhada conforme seu contexto, os atos de brincar e se expressar no jogo espontâneo (assumindo não só papéis, mas posturas físicas diversas, produção e experiência de sensações, etc.) pode ser trabalhado em sua consciência imaginativa no Jogo Dramático. De acordo com Pupo, "o jogo dramático na acepção francesa do termo visa a fazer com que participantes de qualquer idade adquiram consciência sobre a significação no teatro e possam, através dele, emitir um discurso sobre o mundo".[279]

Então, a experiência teatral possibilita a reflexão de pensamentos sobre o mundo, que acontece no momento da apresentação, bem como no *aqui e agora* da improvisação e dos exercícios. Em relação à construção do sentido nesse momento presente Ryngaert afirma que:

> Inevitavelmente tomados por esse 'estado presente', os jogadores incorporam-no ao 'alhures' que estão construindo. Sabe-se que esse presente funda o fenômeno teatral, que não existe senão no momento da representação, no instante mesmo em que ela convoca um 'alhures' e uma 'outra coisa'. A combinação desses elementos constitui esse 'real que se torna signo', união de um significante com um significado que remete a um referente real. [280]

Logo, a combinação desse *um* "outro lugar" e dessa *uma* "outra coisa" (e aqui a utilização do artigo indefinido é destacável, pois elucida o espaço da representação – do fantasmagórico – como uma zona sem limites nítidos) faz emergir o real. Para Ryngaert[281] não há como a representação teatral se livrar da realidade imediata que lhe é inerente, o momento da representação é um acontecimento real e presencial, o que o faz permeável por incidências da realidade.

Ryngaert também afirma que o jogo teatral se dá em uma zona intermediária entre o sonho e a realidade, e subentende a utilização do imaginário do ator. Dessa forma, é pertinente compreender como opera a construção criativa da imaginação em relação à arte. Como abordado no início deste capítulo, existe forte ligação, ou mesmo continuidade, entre a atividade lúdica infantil que envolve o faz de conta e aquela do trabalho do ator, uma vez que ambas acontecem na esfera da representação e que envolvem referentes reais para construção de uma situação ficcional.

A partir dessa colocação, é possível estabelecer uma relação com conceitos sobre a atividade lúdica criadora das crianças, elaborados por Vigotsky, no início do século XX. O pensador russo trata do que se entende por jogo de representação infantil (jogo dramático infantil, faz de conta, etc.) como brinquedo; e considera-o, em ampla acepção, fator importante no desenvolvimento da criança. Confronta, primeiramente, a ideia de o brinquedo ser unicamente atividade prazerosa para a criança. Nesse sentido, destaca dois aspectos: o fato de existirem outras atividades que proporcionam muito mais prazer à criança, e a capacidade de desprazer que os jogos competitivos podem gerar a ela. Vigotsky[282] considera o brinquedo como uma forma de atividade que satisfaz certas necessidades da criança, verificando que tais necessidades modificam-se de acordo com seu grau de maturação.

O autor vê no brinquedo a potência de realização de desejos não realizáveis fora do mundo ilusório e imaginário que a criança em idade pré-escolar pode se envolver. É importante ressaltar a noção do autor sobre as regras presentes nesse tipo de atividade, ou seja, não existe brincadeira sem regras. Ainda que uma criança brinque de ser criança, ela opera dentro das regras de representação do que ela considera ser criança. Ou seja, a criança lida com aspectos conscientes ou semiconscientes de seu papel enquanto sujeito em uma representação, muito embora não os identifique (plano inconsciente) ao viver realmente o "ser uma criança".

Essa abordagem do jogo de regras e situação imaginária leva a pensar na relação entre jogo teatral e jogo dramático. No desenvolvimento do brinquedo, passando da predominância de situações imaginárias para predominância de regras, tanto o objeto quanto a ação estão subordinados ao significado. O brinquedo, para Vigotsky, não é um outro mundo da criança, nem forma predominante da atividade dela, mas faz parte de seu cotidiano e às vezes se transfere parcialmente para a vida real. Segundo o autor:

> O brinquedo cria uma zona de desenvolvimento proximal da criança. No brinquedo, a criança sempre se comporta além do comportamento habitual de sua idade, além de seu comportamento diário no brinquedo é como se ela fosse maior do que é na realidade. Como no foco de uma lente de aumento, o brinquedo contém todas as tendências do desenvolvimento de forma condensada, sendo, ele mesmo, uma grande fonte de desenvolvimento.[283]

No brincar, a criança desenvolve sua capacidade de crescimento, ela pode ir além de suas especificidades diárias, tem a possibilidade de evoluir seu comportamento para um estágio não habitual. O brinquedo trabalha essencialmente com a criação de uma nova relação entre situações do pensamento e situações reais. Com a consciência de regras, as situações imaginárias proporcionam um meio para o desenvolvimento do pensamento abstrato.

> Vigotsky define a zona de desenvolvimento proximal como a distância entre o nível de desenvolvimento real, que se costuma determinar através da solução independente de problemas, e o nível de desenvolvimento potencial, determinado através da solução de problemas sob a orientação de um adulto ou em colaboração com companheiros mais capazes.[284]

É, portanto, na zona de desenvolvimento proximal, na relação entre um nível de desenvolvimento e a capacidade potencial de aprendizagem, que se torna possível ao ser humano apreender novos conceitos, conteúdos e habilidades.

É possível pensar no funcionamento desse conceito no trabalho do ator. O jogo de interpretação na experiência no Laboratório Experimental opera em uma zona lúdica, onde percebi a difusão entre elementos ficcionais e reais. De certa forma, o nível de desenvolvimento real – as técnicas interpretativas, conceitos e conteúdos já adquiridos – em relação com o nível de desenvolvimento potencial – propostas, exercícios e novos conteúdos oferecidos pelo diretor e pela própria interação com os outros atores e atrizes – possibilitou o acesso a novos procedimentos de interpretação. Nesse caso, o jogo dramático e teatral (em amplo sentido) gerou uma zona de vivência e de autoconhecimento (técnico e pessoal).

Na representação teatral, "as imagens criadas por elementos reais, encarnam e se realizam de novo na vida real ainda que de modo condicional; o anseio de ação, de encarnação de realização fechado no processo mesmo da imaginação, encontra aqui sua realização mais plena" [285]. O autor refere-se às crianças, mas pode-se pensar a partir do trabalho do ator que, através da imaginação, ao menos no nível das emoções, além de executar ações e movimentos, tem a oportunidade de vivenciar e experimentar sensações de diversos papéis sociais, pela necessidade de, no jogo, o ator agir de acordo com determinada regra.

Vigotsky ainda afirma que "o teatro está mais ligado que qualquer outra forma de criação artística com os jogos, onde reside a raiz de toda criação infantil e é por ele a mais sincrética, quer dizer, contém em si elementos dos mais diversos tipos de arte".[286] O teatro é, claramente, uma linguagem complexa geradora de diversos planos em relação ao mundo real (representação, ação, apresentação), onde se cria uma realidade abstrata e fantasmagórica. A linguagem teatral está conformada, de fato, por um conjunto de regras a serem respeitadas, mas que como em um jogo, cumprem sua função de dirigir uma atividade para um dado objetivo.

É na concretização de uma esfera do jogo que reside a necessidade do teatro contemporâneo. É a busca do jogo que mantém o teatro como algo necessário, como diz Denis Guénoun[287]. Segundo o autor, o teatro perdeu para o cinema o aspecto de identificação com a ficção, tanto para os atores quanto para os espectadores. O que faz o teatro ainda (persistir em) existir é o seu caráter vivencial e de experiência *ao vivo*. Espectadores e atores vivem a experiência teatral "aqui e agora", portanto ambas as instâncias são jogadoras daquele jogo que *acontece*.

> Uma criança que brinca de cavaleiro, que brinca de guerra (como eu brincava), ou de papai e mamãe, pode brincar sozinha ou só com um parceiro. Uma criança que brinca de teatro (como eu também brincava) brinca de ator enquanto que outras, várias outras, brincam de olhar. A necessidade do teatro que se faz é necessidade de jogadores, mas convoca companheiros de jogo para fazerem os espectadores. [288]

Considerando que a necessidade do teatro ser de fato essa, de os atores fazerem teatro para poderem jogar, enquanto atores, e de os espectadores assistirem teatro para jogarem enquanto espectadores, identifico no "teatro de estados" um jogo peculiar. O jogo com os estados emocionais de interpretação propõe aos atores e aos espectadores uma zona indefinida entre realidade e ficção. Para isso é pertinente observar o que relata Naiara Bertoli, atriz-pesquisadora do Laboratório Experimental a partir de sua experiência:

> A interpretação através dos estados, portanto, rompe a fronteira entre o trabalho racional de atriz e o ser levado pelo estado, quebrando também com a fronteira entre realidade e ficção. Um trabalho que exige certo desenvolvimento psicofísico do ator para que atinja o nível de entrega necessário ao jogo verdadeiro. Essa linha tênue na interpretação juntamente com os jogos estabelecidos na peça, sugere a reflexão sobre algumas convenções do teatro, propondo para o público a dúvida sobre até que ponto é

real o que os atores estão fazendo, e de tal modo que convoca a audiência a se entregar mais a um jogo que requer um desvendamento.[289]

O estado modifica em certo grau pessoal, permite emanações de sensações pessoais e imanentes. Esse aspecto desenvolve um jogo complexo com os espectadores, uma interação entre o que é da "personagem" e o que é do "ator"; o estado possibilita ressignificações do espetáculo por traspassar as camadas empilhadas que constituem a estrutura da encenação (figurinos, texto e espaço). De acordo com André Carreira, o valor do jogo dramático se dá na formulação de um teatro, na construção de uma "hipótese de mundo" onde o próprio teatro é considerado como acontecimento compartilhado. Mas o impulso do estado, antes de qualquer coisa, se sustenta na busca de uma teatralidade que precede o teatro. "O trabalho com o *estado* pede que o ator visite a fronteira entre o controle racional e o deixar-se levar, entre o conduzir e o ser conduzido, pelo próprio estado".[290] Dessa forma se desenvolve a interpretação através de estados emocionais, demanda que o ator experimente o *estado* nessa zona lúdica onde não existe distinção nítida entre realidade e ficção, em uma interpretação composta pelo jogo de relação entre estas duas instâncias.

> Se o teatro não seduz mais por seus fantasmas, exige-se atores. Não ficções servidas pelos atores, mas atores induzindo (se necessário) ficções. A diferença é grande. O que o olhar perscruta, hoje, em cena, não é mais a imagem do papel: é o modo como o ator se comporta. [...] A verdade que o espectador persegue não é mais a verdade do papel, mas a verdade do jogo. [291]

O fator presencial do jogo, agora englobando tanto a interpretação quanto o olhar sobre ela, ou seja, atores e espectadores no momento da apresentação trazem o valor essencial ao teatro contemporâneo que é *como* se representa e não mais (ou não somente) *o que* se representa. Nesse sentido, a interpretação por estados proposta em nossa pesquisa, é um obstáculo entre o ator e a representação propriamente dita, força o corpo do ator a trabalhar fisicamente e a modificar-se de fato (a respiração, o tônus muscular, o olhar, etc.). Os estados põem os corpos em busca de algo, fazem emergir elementos além da representação e modificam o ator em cena.

Ao refletir sobre a interpretação por estados e relacionar isso com o jogo, tomando o ponto de vista da criação do ator, percebi a necessidade de melhor compreender a fronteira entre fantasia e realidade, uma vez que identifico no trabalho do ator o uso de experiências próprias e de referências reais em seu imaginário. Isso me fez buscar materiais sobre a constituição psicológica do imaginário e encontrei nas teorias de Vigotsky formas de compreensão dessa relação, segundo as quais há quatro meios básicos de ligação entre a realidade e a atividade criadora.

Segundo o autor, "a primeira forma de vinculação entre fantasia e realidade consiste em que toda elucubração se compõe sempre de elementos tomados da realidade extraídos da experiência anterior do homem".[292] Dessa maneira, Vigotsky considera a realidade como fonte para qualquer ato de criação, a imaginação se vale de referências do real para suas novas composições, não há como criar algo do nada absoluto. Ou seja, ao imaginar um monstro, sobreponho elementos que fazem parte de um imaginário composto por minhas experiências vividas: patas como as de um elefante, corpo de urso, cabeça de baleia e asas de dragão. Claro que se pode criar algo a partir de um referencial já imaginado, como o monstro com asas de dragão, sem deixar de considerar que a figura do dragão, por sua vez, é concebida por outros materiais tomados de impressões da realidade. Assim como ocorre na representação teatral, seria impossível encenar um assassinato se não existisse uma referência para tal situação. É pertinente destacar que não há necessidade que tal referência seja uma experiência vivida pela atriz ou pelo ator; a imaginação e a arte têm a capacidade de criar ou recriar algo sem que se tenha passado por tal situação na vida real.

Com estas novas combinações, tem-se o que Vigotsky coloca como segunda forma de vinculação entre fantasia e realidade, que, não se realiza entre elementos de construção fantástica e a realidade, senão entre produtos preparados da fantasia e determinados fenômenos complexos da realidade. [...] Não se limita esta a reproduzir o que assimilei de experiências passadas, senão que partindo delas, criam-se novas combinações.[293]

Posso, então, criar uma cena que se passa em 1968, na Passeata dos Cem Mil no Rio de Janeiro, sem nunca ter vivido aquele momento, com base no fruto da minha imaginação a partir de textos e fotos daquela época. Se não existisse material sobre tal acontecimento, se ninguém o tivesse presenciado e relatado, ou mesmo se não houvesse um referencial do que é uma passeata, seria impossível criar a cena do exemplo acima.

É possível verificar este tipo de relação com o relato postado no blog do Laboratório por Lara Matos sobre seu processo de experimentação de interpretação através de um estado emocional:

> Escolhi, ou me apoiei, em uma imagem que poderia me ajudar a chegar neste estado, me imaginei entrando em uma sala de aula, onde todas as crianças estariam completamente dizimadas, sangue por todos os lados, detalhes que mostrariam a aberração da cena, um estado de guerra. Nunca vivi e espero nunca viver uma cena dessas, mas minha imaginação é povoada por elas, não mais que em qualquer outro ser humano, lidas ou vistas em filmes, livros ou contadas, cenas fictícias ou reais, como aquelas veiculadas pelos jornais torturadores ou pela incontrolável internet. A partir da imagem, parada, pernas disponíveis, corpo relaxado, a primeira movimentação corporal que surgiu foi o olhar, um olhar rápido de quem não sabe o que ver primeiro, como se só ele pudesse naquele momento mover já que o resto, completamente atônito, não daria um passo, a segunda parte movimentada foi a boca, um maxilar começou a relaxar, boca aberta, a saliva começou a escorrer, enquanto os olhos começavam a lacrimejar, e o rosto líquido travou o pescoço, ombros e braços contraídos que resultavam em convulsões musculares, onde os movimentos lembravam um soluço muscular, a forte tenso me deixaria com

torcicolo no dia seguinte, o resto do corpo continuava relaxado. Trabalhei neste estado durante toda amanhã, cerca de 1 hora, ao final, a imagem já não era necessária: para acessar aquele estado o mapeamento que fiz do meu corpo era uma trilha para chegar ao lugar do qual havia partido com a imagem.[294]

Nesse caso, como escreve Vigotsky, a imaginação trabalha guiada por experiências alheias que, ainda assim, são elementos da realidade. Portanto, o fruto da imaginação é também considerado como uma experiência. E mesmo em alguns casos, a fantasia ajuda a experiência, como acontece quando se lê notícias em jornais ou cartas, quando se assiste a um documentário ou a um telejornal, a imaginação auxilia na compreensão e na apropriação daquele fato alheio.

> Nesse sentido a imaginação adquire uma função de suma importância na conduta e no desenvolvimento humano, convertendo-se em meio de ampliar a experiência do homem que, ao ser capaz de imaginar o que não viu, ao poder conceber baseando-se em relatos e descrições alheias o que não experimentou pessoal e diretamente, não está encerrado no estreito círculo de sua própria experiência, senão que pode distanciar-se muito de seus limites assimilando, com ajuda da imaginação, experiências históricas ou sociais alheias. Nessa forma, a imaginação constitui uma condição absolutamente necessária para quase toda função cerebral do ser humano. [295]

O enlace emocional seria a terceira das formas de vinculação entre a função imaginativa e a realidade. Esse aspecto se manifesta de duas maneiras: "por um lado todo sentimento, toda emoção tende a se manifestar em determinadas imagens concordantes com ela, como se a emoção pudesse eleger impressões, idéias, imagens congruentes com o estado de ânimo que nos domina naquele instante."[296] Vigotsky ainda chama a atenção para o fato de enxergarmos as mesmas situações de formas distintas se estamos tristes ou alegres.

Com isso, é possível considerar que determinada emoção acerca-se às suas manifestações por imagens coerentes com tal sensação, como se procurasse ideias e impressões vinculadas àquele estado. As imagens, ideias e impressões da fantasia são combinadas na mente, como se existisse uma linguagem interior para se chegar a cada emoção. Pode-se pensar esse enlace emocional das imagens a partir do depoimento de Adriana Santos em referência a seu processo de criação no Laboratório Experimental:

> Com relação às imagens, elas vieram e vêm em minha mente em decorrência do estado. Não existe, portanto, uma imagem ou imagens específicas, mas sei que a cada vez que atuo por estados muitas imagens povoam meus pensamentos; algumas imagens são de memórias pessoais, outras são até criadas, no sentido que não foram algo vivido. E naquele momento essas imagens acabam potencializando o estado, mas se me atenho a elas para produzir o estado, ele se perde... Tenho sempre que me ater puramente ao estímulo físico para acessar ao estado.[297]

É possível realizar um paralelo deste relato com o pensamento de Vigotsky quando ele afirma que "tudo o que nos causa um efeito emocional coincidente tende a se unir entre si, ainda que não se veja semelhança alguma nem exterior nem interior. Resulta uma combinação de imagens baseada em sentimentos comuns ou em um mesmo signo emocional aglutinante dos elementos heterogêneos que se vinculam".[298] Tais elementos da atividade criadora da imaginação têm relação direta com a experiência pessoal acumulada durante a vida de determinado indivíduo. Para o autor, esta experiência é o material de construção empregado nas estruturas compostas pela fantasia. Conforme meu processo de produção do estado emocional, a partir dos estímulos físicos, busco imagens de referência àquele estado para preencher e sustentar o nível de interpretação. Nesse sentido, toda e qualquer informação conhecida por mim, faz parte da minha experiência e consequentemente é material para minha imaginação criadora, ainda que eu não tenha vivido a situação correspondente àquela informação.

A quarta forma de relação entre a fantasia e a realidade descrita por Vigotsky baseia-se essencialmente na possibilidade de construção da fantasia (o fruto da imaginação), conceber algo inteiramente novo, "não existente na experiência do homem nem semelhante a nenhum outro objeto real; mas ao receber forma nova, ao tomar nova encarnação material, esta imagem 'cristalizada', convertida em objeto, passa a existir no mundo e a influir sobre os demais objetos".[299] Conforme afirma o autor, são exemplos evidentes desse fato as invenções tecnológicas: a construção do avião ou mesmo do telefone é a materialização de um fruto da imaginação, e a inserção e utilização dessas máquinas na vida humana as tornam elementos da realidade.

Segundo Vigotsky, essas criações completam o círculo da atividade criadora da imaginação humana; a partir de elementos da realidade humana, compuseram-se as imagens dessas criações, e através de complexas reelaborações tecnológicas (mentais e práticas) tomam materialidade e passam a ter lugar na realidade, agora com potência ativa para modificar a própria realidade.

Outrossim, o autor não considera esta potência exclusiva à esfera da técnica, pois seria possível descrever esse círculo completo também na representação subjetiva (emocional). "Acontece que precisamente quando nos encontramos ante um círculo completo traçado pela imaginação, ambos os fatores, o intelectual e o emocional, resultam por igual necessários para o ato criador. Sentimento e pensamento movem a criação humana"[300]. A criação artística e as obras de arte seguem uma lógica própria, e encerram seu círculo ao estabelecerem contato entre seu mundo interior e o mundo exterior. "na realidade, para que é necessária a obra de arte? Não influi acaso em nosso mundo interior, em nossas ideias e em nossos sentimentos do mesmo modo que o instrumento técnico no mundo exterior, no mundo da natureza?"[301]

Voltando ao depoimento de Naiara Bertoli, pode-se exemplificar o nível de vivência atingido na atuação com o estado no nosso trabalho experimental:

No início da peça fazemos uma linha - uma fila dos personagens frente ao painel cenográfico pintado por Antonio Vargas - e todos trazem o estado ao extremo. Na segunda apresentação da peça Circus Negro no I Festival de Teatro de Rua de Porto Alegre, ficamos muito tempo nesta posição, pois tínhamos que esperar o tempo de chegada de um cortejo parte do evento que vinha pela rua até o local onde estávamos. Durante todo esse tempo, algumas crianças de rua ficaram conosco, imitando-nos e tentando travar um diálogo, buscando uma resposta até por meio de provocações. As imagens tão fortes que esse encontro proporcionou fizeram com que o jogo que criava com o estado fosse completamente novo. Desafiada pelo encontro, pelo aqui e agora. Estava realmente vivenciando a cena? Qual a fronteira entre vivenciar e atuar? [302]

Nesse sentido, a representação dramática une de maneira direta e eficaz a imaginação criadora e as vivências pessoais; uma pessoa que se emociona com uma cena pela interpretação das atrizes e dos atores, vivencia a experiência real da emoção através de um estímulo ficcional. Assim como outros tipos de jogos, o jogo dramático ou teatral (em seu amplo sentido) se dá em uma zona difusa e transitória entre realidade e ficção. Formas reais e conteúdos ficcionais misturam-se. Um ator trabalha a partir de referências próprias, mesmo de experiências vividas por outras pessoas, e cria novas imagens e ações para jogar, entrar na zona lúdica teatral.

Considerações finais

Neste trabalho de conclusão de curso me propus a desenvolver uma reflexão sobre a interpretação por estados emocionais e suas possibilidades de jogo do real em zonas de ficção a partir de minha experiência prática como ator pesquisador do Laboratório Experimental, portanto não me propus a elaborar uma teoria sobre o Laboratório; assim, penso ter cumprido meus objetivos sem desconsiderar que não esgotei todas as reflexões sobre esse tema. Um aprofundamento maior é pertinente, pois tanto a experiência prática como os elementos conceituais abordado pedem um trabalho de caráter mais denso, que extrapola para além dos limites da graduação.

Consciente de suas limitações, cabe dizer que realizar esse trabalho me permitiu elaborar pensamentos sobre minha experiência enquanto ator e, de certa forma, como professor de teatro, fechando meu período de graduação com uma reflexão que me instrumentaliza para meu futuro imediato. Dessa forma, acredito ter chegado além de um relato sobre uma experiência de interpretação dado que desenvolvi reflexões que criam uma interface com o trabalho do grupo de pesquisa que repercute diretamente nos meus processos de criação. Nesse sentido, meu TCC reviu o trabalho no grupo de pesquisa, refletindo sobre meu trabalho de ator, possibilitando-me um novo olhar sobre meu aprendizado durante toda a graduação.

Além do pouco tempo disponível para a pesquisa no contexto do TCC, minha maior dificuldade neste trabalho se relacionou com a reconstrução de aspectos do processo de pesquisa no Laboratório, uma vez que me reporto a acontecimentos passados há quase dois anos de sua escrita. Ainda assim, fazer esse exercício de revisão da experiência no Laboratório me possibilitou esclarecer alguns pontos sobre a interpretação de estados, bem como me apontou caminhos para entender como se dá a construção da imaginação e do trabalho criativo do ator. Finalmente, posso dizer que reconstruir a experiência foi parte decisiva de minhas reflexões.

Dessa forma busquei compreender e discutir conteúdos aprendidos durante o curso de graduação, e colocá-las em paralelo com as idéias abordadas pela interpretação através de estados. Neste sentido, foi interessante aprofundar no aspecto do jogo que caracteriza a interpretação por estados, pois isso que é evidenciado pelos relatos de outros participantes do grupo de pesquisa, se traduziu na prática como uma experiência compartilhada, à qual esse TCC representa uma contribuição como reflexão que nasce de um coletivo.

Destaco que essa pesquisa se relaciona com a percepção das

demandas de experiência consciente de um estado emocional como elemento de discussão da relação entre o material real e o produto ficcional desenvolvido pelo ator. Logo, é necessário reafirmar que um fator de suma importância para o teatro contemporâneo é seu caráter de jogo teatral (que envolve aspectos ficcionais, de um outro lugar, dentro de uma situação real, a apresentação teatral propriamente dita) e não mais a representação de um acontecimento. Por esse lado, tanto atores e atrizes quanto espectadores e espectadoras são jogadores. Ainda que a mente busque conexões da apresentação para formar uma história, o olhar persegue a ação; o vínculo entre quem faz e quem assiste se estabelece por meio de como a atriz ou o ator experiência seu material de ficção.

Em relação ao jogo de interpretação pode-se perceber que o caráter de experiência enriquece o processo de criação e preenche a representação, enquanto, no que se refere ao universo infantil, uma criança brinca de faz-de-conta e a brincadeira mistura-se com a realidade. Não há, de fato, uma separação total entre realidade e fantasia: ao se imaginar algo já se realiza uma ação, o fantasmagórico passa a existir no momento de sua elucubração mental. O que se pensa já existe realmente, ainda que no imaginário. O trabalho com os estados, visita essa fronteira e abre um espaço para reflexões sobre o trabalho criativo do ator como exercício de desconstrução dos discursos lógicos.

Finalmente, devo afirmar que essa pesquisa iniciada no contexto de um grupo de pesquisa, desenvolvida de forma pessoal como trabalho de conclusão de curso, me sugere possíveis desdobramentos, o que me estimula a continuar essa pesquisa em proposta para um programa de pós-graduação e me aprofundar no estudo do fazer teatral e a concepção da imaginação criadora na infância e sua relação com o trabalho do ator.

NOTAS

NOTAS:

¹ Diretor e dramaturgo argentino contemporâneo.

² STANISLAVSKI, Constantin. *A preparação do ator*. 18ª ed. Rio de Janeiro: Civilização Brasileira, 2002, p. 169.

³VERONESE apud DURAN. *La noble mentira*. Buenos Aires. Disponível em: <http://funambulosnotas.blogspot.com/2009/05/la-noble-mentira.html> Acesso em: 01 out. 2009.

⁴ CORNAGO, Óscar. *La verdad de una mentira: La forma que se despliega, de Daniel Veronese*. Madrid, 2004. Disponível em: <http://artesescenicas.uclm.es/index.php?sec=texto&id=26> Acesso em: 20 out. 2009.

⁵ GUÉNOUN, Denis. *O teatro é necessário?* São Paulo: Perspectiva, 2004, p. 16.

⁶ DIDEROT, Denis. *O paradoxo sobre o comediante*. In: GUINSBURG, J. A filosofia de Diderot. São Paulo: Cultrix, 1966, p. 163.

⁷ CORNAGO, Óscar. *Daniel Veronese: verdad y artificio en la creación escénica*. Madrid, 2006. Disponível em: <http://artesescenicas.uclm.es/index.php?sec=texto&id=31> Acesso em: 27 set. 2009.

⁸ VERONESE apud CORNAGO. *La verdad de una mentira: La forma que se despliega de Daniel Veronese*. Madrid, 2004. Disponível em: <http://artesescenicas.uclm.es/index.php?sec=texto&id=26> Acesso em: 27 out. 2009>. Tradução da citação: Ana Luiza Fortes Carvalho.

⁹ CORNAGO, Óscar. *Un Chejov para los actores*. Madrid, 2005. Disponível em: <http://artesescenicas.uclm.es/index.php?sec=texto&id=33> Acesso em 25 set. 2009.

¹⁰ CORNAGO, Óscar. *El teatro de acciones o las ficciones reales*. Madrid, 2006, p. 13. Disponível em: <http://artesescenicas.uclm.es/index.php?sec=texto&id=62> Acesso em: 25 set. 2009. Tradução da citação: Ana Luiza Fortes Carvalho.

[11] SAGASETA, Julia. *Intromisiones, cruces, relaciones entre lo ficcional y lo real.* p. 01. Disponível em: <http://territorioteatral.org.ar/html.2/dossier/pdf/n3_02.pdf> Acesso em 27 set. 2009. Tradução da citação: Ana Luiza Fortes Carvalho

[12] Ibidem, p. 01.

[13] VERONESE apud PACHECO. *De la mano de Chejov.* Buenos Aires, 2004. Disponível em:
<http://www.lanacion.com.ar/archivo/nota.asp?nota_id=640383&origen=acumulado&acumulado_id=&aplicacion_id=12> Acesso em: 27 out. 2009. Tradução da citação: Ana Luiza Fortes Carvalho.

[14] VERONESE apud PACHECO. *Chejov Atual.* Buenos Aires, 2004. Disponível em:<http://www.lanacion.com.ar/archivo/nota.asp?nota_id=636632&origen=acumulado&acumulado_id> Acesso em: 27 out. 2009. Tradução da citação: Ana Luiza Fortes Carvalho.

[15] VERONESE apud DURAN. *La noble mentira.* Buenos Aires. Disponível em: <http://funambulosnotas.blogspot.com/2009/05/la-noble-mentira.html> Acesso em: 01 out. 2009. Tradução da citação: Ana Luiza Fortes Carvalho.

[16] CORNAGO. *Una poética de la crueldad o una crueldad poética: Daniel Veronese en Madrid.* Madrid, 2005. Disponível em: <http://artesescenicas.uclm.es/index.php?sec=texto&id=34> Acesso em: 26 set. 2009. Tradução da citação: Ana Luiza Fortes Carvalho.

[17] VERONESE apud CORNAGO. *Una poética de la crueldad o una crueldad poética: Daniel Veronese en Madrid.* Madrid, 2005. Disponível em:

<http://artesescenicas.uclm.es/ index.php?sec=texto&id=34> Acesso em: 26 set. 2009. Tradução da citação: Ana Luiza Fortes Carvalho .

[18] VERONESE, Daniel. *Las máquinas poéticas.* La revista del CCC [PDF]. Setembro- Dezembro 2007, n° 1. Disponível em:<http://www.centrocultural.coop/modules/revista/pdf.php?que=1&id=24> Acesso em: 06 out. 2009. Tradução da citação: Ana Luiza Fortes Carvalho.

[19] VERONESE, Daniel. *La Deriva.* Buenos Aires: Adriana Hidalgo, 2005, p. 309-315. Tradução da citação: Ana Luiza Fortes Carvalho.

[20] VERONESE, Daniel. *Entrevista.* Disponível em:

<http://www.casadelasamericas.com/publicaciones/revistaconjunto/136/encuesta.htm> Acesso em: 06 nov. 2009. Tradução da citação: Ana Luiza Fortes Carvalho.

[21] BARTHES, Roland. *A câmara clara*. Rio de Janeiro: Nova Fronteira, 1984, p. 77.

[22] VERONESE apud MAURO, K. *Mujeres que se matan soñaron hombres que se ahogan*. Buenos Aires, 2006. Disponível em: <www.alternativateatral.com/obra6595-espia-a-una-mujer-que-se-mata>. Acesso em: 13 set. 2009. Tradução da citação: Ana Luiza Fortes Carvalho.

[23] Para mais informações sobre o cinema clássico e representação ver AUMONT et al. *A Estética do filme*. 3ª. ed. São Paulo: *Papirus*, 2005, p. 70.

[24] CORNAGO, Óscar. *Un Chéjov para los actores*. 2004. Disponível em: <http://artesescenicas.uclm.es/index.php?sec=texto&id=33>. Acesso em: 24 ago. 2009. Tradução da citação: Ana Luiza Fortes Carvalho

[25] CORNAGO. Op. cit., p. 03.

[26] VERONESE, Daniel. *La deriva*. Buenos Aires: Adriana Hidalgo, 2005, p. 311. Tradução da citação: Ana Luiza Fortes Carvalho.

[27] VERONESE, Daniel. *El Desarrollo de la civilización venidera*. Versão de *Casa de Bonecas*, de Henrik Ibsen. Não publicado. Tradução da citação: Ana Luiza Fortes Carvalho.

[28] Ibidem.

[29] FIGUERAS, Maria. *Entrevista concedida a Ana Luiza Fortes Carvalho*. Buenos Aires, outubro de 2009, p. 01.

[30] VERONESE, Daniel. *El desarrollo de la civilización venidera*. Disponível em:

<http://www.alternativateatral.com/obra14185-el-desarrollo-de la-civilizacion-venidera>. Acesso em: 15 out. 2009. Tradução da citação: Ana Luiza Fortes Carvalho

[31] APOLO, Ignácio. *El desarrollo de la civilización venidera*. 2009. Disponível em: <http://ladiosablanca.blogspot.com/2009/07/sobre-el-desarrollo-de-la-

civilizacion.html>. Acesso em: 17 out. 2009.

[32] VERONESE, Daniel. *El Desarrollo de la civilización venidera*. Versão de *Casa de Bonecas*, de Henrik Ibsen. Não publicado. Tradução da citação: Ana Luiza Fortes Carvalho.

[33] VERONESE apud LÓPEZ. *Teatro: Todos los grandes gobiernos han evitado el teatro íntimo*. 2009. Disponível em: <http://www.revistacriterio.com.ar/cultura/teatro-todos-los-grandes-gobiernos-han-evitado-el-teatro-íntimo/>. Acesso em: 05 nov. 2009.

[34] VERONESE, Daniel. *Todos los grandes gobiernos han evitado el teatro íntimo*. Versão de *Hedda Gabler*, de Henrik Ibsen. Não publicado. Tradução da citação: Ana Luiza Fortes Carvalho.

[35] VERONESE, Daniel. *Entrevista a Daniel Veronese por versiones de Ibsen*. Disponível em:<http://marianapercovich6.blogspot.com/2009/08/entrevista-daniel-veronese-por.html> Acesso em 04 nov. 2009.

[36] VERONESE, Daniel. *Todos los grandes gobiernos han evitado el teatro íntimo*. Versão de *Hedda Gabler*, de Henrik Ibsen. Não publicado. Tradução da citação: Ana Luiza Fortes Carvalho.

[37] STRASBERG, Lee. *Um sonho de paixão*. Rio de Janeiro: Civilização Brasileira, 1990, p. 14.

[38] DIDEROT apud GUINSBURG, J. *A filosofia de Diderot*. São Paulo: Cultrix, 1966, p. 41.

[39] GUINSBURG. Op. cit., p. 41.

[40] DIDEROT, Denis. *O paradoxo sobre o comediante*. In: GUINSBURG, J. A filosofia de Diderot. São Paulo: Cultrix, 1966, p. 163.

[41] GUÉNOUN, Denis. *O teatro é necessário?* São Paulo: Perspectiva, 2004, p. 63.

[42] DIDEROT. Op. cit., p. 162.

[43] GUÉNOUN. Op. cit., p. 66.

[44] Ibidem, p. 67.

[45] Ibidem, p. 69.

[46] GUÉNOUN. Op. cit., p. 70.

[47] GUINSBURG. Op. cit., p.

[48] BARBA apud JIMENEZ. *El evangelio de Stanislavski segun sus apostoles*. México, D.F: Gaceta, 1990, p. 20. Tradução da citação: Ana Luiza Fortes Carvalho.

[49] ASLAN, Odette. *O ator no século XX*. São Paulo: Perspectiva, 1994, p. 77.

[50] BONFITTO, Matteo. *O ator-compositor*. São Paulo: Perspectiva, 2002.
[51] STANISLAVSKI apud GUÉNOUN. Op. cit., p. 90.

[52] GUÉNOUN. Op. cit., p. 90.

[53] STANISLAVSKI, Constantin. *A preparação do ator*. 18ª ed. Rio de Janeiro: Civilização Brasileira, 2002, p. 194.

[54] Ibidem, p. 43.

[55] ASLAN, Odette. *O ator no século XX*. São Paulo: Perspectiva, 1994.

[56] GUÉNOUN. Op. cit., p. 92.

[57] SARTRE apud GUÉNOUN. Op. cit., p. 94.

[58] GUREVITCH apud VIGOTSKI. *Sobre o problema da psicologia do trabalho criativo do ator*. Trad. Achilles Delari Junior, 2009, p. 21. Disponível em:< http://www.scribd.com/doc/16453402/vigotski-sobre-o-problema-da-psicologia-do-trabalho-criativo-do-ator-1932>. Acesso em 04 nov. 2009.

[59] VIGOTSKI. Op. cit., p. 10.

[60] Ibidem, p. 11.

[61] VIGOTSKI. Op. cit., p. 12.

⁶² Ibidem, p. 13

⁶³ Ibidem, p. 14

⁶⁴ VIGOTSKI. Op. cit., p. 15.

⁶⁵ Ibidem, p. 15.

⁶⁶ Ibidem, p. 19.

⁶⁷ Ibidem, p. 21.

⁶⁸ VIGOTSKI. Op. cit., p. 22.

⁶⁹ DA PASSANO, Claudio. *Entrevista concedida a Ana Luiza Fortes Carvalho*. Buenos Aires, outubro de 2009, p. 1.

⁷⁰ LLOSA, Fernando. *Entrevista concedida a Ana Luiza Fortes Carvalho*. Buenos Aires, outubro de 2009, p. 01.

⁷¹ BESTELLI, Mara. *Entrevista concedida a Ana Luiza Fortes Carvalho*. Buenos Aires, outubro de 2009, p. 01.

⁷² FIGUERAS, Maria. *Entrevista concedida a Ana Luiza Fortes Carvalho*. Buenos Aires, outubro de 2009, p. 02.

⁷³ LLOSA. Op. cit., p. 03.

⁷⁴ NUÑEZ, Osmar. *Entrevista concedida a Ana Luiza Fortes Carvalho*. Buenos Aires, outubro de 2009, p. 01.

⁷⁵ VERONESE apud DURAN. *La noble mentira*. Buenos Aires. Disponível em: <http://funambulosnotas.blogspot.com/2009/05/la-noble-mentira.html> Acesso em: 01 out. 2009.

⁷⁶ DA PASSANO. Op. cit., p. 03.

⁷⁷ ONETTO, Elvira. *Entrevista concedida a Ana Luiza Fortes Carvalho*. Buenos Aires, outubro de 2009, p. 02.

[78] LLOSA. Op. cit., 02.

[79] FIGUERAS. Op. cit., p. 01.

[80] NUÑEZ. Op. cit., p. 02.

[81] Ibidem, p. 02.

[82] VERONESE, Daniel. *Nueve nuevos automandamientos*. Buenos Aires, p. 29. Disponível em: <http://www.teatrelliure.com/documents/ddt/ddt12/DDT12.03.UnHombre.pdf> Acesso em 18 nov. 2009. Tradução da citação: Ana Luiza Fortes Carvalho.

[83] Ibidem, p. 33.

[84] Ibidem, p. 32.

[85] PAVIS, Patrice. *Dicionário de teatro*. 3ª ed. São Paulo: Perspectiva, 2007, p. 329

[86] Ibidem.

[87] COQUELIN apud STANISLAVSKI, *A preparação do ator*. 18ª ed. Rio de Janeiro: Civilização Brasileira, 2002, p 50.

[88] CORNAGO, Óscar. Palestra proferida na UDESC, em 13/08/2009.

[89] Jorge Larrosa no texto *Notas sobre a experiência e sobre o saber da experiência* desenvolve uma aproximação entre a educação e o conceito de experiência, a partir de Heidegger e Walter Benjamin. Dito isso, ressalvo que neste trabalho realizo uma apropriação desse conceito buscando relações com a atuação teatral.

[90] LARROSA, Jorge. *Notas sobre a experiência e sobre o saber da experiência*. In: *Revista Brasileira de Educação*, 2002, p. 05.

[91] HEIDEGGER apud LARROSA. Op. cit., p. 06.

[92] LARROSA. Op. cit., p. 07.

[93] BERGSON, Henri. *Memória e vida*. São Paulo: Martins Fontes, 2006.

[94] BERGSON. Op. cit., p. 01-02.

[95] Maria Rita Kehl é psicanalista e realiza no livro *O tempo e o cão* uma análise da depressão como sintoma da sociedade pós-industrial, estabelecendo uma aproximação entre os conceitos de *duração* em Bergson, *experiência* em Walter Benjamin e a psicanálise lacaniana. Aproprio-me neste capítulo de sua análise da noção de *duração* em Bergson visando associações com o conceito de experiência, elaborado por Larrosa e com o trabalho do ator.

[96] BERGSON, Henri. *Matéria e memória*. (1896) São Paulo: Martins Fontes, 2006.

[97] KEHL, Maria Rita. *O tempo e o cão*. São Paulo: Boitempo, 2009, p. 138.

[98] BERGSON apud KEHL. Op. cit., 143.

[99] KEHL. Op. cit., 145.

[100] Ibidem, p. 145.

[101] Ibidem, p. 147.

[102] VERONESE, Daniel. *Nueve nuevos automandamientos*. Buenos Aires, p. 34. Disponível em: <http://www.teatrelliure.com/documents/ddt/ddt12/DDT12.03.UnHombre.pdf> Acesso em: 18 nov. 2009.

[103] Em uma viagem de estudos a Buenos Aires em junho de 2009, intermediados pelo Prof. André Carreira, eu e minha turma da disciplina de Montagem Teatral II, conversamos com Daniel Veronese em seu espaço teatral *Fuga Cabrera*.

[104] O grupo de pesquisa ÁQIS – *Núcleo de pesquisa sobre processos de criação artística*, sob coordenação do Prof. Dr. André Carreira, aborda os processos de organização e criação artística, estudando desde procedimentos técnicos até as estruturas de funcionamento de agrupações de artistas. Os projetos de pesquisa relacionam experiências práticas e estudos teóricos. Em sua atual a fase, o grupo centra-se no projeto de organização de um mapa do teatro de grupo no Brasil e em um projeto prático experimental baseado na pesquisa sobre a interpretação a partir de estados emocionais, tendo como eixo fundamental princípios que estejam de acordo com uma imagética do grotesco.

[105] A versão do texto de Freud por mim utilizada (Edição Standard Brasileira das

Obras Psicológicas de Sigmund Freud – Volume XVII) traduz o vocábulo alemão *unheimlish* por estranho, entretanto em todo meu texto preferi utilizar a palavra sinistro utilizada nas traduções ao espanhol, a qual na minha opinião parece contemplar mais fielmente o significado do conceito por atrelar-se diretamente àquilo que é assustador e não familiar.

[106] Dubatti *in* VERONESE, Daniel. *La deriva*. Buenos Aires: Adriana Hidalgo, 2000. p. 05.

[107] Expoente dramaturgo e diretor argentino, criador do curso de Dramaturgia da EAD – *Escuela de Arte Dramático de la Ciudad de Buenos Aires*.

[108] Veronese *apud* CORNAGO, Óscar; VERZERO, Lorena. *Una poética de la crueldad o una crueldad poética:* Daniel Veronese en Madrid, 2005.

[109] VERONESE, Daniel. *Cuerpo de prueba I*. Buenos Aires: ATUEL, 2005. p. 08.

[110] VERONESE, Daniel. *Las máquinas poéticas*. La revista del CCC, Buenos Aires, 2007. p.02.

[111] FREUD, Sigmund. O "Estranho". In: *História de uma neurose infantil e outros trabalhos (1917-19)*. Edição Standard Brasileira das Obras Psicológicas Completas de Sigmund Freud. Vol. XVII. Rio de Janeiro: Imago Editora, 1976. p. 312.

[112] Ibidem, p. 275.

[113] Ibidem, p.277.

[114] Ibidem, p.277.

[115] Ibidem, p.284.

[116] Ibidem, p.308.

[117] Ibidem, p.282.

[118] Ibidem, p.310.

[119] VERONESE (2000), *op.cit.*, p.28.

¹²⁰ VERONESE, Daniel. Automandamentos. Trad. André Carreira. *Folhetim,* São Paulo, n. 19, p. 66-69, jan/jun. 2004. p. 66.

¹²¹ Veronese *apud* CORNAGO, Óscar; VERZERO, Lorena. *Una poética de la crueldad o una crueldad poética:* Daniel Veronese en Madrid. 2005.

¹²² Ibidem.

¹²³ VERONESE (2004), op.cit., p.67.

¹²⁴ VERONESE, *Cuerpo de prueba*. Buenos Aires: Oficina de Publicaciones del CBC, 1997. p.13.

¹²⁵ FREUD (1976), op.cit., p.312.

¹²⁶ VERONESE apud CORNAGO (2005), op.cit.

¹²⁷ LIMA in PELLETTIERI, Osvaldo (org.). *Historia del Teatro Argentino en Buenos Aires:* El teatro Actual (1976-1998). Vol. V. Buenos Aires: Galerna, 2001. p.259.

¹²⁸ BAYER apud CARREIRA, André. *Teatro de Rua:* Brasil e Argentina nos anos 1980. São Paulo: Hucitec, 2007. p.64.

¹²⁹ LIMA in PELLETTIERI (2001), op.cit., p. 261.

¹³⁰ VERONESE, Daniel. *Zona Periférica: O teatro de Daniel Veronese*. Org. e Trad. André Carreira. Florianópolis, 2009. p. 43.

¹³¹ DUBATTI in VERONESE (1997), op.cit, p.13.

¹³² VERONESE (2009), op.cit., p. 48.

¹³³ HOFFMANN, E.T.A. *O Homem da Areia*. Trad. Ary Quintella. Rio de Janeiro: Rocco, 1986. p.31.

¹³⁴ VERONESE (2005), op.cit. p.45.

¹³⁵ Ibidem, p.48.

[136] Ibidem, .47.

[137] TORO, Alfonso de. *El periférico de objetos II:* Prácticas de 'corporalización' y 'descorporalización', 2006, p.05.

[138] VERONESE (2005), op.cit, p.44.

[139] VERONESE (2000), op.cit.

[140] VERONESE (2009), op.cit., p. 57.

[141] Ibidem, p.52.

[142] VERONESE *apud* CORNAGO e VERZERO (2005), op.cit.

[143] VERONESE (2000), op.cit., p. 132.

[144] Ibidem, p.169-171.

[145] FREUD (1976), op.cit., p.311.

[146] Ibidem, p.275.

[147] Ibidem, p.308.

[148] Ibidem, p.312.

[149] DUVIGNAUD, Jean. *Espectáculo y Sociedad: del teatro griego al happening: función de lo imaginario en la sociedad.* Caracas: Tiempo Nuevo, 1970. p.16.

[150] Ibidem, p.24.

[151] Ibidem, p.25.

[152] CARREIRA, André. *Teatro de Rua: Brasil e Argentina nos anos 1980.* São Paulo: Hucitec, 2007. p.59.

[153] DUVIGNAUD (1970), op.cit. p.28.

[154] CARREIRA (2007), op.cit., p.59.

[155] MCLEISH, Kenneth. *Aristóteles*. Trad. Raul Fiker. São Paulo: Editora UNESP, 2000. p.14.

[156] ARISTÓTELES. *Arte Poética*. Trad. Pietro Nasseti. São Paulo: Martin Claret, 2003. p.54.

[157] Ibidem, p.96.

[158] LEHMANN, Hans-Thies. *Teatro pós-dramático*. Trad. Pedro Süssekind. São Paulo: Cosac Naify, 2007. p.246.

[159] RYNGAERT, Jean-Pierre. *Ler o teatro contemporâneo*. São Paulo: Martins Fontes, 1998. p.16.

[160] BONDÍA, Jorge Larrosa. *Notas sobre a experiência e o saber de experiência*. 2001. Disponível em: <http://www.anped.org.br/rbe/rbedigital/RBDE19/RBDE19_04_JORGE_LARROSA_BONDIA.pdf> Acesso em: 17 de out de 2009. p.24.

[161] VERONESE apud CORNAGO e VERZERO (2005), op.cit.

[162] VERONESE (2000), op.cit., p.23.

[163] BARTHES, Roland. *O Prazer do texto*. Trad. J. Guinsburg. São Paulo: Perspectiva, 1993. p.23.

[164] PAVIS, Patrice. *Dicionário de teatro*. 2 ed. São Paulo: 2003. Perspectiva, p. 202.

[165] ZIZEK, S. *Bem-vindo ao deserto do real*. São Paulo: Boitempo, 2003, p. 19.

[166] Idem.

[167] Ibidem, p 25.

[168] Ibidem, p 33.

[169] Ibidem, p34.

¹⁷⁰Referência ao filme *Matrix* de 1999, dirigido pelos irmãos Wachowski, no qual o personagem de Keanu Rives, Neo, descobre que a realidade na qual acredita viver é produto de uma grande rede de computadores que cria uma realidade virtual que é tida como realidade real pelos seres humanos. Na verdade a realidade real é de desolação e decadência e todos os seres humanos são controlados por essa grande máquina.

¹⁷¹LIMA, Joana Brito de. *Realidade e ficção na transvaloração filosófica: vontade de poder e afirmação da existência*. Revista Bagoas: Estudos Gays, Gêneros e Sexualidades. UFRN-CCHLA. v. 2, n.2. Jan/Jun 2008. Disponível em http://www.cchla.ufrn.br/bagoas/v02n02art11_lima.pdf, p 233.

¹⁷²Ibidem, p 242.

¹⁷³ COSTA, Lígia Militz da. *A Poética de Aristóteles: mímese e verossimilhança*. São Paulo: Ática, 1992.

¹⁷⁴Ibidem, p. 09.

¹⁷⁵FERAL, Josette. *Acerca de la teatralidad*. Buenos Aires. Nueva Generación/UBA: 2003, p. 74.

¹⁷⁶Ibidem, p 76.

¹⁷⁷ROUBINE, Jean-Jacques. *Introdução às grandes teorias do teatro*. Rio de Janeiro: J. Zahar, 2003.

¹⁷⁸Idem.

¹⁷⁹DIDEROT, Denis. *Discurso sobre a poesia dramática*. São Paulo: Brasiliense, 1986, p. 17.

¹⁸⁰ROUBINE, Jean-Jacques. *Introdução às grandes teorias do teatro*. Rio de Janeiro: J. Zahar, 2003, p. 73.

¹⁸¹Ibidem, p. 99.

¹⁸²ZOLA, Emile. *O romance experimental e o naturalismo no teatro*. São Paulo: Perspectiva, 1982, p. 135.

¹⁸³ROUBINE, Jean-Jacques. *Introdução às grandes teorias do teatro*. Rio de Janeiro: J. Zahar, 2003, p 115.

¹⁸⁴BERSFELD, Anne. *Para ler o teatro*. São Paulo: Perspectiva, 2005.

¹⁸⁵STANISLAVSKI, apud GUINSBURG, J. *Stanislavski e o teatro de arte de Moscou: do realismo externo ao tchekhovismo*. São Paulo: Perspectiva, 1985. p. 37.

¹⁸⁶GUINSBURG, J. *Stanislavski e o teatro de arte de Moscou: do realismo externo ao tchekhovismo*. São Paulo: Perspectiva, 1985, p. 42.

¹⁸⁷Ibidem, p. 45.

¹⁸⁸CARREIRA, André. Meyerhold e a idéia de uma interpretação distanciada. In: *Meyerhold- Experimentalismo e Vanguarda*. CARREIRA, André; NASPOLINI, Marisa. (org). Rio de janeiro: E-papers, 2007, p. 27.

¹⁸⁹Ibidem, p. 29.

¹⁹⁰BERTHOLD, Margot. *Historia mundial do teatro*. São Paulo: Perspectiva, 2001.

¹⁹¹Ibidem, p. 505.

¹⁹²BRECHT, Bertolt. *Estudos sobre teatro*. Editora Nova Fronteira. Rio de Janeiro, 2005, p. 20.

¹⁹³UBERSFELD, Anne. *Para ler o teatro*. São Paulo: Perspectiva, 2005, p. 22.

¹⁹⁴DE MARINIS, Marco. *El nuevo teatro: 1947-1970*. Barcelona: Paidos, 1988, p. 13. Tradução livre.

¹⁹⁵LEHMANN, Hans-Thies. *Teatro pós-dramático*. São Paulo: Cosac & Naify, 2007.

¹⁹⁶Idem194 p. 19. Tradução livre.

¹⁹⁷Idem.

¹⁹⁸Ibidem, p. 50.

¹⁹⁹Ibidem, p. 52.

²⁰⁰BECK apud DE MARINIS, Marco. *El nuevo teatro: 1947-1970*. Barcelona: Paidos, 1988, p. 53. Tradução livre.

²⁰¹Ibidem, p.54.

²⁰²Ibidem, p. 70.

²⁰³BROOK apud DE MARINIS, Marco. *El nuevo teatro: 1947-1970*. Barcelona: Paidos, 1988, p. 85. Tradução livre.

²⁰⁴BERNSTEIN, Ana. "A performance solo e o sujeito autobiográfico. In: Sala Preta, Ano 1, n° 1, São Paulo, Universidade de São Paulo, 2001. p. 91.

²⁰⁵Ibidem, p. 92.

²⁰⁶LEHMANN, Hans-Thies. *Teatro pós-dramático*. São Paulo: Cosac & Naify, 2007.

²⁰⁷FLASZEN, Ludwik e POLLASTRELLI, Carla (orgs.). *O teatro laboratório de Jerzy Grotowski 1959-1969*. São Paulo: Perspectiva: SESC, 2007, p. 87.

²⁰⁸Idem.

²⁰⁹Ibidem, p. 90.

²¹⁰GROTOWSKI apud DE MARINIS, Marco. *La parábola de Grotowski: el secreto del "novecento" teatral*. (tradução de Silvina Diaz, Cláudia Castagnini e Adriana Castagnini). Buenos Aires: Coleção Breviários de Teatro XXI, ed. Galerna / GETEA, 2004. p. 28-9.

²¹¹Ibidem, p. 22.

²¹²LEHMANN, Hans-Thies. *Teatro pós-dramático*. São Paulo: Cosac & Naify, 2007, p. 115.

²¹³Ibidem, p. 164.

[214] Ibidem, p. 167.

[215] Ibidem, p 165.

[216] MATZKE, M. Annemarie. Dos seres humanos reais e performers verdadeiros. In: Fisher-Lichte, Erika et. al. (eds.). *Wege der Wahrnehmung. Authentizität, Reflexivität und Aufmerksamkeit im zeitgenössischen Theater.* Berlin: Theater der Zeit, 2006. Tradução não publicada de Stephan Arnulf Baumgärtel. p. 5.

[217] Ibidem, p. 6.

[218] LEJEUNE, Philippe. *El Pacto Autobiográfico y Otros Estudios.* Madri: Megazul-Endymion, 1994. p. 128. Tradução livre.

[219] ROJAS, Carlos Antonio Aguirre. "La biografia como género historiográfico. Algunas reflexiones sobre sus possibilidades actuales. In SCHMIDT, Benito (org). *O biográfico: perspectivas interdisciplinares.* Santa Cruz do Sul: EDUNISC, 2000, p. 12.

[220] Ibidem, p. 19.

[221] LEJEUNE, Philippe. *El Pacto Autobiográfico y Otros Estudios.* Madri: Megazul-Endymion, 1994. p. 50. Tradução livre.

[222] BURKE, Peter. *O Que é História Cultural?* Rio de Janeiro: Jorge Zahar, 2005, p. 117.

[223] LEJEUNE, Philippe. *El Pacto Autobiográfico y Otros Estudios.* Madri: Megazul-Endymion, 1994. p. 133. Tradução livre.

[224] FIGUEIREDO, Eurídice. "Régine Robin: autoficção, bioficção, ciberficção". Ipotesi- Revista de estudos literários V. 11 - n. 2 - Julho/Dezembro – 2007. Juiz de Fora - Editora UFJF, 2007, p. 21.

[225] Ibidem, p. 22.

[226] TELLAS Apud TRASTOY, Beatriz. "Cuerpo y autorreferencialidad: reformulaciones políticas en el teatro argentino actual". Disponibilizado pela autora em maio de 2009, s/p. Tradução Livre

[227] CORNAGO, Oscar. Biodrama. "Sobre el Teatro de la Vida e la Vida del Teatro". Disponibilizado pelo autor em maio de 2009, p. 3.

[228] CHAUD apud SAGASETA, Julia Elena. "La vida sube a escena. Sobre formas biográficas y teatro". In Telon de Fondo – Revista de teoría e crítica teatral. No. 3 – Julho de 2006 (IUNA-Buenos Aires) p. 9.

[229] CORNAGO, Oscar. Biodrama. "Sobre el Teatro de la Vida e la Vida del Teatro. Disponibilizado pelo autor em maio de 2009, p. 3.

[230] Idem.

[231] Ibidem, p 5.

[232] CATANI, Beatriz. "Acerca de lo Real." In Arquivo Virtual de Artes Cênicas, 2009. Disponível em: <http://artesescenicas.uclm.es/index.php?sec=texto&id=194> Acesso em abril de 2009. s/p

[233] SAGASETA, Julia Elena. "La vida sube a escena. Sobre formas biográficas y teatro". In Telon de Fondo – Revista de teoría e crítica teatral. No. 3 – Julho de 2006 (IUNA-Buenos Aires) p. 7.

[234] CORNAGO, Oscar. "Biodrama. Sobre el Teatro de la Vida e la Vida del Teatro". Disponibilizado pelo autor em maio de 2009.

[235] TELLAS, apud CORNAGO, Oscar. "Biodrama. Sobre el Teatro de la Vida e la Vida del Teatro. Disponibilizado pelo autor em maio de 2009, p. 13.

[236] CORNAGO, Oscar. "Biodrama. Sobre el Teatro de la Vida e la Vida del Teatro. Disponibilizado pelo autor em maio de 2009, p. 14.

[237] Disciplina a cargo da professora Marisa Naspolini, com monitoria de Mairele Dietrich.

[238] CAMARGO, Maria Lucia de Barros. *Atrás dos olhos pardos: uma leitura da poesia de Ana Cristina Cesar*. Chapecó: ARGOS, 2003.

[239] Ibidem, p. 28.

²⁴⁰Ibidem, p. 247.

²⁴¹Ibidem, p. 253.

²⁴²CESAR, Ana Cristina. *A teus pés*. São Paulo: Brasiliense, 1982, p. 116.

²⁴³Trecho do texto do espetáculo.

²⁴⁴Aluna do EJA de Blumenau, onde o grupo realizou uma apresentação pela Mostra Palco Sobre Rodas do Festival de Teatro Universitário de Blumenau.

²⁴⁵RANCIÈRE, Jacques. "O espectador emancipado". In Questão de Crítica. Revista Eletrônica de Críticas e Estudos Teatrais. 2009. Disponível em http://www.questaodecritica.com.br/conteudo.php?id=186. S/p.

²⁴⁶ Antonio Carlos Vargas Sant'Anna é professor adjunto da Universidade do Estado de Santa Catarina pelo Departamento de Artes Visuais. Coordena o projeto de pesquisa vinculado ao *ÁQIS* com o título de *Imagética Grotesca*: violência e sexo no trabalho de grupos e artistas cênicos, do qual participei como bolsista durante um semestre.

²⁴⁷ Projeto integrado sobre o Teatro de Grupo, abordando a história dos grupos teatrais a partir da segunda metade do século vinte. Visa à conformação de um mapa do teatro de grupo que estuda a conformação de modelos estéticos e formas de organização.

²⁴⁸ HUGO, V. *Do grotesco e do sublime*: tradução do "Prefácio de Cromwell". São Paulo: Perspectiva, 1988, p. 28

²⁴⁹ BAKHTIN, M. M.. *A cultura popular na idade média e no renascimento: o contexto de François Rabelais*. 4 ed. São Paulo: Hucitec, 1999, p. 265.

²⁵⁰ CACACE, G. *Grotesco y Dramaturgia*. Não publicado, p. 02.

²⁵¹ KAYSER, W. *O grotesco: configuração na pintura e na literatura*. São Paulo: Perspectiva, 1986, p. 156.

²⁵² Segundo o Dicionário Eletrônico Aurélio, o verbete *estado* é definido como "condição emocional psicológica ou moral de um indivíduo em dado momento, que influencia seu modo de encarar as situações, os acontecimentos, etc." Neste

trabalho, utilizarei o termo *estado emocional* como equivalente a *estado*, como o entendemos em nossa pesquisa no *Laboratório Experimental*.

[253] Iniciamos esse trabalho de pesquisa no começo de 2008; a estreia do espetáculo se deu em abril de 2009, com o nome de *Circus Negro*.

[254] Depoimento na íntegra disponível no "ANEXO B" deste trabalho.

[255] A. L. F. *Primeiras sensações*. Disponível em: <http://grotesco.wordpress.com/2008/05/05/primeiras-sensacoes/>. Acesso em: 14 set. 2009.

[256] VIDOR, H. B. *Impressões sobre o Grotesco*. Disponível em: <http://grotesco.wordpress.com/2008/05/05/impressoes-sobre-o-grotesco-a-partir-da-discussao-do-texto-do-andre/>. Acesso em: 14 set. 2009.

[257] CARREIRA, A. *Uma experiência de interpretação a partir de "Estados"*. Disponível em <http://grotesco.wordpress.com/2008/05/04/uma-experiencia-de-interpretacao-a-partir-de-%E2%80%98estados%E2%80%99-2/>. Acesso em 13 ago. 2009.

[258] STANISLAVSKI, C. *A preparação do ator*. 24. ed. Rio de Janeiro: Civilização Brasileira, 2008.

[259] VIDOR, H. B. *A emoção do ator: Stanislavski, Brecht e Grotowski na perspectiva do ator e sua formação*. Florianópolis – SC, CEART/UDESC – Dissertação de mestrado, 2001, p. 55.

[260] KUSNET, E. *Ator e Método*. Ed. Hucitec: São Paulo – Rio de Janeiro, 1992, p. 38.

[261] Ibidem, p. 38.

[262] VIDOR, H. B. Op. cit., p. 57.

[263] Ibidem.

[264] MATOS, L. T. *Primeiras descrições de trabalho*. Disponível em: <http://grotesco.wordpress.com/2008/07/05/primeiras-descricoes-de-trabalho/>. Acesso em: 14 set. 2009

²⁶⁵ KUSNET, E. *Ator e Método*. Ed. Hucitec: São Paulo – Rio de Janeiro, 1992, p. 91.

²⁶⁶ SERRANO, R. *Tesis sobre Stanislavski en la educación del actor*. México: Escenología, 1996, p. 124. Tradução nossa.

²⁶⁷ CARREIRA, A. *Uma experiência de interpretação a partir de "Estados"*. Disponível em <http://grotesco.wordpress.com/2008/05/04/uma-experiencia-de-interpretacao-a-partir-de-%E2%80%98estados%E2%80%99-2/>. Acesso em 13 ago. 2009.

²⁶⁸ CARREIRA, A. *Uma experiência de interpretação a partir de "Estados"*. Disponível em <http://grotesco.wordpress.com/2008/05/04/uma-experiencia-de-interpretacao-a-partir-de-%E2%80%98estados%E2%80%99-2/>. Acesso em 13 ago. 2009.

²⁶⁹ Depoimento na íntegra disponível no "ANEXO B" deste trabalho.

²⁷⁰ CARREIRA, A. Op. cit.

²⁷¹ Enquanto diretor, André Carreira desenvolve, neste e em outros espetáculos, uma pesquisa sobre a ocupação de espaços urbanos como eixo de um teatro invasão, abordando o espaço da rua e sua silhueta não como cenário, mas como parte da dramaturgia do espetáculo.

²⁷² O texto adaptado pelo grupo com coordenação de André F. Costa, integrante do grupo de pesquisa, encontra-se disponível neste trabalho como "ANEXO C".

²⁷³ CARREIRA, A. L. A. N. *Uma experiência de interpretação a partir de "Estados"*. Disponível em <http://grotesco.wordpress.com/2008/05/04/uma-experiencia-de-interpretacao-a-partir-de-%E2%80%98estados%E2%80%99-2/>. Acesso em 13 ago. 2009.

²⁷⁴ Ibidem.

²⁷⁵ VIDOR, H. B. *A emoção do ator: Stanislavski, Brecht e Grotowski na perspectiva do ator e sua formação*. Florianópolis – SC, CEART/UDESC – Dissertação de mestrado, 2001, p. 55.

²⁷⁶ SLADE, P. **O jogo dramático infantil**. 7. ed. São Paulo: Summus, 1978, p. 18.

[277] DESGRANGES, F. *A pedagogia do teatro: provocação e dialogismo*. São Paulo: Editora Hucitec: Edições Mandacaru, 2006, p. 94.

[278] DESGRANGES, F. Op. cit., p. 94.

[279] PUPO, M. L. S. B. O lúdico e a construção do sentido. Revista Sala Preta, n. 1, 2001, p. 182. Disponível em: <http://www.eca.usp.br/salapreta/PDF01/SP01_023_pupo.pdf>. Acesso em: 26 set. 2009.

[280] RYNGAERT, J.-P. *Jogar, representar: práticas dramáticas e formação*. São Paulo: Cosac Naify, 2009, p. 198.

[281] Ibidem.

[282] VIGOTSKY, L. S. *A formação social da mente: o desenvolvimento dos processos psicológicos superiores*. São Paulo Martins Fontes, 1998.

[283] VIGOTSKY, L. S. Op. cit., p. 134.

[284] VIGOTSKY, L. S. *Pensamento e linguagem*. 2.ed. São Paulo: Martins Fontes, 2003., p. 97.

[285] VIGOTSKY, L. S. *La imaginación y el arte en la infancia*. Madrid: Akal, 2009, p. 86, tradução nossa.

[286] VIGOSTKY, L. S. Op. cit., p. 86-87, tradução nossa.

[287] GUÉNOUN, D. *O teatro é necessário?* São Paulo: Perspectiva, 2004.

[288] GUÉNOUN, D. Op. cit., p. 148.

[289] BERTOLI, N. A. *O nível de vivência atingido na atuação através de um trabalho que parte do "estado"*. Trabalho apresentado como *banner* na II Jornada Latino-americana de Estudos Teatrais, ago. 2009.

[290] CARREIRA, A. L. A. N. *Uma experiência de interpretação a partir de "Estados"*. Disponível em <http://grotesco.wordpress.com/2008/05/04/uma-experiencia-de-interpretacao-a-partir-de-%E2%80%98estados%E2%80%99-2/>. Acesso em 13 ago. 2009.

[291] GUÉNOUN, D. Op. cit., p. 143.

[292] VIGOTSKY, L. S. *La imaginación y el arte en la infancia.* Madrid: Akal, 2009, p 16, tradução nossa.

[293] VIGOTSKY, L. S. Op. cit., p. 19, tradução nossa.

[294] MATOS, L. T. *Primeiras descrições de trabalho.* Disponível em: <http://grotesco.wordpress.com/2008/07/05/primeiras-descricoes-de-trabalho/>. Acesso em: 14 set. 2009

[295] VIGOTSKY, L. S. *La imaginación y el arte en la infancia.* Madrid: Akal, 2009, p. 20, tradução nossa.

[296] VIGOTSKY, L. S. Op. cit., p. 21, tradução nossa.

[297] Depoimento na íntegra disponível no "ANEXO A" deste trabalho.

[298] VIGOTSKY, L. S. *La imaginación y el arte en la infancia.* Madrid: Akal, 2009, p. 22, tradução nossa.

[299] VIGOTSKY, L. S. Op. cit, p. 24, tradução nossa.

[300] VIGOTSKY, L. S. *La imaginación y el arte en la infancia.* Madrid: Akal, 2009, p. 25, tradução nossa.

[301] VIGOTSKY, L. S. Op. cit., p. 25, tradução nossa.

[302] BERTOLI, N. A. *O nível de vivência atingido na atuação através de um trabalho que parte do "estado".* Trabalho apresentado como *banner* na II Jornada Latino-americana de Estudos Teatrais, ago. 2009.

Teatro e Experiências do Real

Argus-*a*

Artes y Humanidades / Arts and Humanities

Los Ángeles-Buenos Aires

2016

www.ingramcontent.com/pod-product-compliance
Lightning Source LLC
Chambersburg PA
CBHW020637220526
45464CB00001B/185